东北师范大学政法学院重点学科建设项目 · 法学

# 法治的技术

## 行政诉讼镜鉴

王箭 王宇焘 ◎著



THE TECHNOLOGY
OF THE RULE OF LAW FROM THE PERSPECTIVE
OF ADMINISTRATIVE LITIGATION

中国法制出版社
CHINA LEGAL PUBLISHING HOUSE

# 序

法治是人类政治文明的重要成果，也是现代文明的基本标志。十八届四中全会通过的《中共中央关于全面推进依法治国若干重大问题的决定》，开启了中国法治建设的新时代。习近平同志强调："中国政府高度重视全面依法治国，持续推进科学立法、严格执法、公正司法、全民守法，坚持依法治国、依法执政、依法行政共同推进，坚持法治国家、法治政府、法治社会一体建设，努力建设中国特色社会主义法治体系、建设社会主义法治国家。"《最高人民法院关于适用〈中华人民共和国行政诉讼法〉的解释》（以下简称《行诉解释》）已于2018年2月8日正式实施。这部司法解释是在党的十九大胜利召开之后对以往行政诉讼相关司法解释、司法批复、司法政策的一次全面总结、汇总，是中国行政诉讼制度发展的重要标尺，将对保障人民合法权益、推进法治政府建设产生重要而深远的影响。

在我国，有关法治精神的研究最早可追溯至黄宗羲所著《明夷待访录·原法》，诞生于明清之际，是中国政治思想史上一部具有启蒙性质的批判君主专制的名著。其所信奉的三代法度精神和典章规制高于君王的理论可视为中国法治精神的源泉。

从"制"到"治"，是改革开放四十多年来法治的一个重要飞跃。改革开放以来，享有"法治三老"之誉的郭道晖、江平和李步云先生，在法治研究方面做出了举世瞩目的成就，郭道晖先生的《法的时代精神》

《法的时代呼唤》《法的时代挑战》被誉为中国法治专著三部曲。

我国法治实践的研究，学界的理论成果颇为丰富。张文显教授的法学文选《法治与法治国家》从多个侧面反映了改革开放新时期我国法学研究、法学教育、法治建设的发展进程，具有很高的学术价值和现实意义。苏力教授所著《法治及其本土资源》指出："法律的目的不在于确立权威化的思想，确定行为的规范。中国的法治之路，必须注重利用本土资源，注重中国法律文化的传统和实际。"姚建宗教授在《法治思语》中指出："法是人本身一种必然且自觉的理性选择。从根本上来讲，法是人的一种生存状态与生活式样，就其与人的内在本质高度一致而言，法与人是直接同一的，而这也正是法的合'法'（正当）性的体现。"徐显明教授指出："法治的要义就在于依照公平正义原则平衡各种权利义务关系、合理配置权利与权力，并将其制度化。制度并不是一些简单的原则与规则，而应是一个有着特定精神的制度体系。"①

总的来看，对社会主义法治问题进行探索一直是我国法学研究的重点。王箭副教授与王宇焘法官合著的《法治的技术：行政诉讼镜鉴》是我国法治问题研究中又一重要理论成果。该书基于行政诉讼的视角，全面详尽地论述了行政诉讼法治的诸维度，提出并论证了以下两个重要命题。其一，运用马克思主义人民主权理论，提出行政诉讼的法治技术是保障人民权利，实现法治政府的必经之路。其二，运用马克思主义哲学辩证唯物主义原理，重点研究在行政起诉与受理、行政审理与判决、行政裁判执行等方面的法治技术，为破解行政争议的实践难题提供法治的技术支撑。

本书的理论创新是关于社会主义法治路径方面的研究。从应然权利（权力），实然权利（权力）和法定权利（权力）三个维度，论述了中国

---

① 徐显明主编:《法治与社会公平》，山东人民出版社 2007 年版，第 1 页。

特色社会主义法治技术的具体路径。行文流畅、资料翔实、观点突出，是法治实践研究的又一力作。当然，本书也存有提升的空间。例如，有些提法尚待商榷，有些论述尚需斟酌，有些论证仍需深入。但这不足以影响本书的科学价值与理论建树。

我与两位作者相识多年，既是师生又是同事，回忆他们在东北师范大学、吉林大学求学的往事，最让我难忘的是他们勤奋刻苦、乐观进取的精神。目前，他们都工作在法律战线，有的从事法学的理论研究，有的从事法律的审判实践。他们是年轻的法律同人，虽然有繁重的工作压力和沉重的家庭负担，但能坚持创作是难能可贵的。受其热情邀请，我欣然同意作序，对于本书的出版我由衷地感到高兴。

是为序。

尹奎杰

2018 年 6 月 1 日

# 目录

CONTENTS

# 绪 论

习近平总书记提出，依法治国首先是依宪治国，依法执政关键是依宪执政。全面依法治国，就是在推动改革发展稳定过程中通过法治和制度的现代化为经济社会发展的现代化提供有力保障。推进全面依法治国的过程，就是使宪法精神、法律原则、法治文化和法治信仰融入并渗透到国家治理和公民生活各个领域的过程。全面依法治国，就是要用法治的方式为党和国家各项事业发展提供根本性、全局性、长期性的制度保证。

习近平总书记在系列重要讲话中多次强调了“科学立法、严格执法、公正司法、全民守法”，这十六字作为社会主义法治建设新“十六字方针”，是贯彻落实全面依法治国全局部署的务实战略举措，是稳步推进法治中国建设的总方针和法治国家建设的重要衡量标准。新“十六字方针”是当前和今后有效破解我国社会主义法治建设突出问题的“一剂良药”。加强科学立法就是紧扣提高立法质量关键，逐步增强法律法规的针对性、有效性、可执行性和可操作性；推进严格执法就是进一步规范执法行为，保证法律得到实施，把“纸面上的法”真正落实为“行动中的法”；保证公正司法就是坚持以公开促公正、以公正树公信，逐步构建开放动态、透明便民的阳光司法体制；做到全民守法就是加强法治宣传教育，把普法和守法作为依法治国两大基础性工作。新形势下的社会主义法治建设，必须坚持问题导向，结合鲜活的实践，推动法治建设向提高立法质量、推动法律实施、树立法治信仰方面转变。

当前，不论是分析和观察经济形势，还是制定和实施相关的政策法律，都要坚持和贯彻矛盾分析的方法、体现和运用“两点论”的辩证法。习近平总书记着眼于历史和现实的维度，从理论和实践两个层面的结合上讲清楚、讲透彻了事关社会主义法治建设的若干重大关系。这些重大关系，都是推进法治建设需要面对的重要问题。在社会主义法治建设实践中，只有正确认识和处理好这些关系，才能保证社会主义法治国家建设沿着正确道路和方向前进。

治国要道，在于公平正直。社会主义法治建设既要求完善的立法、严格的执法、公正的司法和普遍的守法，又要求在坚持人民主体地位原则的前提下，最终实现公平正义的奋斗目标。为此，要运用法治手段保护人民群众的生存权、发展权和经济、社会、文化等各项权利，及时顺应人民群众对法治建设和权利保护的新期待、新要求，这是社会主义法治建设的根本遵循和努力方向。党的十八届三中全会明确提出，要深化司法体制改革，加快建设公正、高效、权威的社会主义司法制度，维护人民权益，让人民群众在每一个司法案件中都能感受到公平正义。法治意味着法律介入社会生活的广泛性和正当性。法治是实现人民利益的必由之路，是维护基本人权的可靠保障。推进社会主义法治建设，其实质就是制定实施宪法法律，解决损害群众权益问题，维护群众合法权益。作为公平正义而言，始终应是社会主义国家一切司法活动的灵魂和法治建设的生命线。为了树立司法机关良好形象，司法人员要坚守公正司法这一底线，依法公正对待群众诉求，做到刚直不阿、勇于担当。为了确保依法独立公正行使司法权，要进行司法体制改革，加强人权司法保障，有效监督司法权力。可以看出，这都反映了我们党领导法治工作的一贯主张和最终目的，就是始终站在人民立场上，坚持以人民为中心维护公平正义。

《中华人民共和国宪法》（以下简称《宪法》）明确规定："中华人民共和国实行依法治国，建设社会主义法治国家。"法治文明是一个涉及面很广的整体性概念，价值层面的法治基本理念、静态层面的法律制度内容和操作层面的法治技术手段一起，构成了法治文明的"三维"结构，形成了法治文明整体架构的环环相扣的横向链条；法治国家、法治政府、法治社会一体建设则构成了法治文明"一体化"的建设任务，形成了法治文明整体架构自上而下的纵向目标体系。只有实现"三维"结构的相互同构和相互整合，实现"一体化"建设任务的相互推动和相互促进，实现"三维"和"一体化"之间的良性互动和协同进步，法治文明的整体架构才会完整地呈现出来。

法治技术可以推动法治发展。从立法、司法过程、法律观念和法律方法论三个角度对其进行具体分析。技术的发展，促使“技术法”成为独立的法律部门，客观上促进了传统立法概念、范畴、内容的不断调整和深化，促成了新的规范形式和立法体制；现代技术为事实认定、法律适用和法律推理等司法活动越来越充分地提供了先进的物质手段；技术的发展推动了法律观念和法律方法论的不断进步和更新。从司法体制改革试点的成果来看，各地、各机关介绍经验的重点已经从司法体制革新悄然转向司法技术革新。智慧法院、诉讼服务综合信息系统、电子质证、智能语音庭审流程、裁量权的数据铁笼、机器人律师，诸如此类的新概念、新现象层出不穷。总之，审判空间正在发生非常激进的改革，势必影响今后各种法律机制设计。

法治的技术是实现法治的手段和方法，它产生于实现法治的需要。法治的技术包括：生成法律的技术和法律实现的技术。一般而言，法律制度的主要功能是形成秩序、解决纠纷、提供明确的预期以及价值正当性根据。所谓国家治理体系和治理能力的现代化，关键在于树立法治理念，规范公权力的运行，培养政府与全体人民共同遵守法律规则的行为方式和思维方式。特别是审判制度不得不具有充分的合理性和中立性，以提高整个社会运行的效率和公平。执法者和司法者始终面对的是各种利益冲突和价值冲突，为了有效化解矛盾，法律推理和法律议论必须摒弃唯我独尊的态度，必须善于倾听不同的主张和论证，决定具有普遍说服力，让双方接受和认同。这样的根本特征决定了法学研究的立场和法学教育的宗旨。法治的本质是以理服人，而不是以力压人。特别需要指出的是，司法权的中立性注定了对不同利益诉求和价值判断采取兼容并蓄的态度。司法权的终局性注定了要通过辩论的优胜劣汰机制选择出一个正确的最终解决方案，这个方案至少要满足两个要件：第一，在逻辑上完全自洽，绝不能出尔反尔、自相矛盾；第二，在价值判断上反映社会的最大公约数，具有最大限度的普遍说服力。

2017年，中国政府签署《选择法院协议公约》，这意味着管辖法院可以由涉外民商事纠纷的当事人自主选择决定。这也意味着法院之间、不同国家的制度之间的竞争将会有所促进。参加《选择法院协议公约》，实际上就势必在一定范围内承认当事人享有某种自主权，在司法制度中嵌入为当事人服务的新理念，同时也有利于判决在域外的承认和执行。这是我国制度自信的一种表现，也为我们深度参与全球治理、在比较中借鉴和学习其他国家的法治经验提供了一个重要契机。

通观西方思想史，从柏拉图至康德，“思想启蒙”可谓川流不息。从近代思想史角度看，18世纪法国的“启蒙时期”受到荷兰、英国的影响很大。如果没有培根、牛顿、洛克的思想启蒙，很难出现后来的伏尔泰、孟德斯鸠的思想成就。而洛克的《政府论》除有本国的经验和传统外，也受到了荷兰自由主义和宗教的影响。18世纪的法国启蒙思想家孔多塞认为当时的启蒙思想在法国要反对两种“暴政”，即“政治暴政”和“宗教暴政”。康德所谓“启蒙”就在于敢于公开使用自己的理性，即争取言论自由。欧洲的启蒙不是运动，启蒙思想家没有统一的教条，但有一些非常重要的共同特点，都提倡思想和言论的开放性、知识的普遍性，由此必然催生民主、自由、平等的理念和制度设计。启蒙精神说到底就是理性和自由。任何一个民族从野蛮、专政、愚昧，到文明、民主、自由，都必须经过启蒙阶段。“厉行法治是深受人治之害的中国人民的美好渴望。‘五四’以来，不少民族精英为争取法治社会的到来浴血奋战。然而，可悲的是，时至今日很多人（包括一些身居各个方面领导职位的人在内）并不知道法治为何物。因此，我认为，对中国人民进行法治精神的启蒙教育，是厉行法治的必要前提。”[①] 经过多年的法治建设实践，法治观念与社会主义法治国家建设已经得到了理论界与实务界的普遍认同。当然，法治国家建设，除法治观念、法律体系外还需要法治技术，法治技术必将成为未来中国法治国家建设的重要内容。

2016年，最高人民法院行政审判庭新收案件2841件，是2015年的三倍多、2014年的近九倍，审结各类案件2469件，结案率达83.13%，人均结案达126.72件，均创自1988年行政审判庭成立以来的最高历史纪录。自2016年1月1日起，最高人民法院行政审判庭全面改革裁判文书，废止过去以通知书等结案的方式，

① 张文显：《厉行法治需以法治精神的启蒙教育为先导》，载《法学》1989年第5期，第12页。

出台行政裁判文书的指导样式，统一规范裁判文书制作，一年来审结的绝大多数案件均采用新的裁判文书指导样式。同时，注重把握案件发展趋势，及时就证券监管、行政垄断、网络约车、信息公开等新领域的疑难问题开展对下指导，统一法律适用标准。2016 年，全国各级法院共受理一审、二审和再审行政案件 331549 件，同比上升 10.6%，审结 327429 件，同比上升 20%。在全国各级法院审结的 225020 件一审行政案件中，行政机关败诉的案件共 32895 件，败诉率为 14.62%，同比上升 0.84%。地方各级人民法院还共审查行政非诉执行案件 198660 件，裁定准予执行 162411 件。

当前，涉及民生的行政案件占比较高，2016 年仅劳动和社会保障、征收、房屋登记、土地、林业、治安、户籍管理等领域的案件就超过了 10 万件，表明行政案件与人民群众的生产生活息息相关，凸显了行政审判在维护人民群众切身利益方面所肩负的重要责任。从 2014 年开始，最高人民法院先后向社会发布了征收拆迁、信息公开、环境保护、行政不作为、经济行政等领域的 60 个典型案例，收到了良好的法律效果和社会效果，有助于在行政审判、行政执法乃至社会公众行为规范方面将示范引导作用发挥得更好。新行政诉讼法和人民法院立案登记制改革实施以来，各级人民法院进一步强化诉权保护意识，切实维护和保障公民、法人和其他组织依法提起行政诉讼的权利，人民群众在行政审判领域的诉讼权利得到了前所未有的保护，“立案难”的问题已经得到了明显的缓解。

# 第一章

## 法治技术的概述

技术的方法在法律方面的应用是一个比较复杂的问题。法律观念和法律方法论变革中的技术价值，立法、执法、司法与守法中的技术价值是实现法治的技术基础。法治技术在法治文明整体架构中起到手段与方法的作用。因此，法治不仅要有观念的支撑，制度的设计，更要有精湛的技术。当然，法治技术离不开科学技术的创新，离不开法治观念的更新，更离不开精心的制度安排。

## 第一节　何谓法治技术

技术史与人类史一样源远流长。广义地讲，技术是人类为实现社会需要而创造和发展起来的手段、方法和技能的总和。作为社会生产力的社会总体技术力量，包括工艺技巧、劳动经验、信息知识和实体工具装备，也就是整个社会的技术人才、技术设备和技术资料。现代技术的主要特点，即目的性、社会性、多元性。任何技术从其诞生起就具有目的性。技术的目的性贯穿于整个技术活动的过程之中。技术的实现需要通过社会协作，得到社会支持，并受到社会多种条件的制约。这诸多的社会因素直接影响技术的成败和发展进程。所谓多元性，是指技术既可表现为有形的工具装备、机器设备、实体物质等硬件，也可以表现为无形的工艺、方法、规则等知识软件，还可以表现为虽不是实体物质而却又有物质载体的信息资料、设计图纸等。

技术在法学领域，通常被人们忽视，因为它是“细节”问题。然而，历史告诉我们，没有可靠的技术作为基础，不可能成就任何伟大的事业。法治，作为一项伟大的事业，如果没有必要的技术作为基础也是不可能成功的。“法治就是法律规则之治，就是规则之治，也就是技术之治。”[①] 因此，法治不仅要有观念基础和制度安排，更要有使方略、制度得以发挥作用的技术。技术有着推动法治发展的价值。由于主体需要的复杂性和技术属性与功能的多样性，决定了技术对人的价值具有多种类性，技术对法治的影响具有多方位性。从立法到执法，从司法到守法，从法律观念到法律方法论，处处都能看到法治中的技术价值。技术对法治的全面现代化做出了巨大的、历史性的贡献。

法治在运行过程中，是有许多操作技术内容的，如立法技术、执法技术、司法技术，等等。这些内容具有一定的中立性、中介性和规律性，可吸纳性较强。法治是社会不同政治力量对比的产物。“法律的生成”[②] 是法治的首要指标，也就是有法可依、科学立法。法治包含两个部分，即形式意义的法治和实质意义的法治，是两者的统一体。形式意义的法治，强调“以法治国”“依法办事”的治国方式、制度及其运行机制。实质意义的法治，强调“法律至上”“法律主治”“制约权力”“保障权利”的价值、原则和精神。形式意义的法治应当体现法治的价值、原则和精神，实质意义的法治也必须通过法律的形式化制度和运行机制予以实现，两者均不可或缺。从形式意义上看，以行政诉讼中行政机关负责人出庭应诉为例，可以看出法治技术的重要意义。行政诉讼是“官”民矛盾的化解机制。在实践中，许多行政机关都以委托律师出庭的形式应诉，而律师很难真正深入了解行政行为的背景信息和具体行政流程，不利于矛盾的化解和纠纷的解决。行政机关主要负责人不愿出庭，反映了一些政府官员漠视公众诉求的心态。在行政诉讼中，被告代表政府和公权力，而原告往往是公民个人，处于相对弱势的地位。官员出庭与原告平等对话，体现的是对普通公民和法律的尊重。

总的来看，在法治生成的过程中，产生了三种法治技术。

首先，法律的生成是将立法者的意志明确有效地表达出来，形成具体的法律规范。为了便于以后解释法律和适用法律，就必须保证法的表达形式与所要表达的法律内容相一致。由此就产生了将立法者的思想和意志体现于文字的法

---

① 吴玉章：《法治的层次》，清华大学出版社 2002 年版，第 163 页。

② 周永坤：《法理学——全球视野》，法律出版社 2000 年版，第 328 页。

律规范表达技术。法治是以民主自由为基础，需要民主的力量。在理论上如何印证现行法治推行方式的科学性和合理性。冷静地思考分析和对“依法治理”现状的观察，法治实际上包含了许多层面的含义，它是指一种治国的方略、社会调控方式。法治强调以法治国、法律至上，法律具有最高的地位。

其次，社会是发展变化的，立法者既要适应社会变化的需要，及时修改、补充原法，又要能预测社会需要的变化，做好制定新法的准备。这必须有计划、有针对性地进行立法的规划和预测。由此便产生了立法规划和预测的技术。法治还是指一种法律价值、法律精神，一种社会理想，指通过这种治国的方式、原则和制度的实现而形成的一种社会状态。

最后，法律的形式化程度决定着法律内部的和谐程度，影响着法律的实施效果。立法者在制定新法的同时，就必须对原有的数量极大的法律规则进行及时的技术性处理，也就是要进行法律整理，使法律规则更加系统化，更加完备。由此产生了包括法典编纂、法律汇编、判例汇编、习惯汇编在内的法律整理技术。我们可以用提高立法技术的手段，实现法律制度的完备。强调“以法治国”的制度、程序及其运行机制本身，它所关注的焦点是法律的有效性和社会秩序的稳定性。这是法治的第一方面所要求达到的目标。通过法律保障、限制公共权力；强调良法的治理；赋予广泛的公民权利；确立普遍法的司法原则。成为法治国家，在制度方面需要有完备的法律和系统的法律体系，权力相对平衡和相互制约，司法体制、执法制度的健全；在思想方面要树立起法律至上、权利平等、权力制约、权利本位的思想。

法的实现是法治的一个重要标志。“依法治国，建设社会主义法治国家”的提出，对我国有重要的意义。这就以根本法的形式把依法治国的治国方略上升为一项基本的法律原则。在立法方面，要有完备的法律体系；法律至上，宪法和法律具有最高权威性；实现“民主的法治化”和“法治的民主化”；国家的权力监督和制约机制的形成和良性循环；“依法行政”、公正司法制度的有效保障；国家的法律秩序稳定、人民生活幸福；市场经济的发展；政治体制改革的进行和民主政治建设的完善；精神文明建设的发展和公民的民主、法律、道德意识的提高；立法体制、司法体制的改革和法律监督体系的完善。

首先，实现法治需要法律解释的技术。一是明确法律的含义。法律是由一整套概念和逻辑构成的。法律概念的含义越来越具有专业性极强的确定含义。法律概念的抽象性和技术性特征决定了，不对其进行解释就不可能为人们理解，就不可能执行、适用、遵守。例如，行政诉讼中的选择复议原则，是指在法律、法规没有明确规定必须经过复议的情况下，相对方对行政处理决定不服时，既可以先向上一级行政机关或法律规定的特定机关申请，对复议决定不服，再向人民法院起诉，也可以不经复议直接向人民法院起诉。简言之，在我国，复议不是进行行政诉讼的必经程序，对于选择复议的情形，是否经过复议，由相对方自己选择。再如，不适用调解原则，是指人民法院审理行政案件，既不能把调解作为诉讼过程中的一个必经阶段，也不能把调解作为结案的一种方式。人民法院审理行政案件之所以不能适用调解原则，其根本原因在于，法院审理行政案件是对行政行为的合法性进行审查。行政机关作出行政行为，是其行使法定职权的表现，而对于这种法定职权，行政机关不得放弃或者让步，否则即构成失职。因此，行政机关作出的行政行为或者是合法，或者是违法，没有第三种可能。在行政诉讼中如适用调解，会造成行政机关法定职权的性质与调解的前提之间互为矛盾。二是完善法律。在现实中，由于人的理性必然局限于其所处的特定时代，所以在制定法中不完善之处在所难免。例如，条文含混不清、相互矛盾。尽管一部分不完善的法律可以通过不断修改法律的方式来解决，但总有通过修改方式仍不能完善的部分。例如，表达法律规则的语言本身表现力的局限性、词语的多义性，就是不可能通过修改法律的方式一劳永逸地解决的。由此产生的缺陷就需要由法律的适用者通过解释法律进行纠正和完善。行政法规范冲突实际上就是法律规范冲突具体到行政法规范领域的特殊表现类型。因此，明确行政法规范冲突的内涵的首要前提，就是明确行政法规范的含义。广义的行政法规范，是民事法规范、刑事法规范的对应概念，指的是一切行政法渊源的总和，包括宪法、法律、行政法规、地方性法规、自治条例、单行条例、规章以及其他行政规范性文件等。而基于论证重点的选择，本书所指的行政法规范则主要采用狭义理解，即主要涉及行政法规、部门规章、地方政府规章以及其他的国务院规范性文件。三是为适应不断变化的社会需求而发展法律。法律是人们行为预期的指南。法律稳定，则人们的行为预期稳定，从而社会秩序形成。但法律又是社会结构的一部分，不可能不随社会的发展而变化，否则将失去法律的价值。这种悖论需要通过法律解释的技术加以解决。因为，法律通常是抽象概括的规则，法律的这种特性，既可以通过解释法律从而发展法律，同时又保持了法律的稳定。行政法的生命在于适应社会的需求，政府职能的变化就是行政法发展的依据。在构建和谐社会中政府承担了监管、调控、服务和管理的众多责任，需要有不同形式的行政法规范，行政法应当积极适应这些变化，尽快地进行制度构建方式和法学研究方式的改革。《行政诉讼法》的制定与实施，建立起了民可以告“官”的行政诉讼制度。这是社会主义民主政治建设和社会主义法治建设的一个重要里程碑。

其次，实现法治需要法律推理的技术。法治，不是抽象的东西，最终都体现在每一个个案的处理过程及其处理结果的正当性、合法性论证中。因此，从一定意义上说，法治就是个案中的具体的正当性、合法性。要获得这种正当性、合法性，不能只靠手中掌握的权力，还必须进行理性的论证、说理，也就是要依据法律进行逻辑推理。事实上，在人们的现实法律活动中，无论是法官的断案，行政官员决定，还是诉讼当事人证明自己的主张，都需要进行法律推理。原因在于：第一，由于法律规则的存在是基于人们行为的类似性及概括性。因此，法律规则与相对的事实之间完全可能不存在确定的对应关系，不能将某一规则直接套用在该事实上，而得出判决结论。在这种情况下，就需要通过逻辑推理来说明将某一法律规则适用于某一事实及其得出结论的正当性、合法性。第二，由于事实的确定是法律适用的前提，但有些事实不能直接证明，只能根据已知事实通过逻辑推理来确定。第三，由于依法办事的前提是所依之法本身必须是合法的，为了证明所依之法的合法性，就要运用法律位阶原理进行推理，证明所依下位之法不违背上位之法。

最后，实现法治需要法律适用的技术。在我国，法条是法院审理案件的依据，法律适用方法是法学专业的核心技术，也是法律人必备的核心能力。人们尊重法律，并不仅仅是因为它存在某种抽象的规定，要求为或者不为某些特定的行为，而是必须通过法律的实施，纠正和惩罚那些违反法律的行为，才能真正对人们的行为产生积极的影响。也就是说，法律只有通过适当的适用才能实现自身的目的。但由于实践中的问题常常是复杂的和多元的，总会有些案件，证据没有那么确实充分，甚至于有些问题，法律规定本身就处于不完善或空白状态。因此，要以看得见的方式，适用法律进行裁判说理，对于疑难案件尤需如此，这样作出的裁判结果才能更为当事人和社会接受和信服。《行政诉讼法》规定，行政处罚显失公正的，法院可以判决变更。由此，所有的行政处罚行为都有一个前提条件：不能显失公正，即使在关于行政处罚的具体规定中没有涉及这一前提条件。有时，这些在法律条文文字中未被写明的额外要件在逻辑推理过程当中也会体现其必要性。如果公民、法人或者其他组织对行政行为在法定期限内不提起诉讼又拒不履行的，行政机关可以申请人民法院强制执行，或者依法执行。

实现法治技术包括了生成法律的技术和实现法律的技术。它们是实现法治的微观策略，或者通俗地讲，就是法律职业领域内的专门知识和工作程序。不管这些技术多么复杂，各自所能解决的问题多么不同，但它们作为法治的技术却具有以下一些共同的特点。

第一，法治技术是法治领域的专门知识。例如，在司法领域内，法律解释和法律推理就属于这样的技术手段。行政审判任务更繁重，责任更重大。坚持以人为本，全面、协调、可持续的科学发展观，建立科学民主决策机制，建设法治政府，完善对行政权力的监督制度，包括人民代表大会的监督、舆论和司法监督。其目的就是实现宪法关于国家“尊重和保障人权”的基本要求。2015年，《关于人民法院推行立案登记制改革的意见》开始实施，立案门槛大幅降低，这就需要更多的具有法学专业知识和技能的法学领域专门人才。

第二，法治技术是需要经过专门的培训才能掌握，经过长期实践才能熟练运用的方法。要掌握这一专门的技术，人们就需要接受专门指导，由专业人员带领进行具体的实践。以行政诉讼为例，行政机关、审判机关都是为人民服务的，行政机关在行政诉讼过程中虽然是被告，但也要积极支持、配合人民法院依法开展行政审判工作。被告经法院传票传唤，无正当理由拒不到庭，或者未经法庭许可中途退庭的，法院可以予以公告，还可以提出关于处分的司法建议。这就要求行政机关更加积极地配合、支持人民法院行使审判权，特别是行政机关内部要健全行政应诉的配套制度，强化责任制。甚至可以说，行政机关“一把手”出庭应诉一次，胜过十次的法治教育与法治培训。

第三，法治技术的重要性是相对的。例如，法律推理，在重大的事关全局的法治这样的宏大问题中，属于细节性技术问题，但在实现法律的司法领域，它就是一个重大问题。通过案件评查和完善终结制度，及时有效地排查化解矛盾，力争使现有行政申诉上访案件基本得到解决，在较短时间内有较为明显的下降。行政案件主要实行辖区法院受理制度，容易使基层法院受到辖区政府行政部门压力，市中院可以尝试在受理案件上打破地域限制。一是尝试将所有行政案件集中到某一个在审理此类案件水平较强的法院审理，即实行“集中管辖”；二是让各个基层法院实行交叉管辖。这些就是法治技术的具体体现。

第四，法治技术是法律职业内部对从业者的评价标准。每个行业内部，都需要有一定的对本行业内的从业者进行评价的技术标准。一个法官能否熟练地运用法律推理和法律解释技术，就是司法界评价其能否胜任司法工作的重要标准。对法官来说，这种来自业内的评价要比外行的评价更具有压力。

我们还需要认识法治技术与法治的关系。将法治技术置于法治建设的大背景中来认识，我们对法治技术的探讨，就会视野开阔。同时，有了法治技术问题研究成果的支撑，法治宏大理论的研究就可以避免流于空洞。

我国法治建设的过程，既是法治实践的过程，也是对法治概念的认识过程。我们对法治概念的认识经历了三个阶段：起初，认为实现法治的关键，在于要树立一整套法治的观念。由此我们认识到了法治的第一个层次：观念。如法律至上的观念等。后来，在法治实践中，我们进一步认识到，法治观念虽然重要，但还不足以实现法治。实现法治的关键应该是建立完备的法律制度。为此我们的立法机关花大力气制定、完善我们的法律体系，我们的学者们不懈地进行制度模式研究。由此我们的认识又进了一步，达到了法治的第二个层次：制度。但是法治实践告诉我们，仅有观念的树立、制度的建立仍然是不够的，还必须掌握那些能使制度发挥作用的技术。这样我们就达到了法治的第三个层次：技术。没有这个层次，法治的概念就不完整。以“民告官”的法律实践为例。从学理上说，行政诉讼法有狭义和广义两种。狭义上的行政诉讼法也称形式意义上的行政诉讼法，特指由国家立法机关依据立法程序所制定的具有专门、完整法律形式的行政诉讼法典。广义的行政诉讼法也称实质意义的行政诉讼法，是指凡是在内容上属于规定行政诉讼问题的法律规范，无论其形式如何均属于行政诉讼法的范围。行政诉讼法是规范行政诉讼活动和诉讼法律关系的法律规范的总称，它是规定人民法院、诉讼当事人及其他诉讼参与人进行诉讼活动中所形成的诉讼法律关系的法律规范。也就是说，行政诉讼法是一种诉讼程序法，主要是确定诉讼参加人的法律地位和相互关系的法律规范。

法治技术是实现法治的权力技术。法治是对立法权、执法权、司法权等权力的规范。规范权力不仅要有形成体系的制度，也要有具体的针对各权力运行进行规制的技巧。从这个意义上说，法治的技术就是一种规范权力的技术。例如，法律解释这种技术就能限制立法机关、行政机关、司法机关及其工作人员对法律的任意曲解。再如，法律推理，它要求法官严格遵守已经存在的法律规则，约束法官在具体的审判中，依法做出符合逻辑的具有说服力的判决。这既可以使判决的正当性有了逻辑支撑，在一定程度上也防止了外界对法官独立审判活动的干预，因为，"法律推理一旦展开，它就会遵循自己的规律，环环相扣地依次推进，直到达成自己的结论"，这就使"外界的干预很难发现它施加影响的渠道"[①]。为了有效解决"立案难、审理难、执行难"等问题，在2014年，行政诉讼法迎来了大规模的全面修改。新修订的行政诉讼法在保障当事人的诉讼权利、对规范性文件的附带审查制度、管辖制度、诉讼参加人制度、举证制度、民事争议和行政争议交叉的处理机制、判决形式、简易程序、人民检察院对行政诉讼的监督和行政机关不执行法院判决的责任等方面做出了新的具体的规定。行政诉讼法的修改必将对解决行政诉讼的"三难"问题，适应依法治国、依法行政共同推进，法治国家、法治政府、法治社会一体建设起到积极的促进作用。

总之，法治技术是运用各种科学知识有效地规范权力、维护权利的规则性技巧。法治技术是实现法治的知识规则。法治技术不是人们臆想出来的，而是自然、社会、人文等科学知识在法治领域内的具体应用过程中形成的。例如，

① ［美］波斯纳：《法理学问题》，苏力译，中国政法大学出版社1994年版，第156页。

立法技术中的法律规范表达技术是在语言学的基础上形成的，法律解释是在解释学的基础上形成的，法律推理是在逻辑学的基础上形成的。因此，法治技术又是一种以科学为基础的法治的知识规则。以“依法治国”为主题的中国共产党十八届四中全会，党的历史上“法治”第一次成为党中央全会的核心议题。2012年，习近平同志出席首都各界纪念现行宪法公布施行30周年大会并发表重要讲话时指出，“我们要依法保障全体公民享有广泛的权利”“努力维护最广大人民根本利益，保障人民群众对美好生活的向往和追求”。全面推进依法治国、加快建设社会主义法治国家代表了党对社会主义法治建设问题的全新认识，丰富了中国特色社会主义理论的内容，指明了中国特色社会主义政治发展道路的方向。宪法作为根本法，对于整个国家的法律体系具有统率作用。宪法是党和人民共同意志的体现，只有切实尊重和有效实施宪法，人民当家作主才有保证，党和国家事业才能顺利发展。当代政治法律理论认为，一个国家政权机构建立、存在、运行的目的就是保障公民的权利。公民的基本权利和义务是宪法的核心内容，宪法是每个公民享有权利、履行义务的根本保证。宪法是有利于、有助于党长期执政的规范和指导。在我国，治国理政的核心是中国共产党的领导。全面推进依法治国，要求更加注重改进党的领导方式和执政方式，实施依法执政。改进党的领导方式和执政方式的具体表现，就是依宪执政、依法执政。依法治国，首先是依宪治国；依法执政，关键是依宪执政。党要恪守宪法和法律，宪法和法律既体现党的主张、意志，也体现人民的主张、意志；是党的主张、意志和人民的主张、意志的融合、统一。

## 经典案例

### 林某诉济南市住房保障和房产管理局房屋行政管理案

济南市退休工人林某肢体重度残疾，行走存在严重障碍。2007年9月，其向济南市住房保障和房产管理局（以下简称市房管局）提出廉租房实物配租申请，通过摇号取得了该市槐荫区世纪中华城一套廉租房，签订了租赁合同。2010年5月，市房管局接他人实名举报后调查认定其存在取得廉租房后连续六个月未实际居住等情形。林某主张因其肢体二级残疾，该住房位置偏远、地处山坡、交通不便，故居住不久后即搬出。同年7月13日，市房管局收回该房，并于同年9月给其办理了廉租房租金补贴。林某又于2011年重新申请并取得廉租房实物配租资格，后以房源不适合自己居住为由放弃摇号选房。2011年4月，林某将市房管局诉至法院，请求依法确认该局取消其实物配租资格的行政行为违法，判令该局赔偿其退房次日起至重新取得实物配租房之日止的相应租金损失。①

## 第二节　中国法治技术的历程与经验

法治文明是政治文明的核心组成部分，是社会整体发展和进步的基本标志和重要表征。现代法治文明的成果，也是人类在对法律不断认识和突破的历史演变过程中逐渐积累而成的。“法治文明即一个国家实行法治的状态和程度所体现的文明，是人们在具备一定社会条件的前提下，把法律尊崇为治国的方式，以追求政治民主、社会正义、保障人们权利所取得的成果和成就。”② 如果将法治精神与法律制度描述为“灵魂”和“肉体”的关系，那么法治技术就是保持法治生命所必需的“血液”。

从法治文明的结构层次分析，法治理念、法律制度和法治技术构成了层层递进、有机协同的三维结构，三者之间呈环环相扣关系。法治理念指在运用法治方式开展法治实践的过程中必须遵循的基本价值原则，法律制度的正确制定和有效执行，都必须在先进法治理念的引领下进行。先进的法治理念通过具体的法律制度内容和法律执行过程的文明进步状态得以体现。法治技术具体指在法律制定、执法过程、法律监督等法治实践的各个环节中时常运用到的操作层面的技术性方式方法。如果只从法治理念、法律制度、法治技术三维结构中的任何一维去单纯地理解法治文明，都是极其片面和错误的，要以整体性的思维观，从法治文明的角度出发，去理解法治文明的内涵和外延。贯彻依法治国基

---

① 最高人民法院2017年度行政审判十大典型案例。

② 文正邦：《论法治文明》，载《现代法学》1998年第2期，第12页。

本方略，建设社会主义法治国家，必须推进依法行政，建设法治政府，使政府真正依法履行各项职能。

在行政法领域，叶必丰教授认为，“行政法的客观基础是一定层次的个人利益与公共利益间的对立统一关系。对这种利益关系，不同的时代、不同的人们有不同的价值取向。总体上说，近代行政法强调这种利益关系的对立性，即命令与服从、权力与控制；当代行政法强调这种利益关系的一致性，即政府与公众之间的服务与合作、信任与沟通，从而使行政权摆脱站在人权对立面的角色，实现政府与公众之间的和谐状态”。①

运用法治方式开展国家和社会治理，首先必须解答的根本问题是法律代表和维护谁的利益，即法律是否是良法，制度是否是好的制度。法律代表和维护谁的利益是一个价值观层面的问题，属于法治理念范畴。法治理念的根本价值内核是强调以法律权威来治理国家与社会，对于法治这一治理方式的基本价值取向，人类社会在不懈追求法治文明的过程中，不断改变着过往既有的法治观念，不断吸纳着过往法治观念中的先进文明基因。真正意义上的法治理念适应社会进步、体现法治文明本质，并且普遍为人们接受和尊重的法治观念，才是符合人类文明发展规律要求的法治理念。凸显文明进步要求的法治理念首先要求一切法律制度从根本上体现人民的意志、代表人民的利益和维护人民的权利。从一般意义上而言，法治理念是各个社会形态下受到广泛认同，尤其是受到统治者所推崇的一套关于法治的基本观念或基本思想，反映和体现出来的只是特定社会时期对法治基本观念认识的真实存在状态和认识水平。因此，不同历史形态下的社会，不论法治理念中的文明基因成分有多少，但必定存在着各式各样的法治理念，甚至存在着根本不同的法治理念。在奴隶社会时期，是否存在真正意义上的法治理念已无从考证，但在这一社会阶段，法治观念的孕育或者萌芽是肯定存在的。在这一野蛮与剥夺占据主流的社会条件下，体现先进文明的法治观念必定得不到当时的统治者——奴隶主阶级的青睐和推崇，法律冷冰冰、残酷无情的强力规制特性则得到了极致发挥，法律不过是用来保护奴隶主

① 参见叶必丰:《论行政法的人文精神》，北京大学出版社2005年版，第1页。

对广大奴隶们的私人占有权和随意处置权。基于封建地主阶级对农奴的剥削特性，漫漫封建历史长河里，流行和推崇的一套法治理念，则是运用法律制度的强制力，有效地控制、约束和限制人民大众的人身权利和个人行为，法治的根本目的不是通过规范政府权力更好地保护人民大众权利，恰恰相反的是，通过法律强制力限制与约束甚至牺牲人民大众的基本权利，来维护封建地主统治阶级的最高利益。在欧洲中世纪一段漫长黑暗时期里，法律变为保护教皇和宗教至上神权的一把利剑。进入资本主义自由发展阶段，为了促进资本主义市场经济的快速有序发展，保护和巩固新兴资产阶级的利益，法治理念逐渐回归到了其应有的基本价值原则和精神内核。例如，维护法律的至上权威、保护人民的自由权利等观念，逐渐得到资本主义世界的广泛共识，一方面起到了资产阶级革命的思想引领作用，另一方面逐渐确立了法治方式治国理政的主导地位，但从本质而言，却仍然摆脱不了维护资本主义统治利益的桎梏。无产阶级领导地位和生产资料全民公有制的确立，使法治理念完全具备了回归其文明本质的阶级基础和经济基础，如切实维护人民群众当家作主的地位、保护人民民主权利的真正实现、代表人民群众的根本利益、真正实现法律面前人人平等法治理念才具备付诸实践的政治保障和经济条件。

社会主义法治理念是体现社会主义法治内在要求的一系列观念、信念、理想和价值的集合体，是指导和调整社会主义立法、执法、司法、守法和法律监督的方针和原则。社会主义法治理念，是马克思列宁主义关于国家与法的理论同中国国情和现代化建设实际相结合的产物，是中国社会主义民主与法治实践经验的总结。其内容可以概括为五个方面：依法治国是社会主义法治的核心内容；执法为民是社会主义法治的本质特征；公平正义是社会主义法治理念的价值追求；服务大局是社会主义法治的重要使命；党的领导是社会主义法治的根本保证。法治理念在特定的社会形态里是相对恒定的，且不论其文明理性程度如何，而法治观念则是多种多样的，不仅因个人而异，而且因人群、阶层差异而体现出明显的差异性，各式各样的法治观念里面不乏代表社会文明进步的法治思想观念。例如，在奴隶社会时期占统治地位的法治理念显然是愚昧落后的，但那一时期仍然有一批先贤哲人提出了许多经久不变的内含先进文明基因的法治精神理念，对任何时代都有正确的价值指导意义。例如，古代大思想家们提出的法律对自由权利的保护、对社会秩序的维护、对公平正义的弘扬等法治基本价值观念，始终是引领现代法治文明建设的永恒价值追求，始终是衡量当今世界各国法治实践成效是否体现文明进步的最核心标准。同时，法治理念还内在要求法律内容平等、法律执行公正、法律监督透明、法治技术先进、法律效能优良的基本标准。

如果说一个国家的权力机构的立法活动、政府的执法活动、司法机关的司法活动是一个国家法治大厦本身的话，那么，一个国家的全体成员的法治观念、守法意识就是这座大厦的基础。全民、全社会的守法意识不是自动形成的，而是要依靠法治宣传教育工作去促进法治观念的形成。法治是人类文明进步的重要标志，是当今时代的鲜明特点。法治精神是公平、正义、平等、自由、秩序、安全、权利等价值理念的综合体现。在全面推进依法治国的新常态下，只有坚持以人为本，让法治精神深入人心，才能为实现“四个全面”奠定思想基础。法治建设的根基在于法治文化的全面普及、法治精神的深入贯彻以及全民自觉守法的舆论导向。法律制度是法治文明的重要载体。法律是规范与控制社会和个人行为的内容，制度则是推动社会发展进步的机制，两者互补互促、不可分割。从法律和制度定义的本质内涵来看，同质性的价值蕴含不少，即同时具备稳定性、约束性、广泛认同性等特性。因此，法律和制度是一种交叉存在、相互转化的关系。正式的制度可以认定为法律体系的重要组成部分。未取得法律形式的非正式制度，在实际社会生活中，常常发挥着法律应有的功能。同时，随着社会的发展需要，非正式制度常常通过法律形式的获得，转化为正式的制度。当然，非正式的制度要获得政治意义上的合法性，其内容则必须符合法律精神的基本原则，不得与法律相抵触。例如，尚未取得法律形式的各个层级、各个类别的组织纪律、村规民约等，都必须接受法律权威的检阅和监督。法治文明首先必须充分体现法律制度设计的科学性、时代性、合理性和进步性要求。法律制度设计包括外在形式和实质内容两个层面的设计，仅仅表现出外在形式正义，而不体现法治本质要求的法律制度不是蕴含文明的法律制度。法律制度的根本意义在于建立和维持社会秩序，保护人类自身不至于在无秩序化的内耗中消灭自己。在法律制度的规范和约束下，一切有利于社会和谐秩序建立和维护的组织化行为将得到肯定和承认，一切破坏既定社会秩序、不利于社会稳定的个性化行为将得到控制和抑制。法律制度优于其他治理手段的原因之一，在于法律制度本身的稳定性和可预测性特点。法律制度是对人们日常行为的一种固定化模式，不为领导人的改变而改变，不因人情关系的改变而改变。有了这种明确性的规定，人们的行为便有了一个正确的指向，各类行为后果的确定性使得人们对自己所采取的种种行为效应有了明确的可预见性，从而自觉规避一切法律所禁止的行为，自觉趋向法律制度所鼓励和赞成的行为。在纷繁复杂的社会生活中，不确定性和不安定性因素就会大大减少，人类社会的安全系数就会大大增加。一个社会内各个领域的法律制度越是健全，社会的和谐稳定局面就越有可靠的保障和坚强的后盾。

我们把视角聚焦在行政诉讼上。在运用法治方式治理国家的过程中，即制定法律制度、实施法律制度、监督法律效果等过程中，会碰到这样那样的难题，解决这些难题所采取的经验、方法与技巧，就是法治技术。法治所采取的技术手段是否科学合理，直接影响法律手段运用的时间效率和质量效益。例如，法律执行程序中一个微小的技术环节上的偏差，就有可能产生与预想效果背道而驰的结果。因此，法治文明建设除了突出强调法治理念价值层面和法律制度内容本身的文明进步之外，必须认识到在法治过程中所采取的法治技术手段的重要性。法治文明建设过程的各个环节都存在特定的问题需要运用法治技术予以解决。例如，在法律制度的设计和制定环节，面临民意的输入、鉴定和整合问题，道德与法律之间的衔接和融合问题，限制政府权力和保护公民权利之间的良性互动问题等，这些问题的有效解决除了需要正确法治理念的引领，还需要一套科学法治技术的支撑。在法律制度的制定和实施环节，面临如何保障法律适用的公平性，如何破除法律实施过程中常常遭遇到的困局，如何设计一套有效的法律实施程序破解“公平和效率”的两难局面，等等。在监督法律制度实施效果环节，面临如何整合执政党、政府、社会、公众等各个监督力量的法律监督合力，如何保证司法审判的公正性和独立性，如何设计司法纠错纠偏机制等问题。以上法治实践各个环节的问题，如若不能得到有效的解决，法律实施成效就会大打折扣，法治文明的进步程度也会存疑。随着法治成为人类社会普遍选择的治理方式，建设法治文明的号角也随之吹响，法治技术也逐渐丰富起来。法治技术是在法治成为国家治理方式的基本选择之后才逐渐得到发展和成熟。人类社会也正是在逐渐解决法治实践中所遭遇到的一道道难解之题的过程中，不断积累起在法治实践中被证明行之有效的法治技能与方法，最终实现法治技术的文明状态。法治技术一旦被承担法治职能的相关国家机关及其人员掌握并普遍运用，法治的成效就会得到切实提高，立法、执法、司法等各个法律实施环节的有效性才能有主体保障条件，立法机关掌握先进的立法技术就能生产出体现正义原则的“良法”，执法机关掌握先进的执法技术就能及时有效地应对执法过程的突发情况，司法机关掌握先进的司法技术就能最大限度地确保司法审判的公正、最大限度地降低冤假错案的发生概率。

总之，在社会问题纷繁复杂的现代社会里，法治技术对于法治价值原则在社会治理中的有效性起着关键性的作用，法治技术的精致程度和法治理念的实践成效关联性相当紧密。同时，法律制度制定的效度和普及的深度，也与法治技术的先进性和配套性有着直接的相关性。

## 经典案例

### 广州某房产建设有限公司诉广州市地方税务局第一稽查局税务处理决定案

2005年1月，广州德发房产建设有限公司（以下简称德发公司）委托拍卖行将其自有的位于广州市人民中路555号“美国银行中心”的房产拍卖后，按1.38255亿元的拍卖成交价格，向税务部门缴付了营业税6912750元及堤围防护费124429.5元，并取得了相应的完税凭证。2006年间，广州市地方税务局第一稽查局（以下简称广州税稽一局）在检查德发公司2004年至2005年地方税费的缴纳情况时，认为德发公司的上述房产拍卖成交单价格2300元/㎡，不及市场价的一半，价格严重偏低，遂于2009年9月，作出穗地税稽一处〔2009〕66号税务处理决定，核定德发公司委托拍卖的上述房产的交易价格为311678775元，并以311678775元为标准核定应缴纳营业税及堤围防护费，决定追缴德发公司未缴纳的营业税8671188.75元，加收营业税滞纳金2805129.56元；决定追缴堤围防护费156081.40元，加收滞纳金堤围防护费48619.36元。德发公司不服该决定，提起行政诉讼。[①]

## 第三节　法治技术在行政诉讼实践中的体现

“根据《行政诉讼法》第2条的规定，公民、法人或者其他组织认为行政机关和行政机关工作人员的行政行为侵犯其合法权益，有权向人民法院提起诉讼。这一规定明确了可诉行政行为的标准，表明我国行政诉讼制度中对于可诉行政行为的宽松态度。但是该规定比较原则，在司法实践中难以准确把握。特别是，有的地方出现了错误理解立案登记和诉权滥用的现象。一般而言，可诉的行政行为具有对外性、处分性、行政性等法律特征。为了明确可诉行政行为的界限，保障行政诉讼救济渠道的实效，保障当事人合法权益，结合司法实践，《行诉解释》增加规定了下列五种不可诉的行为：一是内部行为不可诉。即，行政机关作出的不对外发生法律效力的行为，不属于人民法院行政诉讼受案范围。二是过程行为不可诉。即，行政机关为作出行政行为而实施的准备、论证、研究、层报、咨询等过程性行为以及行政机关作出的可行性研究报告和相关批复也不可诉。三是准司法行为不可诉。即行政机关根据人民法院的生效裁判、协助执行通知书作出的执行行为，该行为具有司法性的特征，不具有可诉性，但行政机关扩大执行范围或者采取违法方式实施的除外。四是内部层级监督行为不可诉。即，行政机关基于内部层级监督职责作出的行为，因缺乏对外发生法律效果的要件，不属于人民法院行政诉讼受案范围。五是信访答复行为不可诉。即行政机关针对信访事项作出的登记、受理、交办、转送、复查、复核意见等行为，对信访人的实体权利义务不产生实质影响，因此也不具有可诉性。”[②] 党的十八大强调，依法治国是党领导人民治理国家的基本方略，法治是治国理政的基本方式，要

---

① 最高人民法院2017年度行政审判十大典型案例。

② 梁凤云：《〈行诉解释〉重点条文理解与适用》，载《法律适用》2018年第11期。

更加注重发挥法治在国家治理和社会管理中的重要作用，全面推进依法治国，加快建设社会主义法治国家。要提高运用法治思维和法治方式的能力，努力以法治凝聚改革共识、规范发展行为、促进矛盾化解、保障社会和谐。实践证明，把坚持党的领导、人民当家作主、依法治国有机统一起来是我国社会主义法治建设的一条基本经验。党的十八届四中全会决定强调，必须加强和改进党对法治工作的领导，把党的领导贯彻到全面推进依法治国全过程。在我们国家，宪法和法律是党的主张和人民意志相统一的集中体现，党领导人民制定了宪法和法律，党也领导人民执行宪法和法律，党自身也必须在宪法和法律范围内活动。坚持党的领导，是社会主义法治的根本保证，党的领导必须依靠社会主义法治。党的十八届四中全会决定，对在党的领导下推进全面依法治国作了系统阐述。那就是，坚持党领导立法、保证执法、支持司法、带头守法。人民是我们社会主义国家的主人，是依法治国的主体和力量源泉。坚持人民主体地位，是中国特色社会主义法治的内在要求。

从实施修改后的行政诉讼法破解“民告官”难题，到把信访纳入法治化轨道，努力化解信访积案；从实施立案登记制改革保障人民群众依法表达诉求，到建立居民身份证异地受理制度方便群众；从稳步推进人民陪审员、人民监督员制度改革，到广泛动员组织人民依法有序参与国家和社会事务管理……党的十八大以来，人民权益靠法律保障、法律权威靠人民维护的良好局面正在迅速形成。“行政诉讼法规定了行政机关负责人出庭应诉制度，即被诉行政机关负责人应当出庭应诉。不能出庭的，应当委托行政机关相应的工作人员出庭。《行诉解释》作了进一步规定，主要是：一是适度扩大负责人范围。即，行政机关负责人包括行政机关的正职、副职负责人以及其他参与分管的负责人。对于地方人民政府作为被告的，地方人民政府的秘书长、副秘书长和政府法制部门负责人，可以作为负责人出庭应诉。行政机关负责人出庭应诉有顺序意义。也就是说，被诉行政机关负责人应当出庭应诉，首先是指行政机关正职负责人，如果正职负责人能够出庭的，应当亲自出庭应诉；如果正职负责人不能出庭的，应当由副职负责人出庭应诉。法律规定行政机关负责人出庭应诉，鼓励正职负责人出庭应诉，但是正职负责人由于工作等原因确实无法出庭而指派副职领导人出庭应诉的，也符合《行政诉讼法》第3条第3款‘被诉行政机关负责人应当出庭应诉’的要求。行政机关负责人出庭应诉的，应当在裁判文书首部予以列明。名称为‘参加诉讼行政机关负责人’行政机关负责人出庭应诉的，应当向人民法院提交能够证明该行政机关负责人职务证明的材料。二是明确‘应当出庭’情形。为了保证负责人出庭应诉制度落地生根，《行诉解释》明确了行政机关负责人应当出庭应诉的情形，主要包括：涉及重大公共利益；社会高度关注；可能引发群体性事件等案件；人民法院书面建议行政机关负责人出庭的案件，被诉行政机关负责人应当出庭。三是明确‘不能出庭’的具体情形。包括不可抗力或者其他不能控制的正当事由。不可抗力，即客观上不可抗拒、不能避免且无法克服的原因。例如自然灾害、战争等。客观上不能控制的其他正当事由。例如，遭遇交通事故、罹患急症、出国未返等。行政机关负责人工作忙、有其他事务需要处理等不属于正当事由。是否属于正当事由，属于人民法院的裁量范围。行政机关负责人有正当理由不能出庭应诉的，应当向人民法院提交情况说明，并加盖行政机关印章或者由该机关主要负责人签字认可。情况说明由法院依职权进行审查并作出结论，但不作为证据交由当事人进行质证。行政机关拒绝说明理由的，不发生阻止案件审理的效果，人民法院可以向监察机关、上一级行政机关提出司法建议。四是工作人员出庭最低要求。《行政诉讼法》规定，行政机关负责人不能出庭的，‘应当委托行政机关相应的工作人员’。这里的‘应当委托’，是指行政机关负责人不能出庭的，应当委托行政机关相应的工作人员出庭，不得仅委托律师出庭。这里的‘相应的工作人员’是指该行政机关具有国家行政编制身份的工作人员以及其他依法履行公职的人员。被诉行政行为是人民政府作出的，人民政府所属法制工作机构的工作人员，以及被诉行政行为具体承办机关的工作人员，也可以视为被诉人民政府相应的工作人员。行政机关委托相应的工作人员出庭应诉的，应当向人民法院提交加盖行政机关印章的授权委托书，并载明工作人员的姓名、职务和代理权限。五是明确不出庭应诉的法律后果和惩戒条款。行政机关负责人或者其委托的工作人员不出庭应诉的法律后果。行政机关负责人和行政机关相应的工作人员均不出庭，仅委托律师出庭的；或者人民法院书面建议行政机关负责人出庭应诉，行政机关负责人不出庭应诉的，人民法院应当记录在案并在裁判文书中载明，可以依照《行政诉讼法》第 66 条第 2 款的规定予以公告，建议任免机关、监察机关或者上一级行政机关对相关责任人员严肃处理。"[①]平等是社会主义法律的基本属性。坚持法律面前人人平等，鲜明地体现了中国特色社会主义法治公平正义的本质特征。走什么样的法治道路、建设什么样的法治体系，是由一个国家的基本国情决定的。中国革命、建设和改革开放的实践反复说明，从实际出发，从中国国情出发，是我们各项事业取得成功的一条基本经验。全面推进依法治国，建设社会主义法治国家，同样必须坚持从中国实际出发。法治建设从实际出发，首先要特别注重总结我们党领导人民建设社会主义法治的新鲜经验，使我们的法治具有鲜明的中国特色、实践特色、时代特色；同时要处理好古与今、中与外的关系，传承中华优秀传统文化，借鉴吸收人类法治文明的优秀成果。古往今来，东方和西方，人们都在对社会治理之道进行不懈探索，都不约而同地运用了法律这种手段。从"天下之事，一断于法"的法律思想，到"王子犯法与庶民同罪"的司法理念；从春秋时子产铸刑鼎首次公布法律，到汉唐以降历代相沿的成文法典……古老中国漫长的法制演进，蕴含着丰富的法律智慧。"《行诉解释》对于行政诉讼原告、被告和第三人的具体标准和情形作了细化规定。主要是：一是明确投诉举报者的原告资格。即为维护自身合法权益向行政机关投诉，具有处理投诉职责的行政机关作出或者未作出处理的，属于《行政诉讼法》第 25 条第 1 款规定的'与行政行为有利害关系'，防止缺乏诉讼利益的主体进入行政诉讼。二是明确债权人原则上没有原告资格。债权人的民事权益应当通过民事诉讼途径予以实现，但是，行政机关在作出行政行为时应当考虑债权人利益的，构成行政裁量因素，应当赋予其原告资格。因此，债权人以行政机关对债务人所作的行政行为损害债权实现为由提起行政诉讼的，人民法院应当告知其就民事争议提起民事诉讼，但行政机关作出行政行为时依法应予保护或者应予考虑的除外。三是明确出资人和设立人的原告资格。根据《民法总则》的规定，《行诉解释》规定，事业单位、社会团体、基金会、社会服务机构等非营利法人的出资人、设立人认为行政行

---

① 梁凤云：《〈行诉解释〉重点条文理解与适用》，载《法律适用》2018 年第 11 期。

为损害法人合法权益的，可以自己的名义提起诉讼。四是明确业委会和业主的原告资格。司法实践中，对于共有权益的保障，存在不一致的做法。《行诉解释》规定，业主委员会对于行政机关作出的涉及业主共有利益的行政行为，可以自己的名义提起诉讼。业主委员会不起诉的，为了维护业主共有利益，采取'单过半'方式，即专有部分占建筑物总面积过半数或者占总户数过半数的业主可以提起诉讼。五是明确开发区管委会等被告资格。《行政诉讼法》对于被告资格采取了行政机关和法律法规规章授权组织两种方式，对于开发区管理委员会这种经批准成立的行政主体，没有明确其被告资格。当事人对由国务院、省级人民政府批准设立的开发区管理机构作出的行政行为不服提起诉讼的，以该开发区管理机构为被告；对由国务院、省级人民政府批准设立的开发区管理机构所属职能部门作出的行政行为不服提起诉讼的，以其职能部门为被告；对其他开发区管理机构所属职能部门作出的行政行为不服提起诉讼的，以开发区管理机构为被告；开发区管理机构没有行政主体资格的，以设立该机构的地方人民政府为被告。六是明确公务组织的被告资格。《行诉解释》对法律法规规章授权组织的具体情形作了列举式规定。在司法实践中，比较常见的是村委会、居委会、事业单位、行业协会等的被告资格。《行诉解释》规定，当事人对村民委员会或者居民委员会依据法律、法规、规章的授权履行行政管理职责的行为不服提起诉讼的，以村民委员会或者居民委员会为被告。当事人对高等学校等事业单位以及律师协会、注册会计师协会等行业协会依据法律、法规、规章的授权实施的行政行为不服提起诉讼的，以该事业单位、行业协会为被告。"[①]

坚持党的领导、坚持人民主体地位、坚持法律面前人人平等、坚持依法治国和以德治国相结合、坚持从中国实际出发，这五大原则构成一个有机整体，规定着中国特色社会主义法治道路的前进方向。法治中国建设取得了令人瞩目的成就，中国人民在正确的法治道路上大步迈进。依宪治国，推进宪法全面有效实施：完善以宪法为统帅的中国特色社会主义法律体系，健全宪法实施和监督制度，设立国家宪法日，建立宪法宣誓制度，弘扬宪法精神，维护宪法权威，

---

① 梁凤云：《〈行诉解释〉重点条文理解与适用》，载《法律适用》2018 年第 11 期。

为中国特色社会主义提供根本法律和制度保证。修改人口与计划生育法，正式实施全面两孩政策；依法解决无户口人员户口登记问题，切实保障公民权利；按照法定程序对土地制度改革、司法责任制改革试点等作出授权决定……改革在法治下破题、在法治下推进，夯基垒台、积厚成势，生发出源源动力。坚持运用法治思维和法治方式破解发展难题：编纂民法典，制定电子商务法，修改促进科技成果转化法……不断建立健全符合发展规律要求的法律制度，为经济社会持续健康发展提供法治支撑和保障。制定国家安全法、反间谍法、反恐怖主义法、境外非政府组织境内活动管理法、网络安全法、国家情报法；依法惩治颠覆国家政权犯罪，用法律手段清朗网络空间……法治，成为维护国家安全、社会安全的强大屏障。党的十八大以来，党中央制定或修订一系列党内法规，同时更加注重运用法律手段惩治腐败，法治对全面从严治党的保障作用进一步凸显。党内法规体系日趋完善，约束“关键少数”标准更严，使广大党员、干部将法治内化于心、外践于行。各级政府厘清行政权力边界、规范行政权力运行、提升依法行政能力。

各级人民代表大会及县级以上各级人民代表大会常务委员会选举或者决定任命的国家工作人员，以及各级人民政府、人民法院、人民检察院任命的国家工作人员，在就职时应当公开进行宪法宣誓。宪法宣誓，是一种庄重的国家仪式，既表明了国家坚持依宪治国、维护宪法权威的坚定决心，也是宣誓者本人表明坚定地遵守宪法、维护宪法权威的庄重承诺，同时，也能营造一个良好的遵守宪法、维护宪法、弘扬宪法精神的良好社会氛围。全面依法治国是国家治理领域一场广泛而深刻的革命，需要付出长期艰苦的努力，也需要一代代人的接续奋斗。奉法者强则国强，奉法者弱则国弱。加快建设法治政府，是全面深化改革的迫切需要，更是全面依法治国的重大任务。中共中央、国务院印发《法治政府建设实施纲要（2015—2020年）》，规划了建设法治政府的总体方向。正如姚建宗教授所言，“我们信奉并践行法治，是因为法治乃是迄今为止相对说来更加符合人的本性和需求的较好的规范性制度安排，法治之下的生活是相对比较合理、比较有意义的生活，在这样的制度之下的生活很可能不是最好的生活形式，但绝对不是最坏的生活形式”。[①] 行政法治作为全面推进依法治国的重要组成部分，行政法治是行政组织结构法治、行政职权法治和行政行为法治的总称。十八届三中全会提出建设法治中国的奋斗目标，明确了法治建设整体推进、共同发展的努力方向，对进一步推进行政执法体制改革和司法体制改革作出工作部署，强调要加快建设公正、高效、权威的社会主义司法制度，健全司法权力运行机制，确保依法、独立、公正行使审判权、检察权，加强人权司法保障。现实生活中，有法不依、执法不严、违法不究、徇私枉法、司法不公的现象仍然存在，以权压法、以言代法、信访不信法的情况时常发生。依法治国是我们党治理国家的基本方略，依法执政是党在新的历史时期和时代条件之下治理国家的基本方式。依法行政是依法治国的必然要求和具体落实。

第一，行政行为必须具有法律依据。行政机关只能在法律授权的范围内采取行动，这是行政法治原则的根本要求。行政机关的权限，主要规定在宪法、法律等成文法之中，行政机关不得超越法律规定的权限范围自由行动。行政法治要求行政行为的存在须有法律依据，行政行为的实施须符合法律规定的方式、程序和目的，行政决定的内容和法律根据合法。行政机关必须以自己的积极行为来保证法律的实施。对行政法治原则的分析，不仅是一种理论上的阐释，更是关系到怎样正确理解依法行政、如何真正做到依法行政，对树立科学的法律意识、正确的指导法治实践都有重要的意义。

第二，行政权力的从属性。行政权力来源于法律的授予，并受到法律的制约。行政权力的从属性是对行政权力根本性质的描述，是对行政权力的基本定位。政府不是全能的政府，而是提供公共产品的服务者。在行政管理过程中，行政机关和公民的法律地位是平等的，公民对于行政过程有积极的参与权。现代政府是责任政府，即政府应该对其违法行政或不当行政的行政行为承担法律上的责任。

第三，行政权力的有限性。行政权力的有限性来源于其从属性，行政权力的范围局限于法律所赋予的范围，超越这个范围就是违法的。行政权力的有限性表现为行政权力可以涉及的领域的有限、行政权力内容的有限、行政机关可

---

① 姚建宗:《法治思语》，法律出版社 2014 年版，第 13 页。

以采用的行政管理措施的有限。越权无效是各国行政法一个普遍原则，在英美法系国家，它成为司法审查的主要标准。行政行为的有限性划分了公益和私益的关系，公益不能成为任意剥夺私益的理由，公共利益机关归根结底是为广大个人服务的，这是现代法治的重要观点。

第四，行政法治原则的核心表现是行政行为必须接受司法审查。行政行为必须接受司法审查，是由行政权力的从属性、有限性和单方性、主动性的矛盾决定的。《行政诉讼法》界定了公民权利和行政权力在行政管理领域的界限。司法审查背后所蕴含的是一种国家权力对另一种国家权力的干预和制约，是通过司法权力划定行政权力的界限。司法审查的界限是有限的，审查的深度和广度都有法律规定，司法权力不能无限干预行政权力。行政权力来自法律的授予，授权本身就意味着一种限权，因为权力只能在授予的范围内行使，超过范围的权力是不存在的。重要的是，权力自身有扩张性，如果没有一个明确的界限，权力会扩张到法律所赋予的范围以外。所以，在授权的同时必须限权，即明确规定行政权力授予的目的、行政权力行使的原则、行政权力可以采取的具体措施等。依据法定权限，行政主体只能对法定的事项运用法律授予的权力，采取法律认可的措施，来实现管理的目的。超越法定权限的行为是违法的，必须撤消或者归于无效。任何行政权力、行政措施都必须接受审查，不能允许无审查的行政权力存在。审查的形式有多种，司法审查是其中最有效的一种形式，它具有当事人启动程序、在案件中结合具体公民权利进行审查以及独立性、公正性的特点。

第五，行政程序法治是指行政行为在实体上必须符合法律权限、目的，在其程序上必须具有正当性。不经过程序步骤的行为是违法的；每一个步骤都要和实体结论有必然的、实质的联系，不能抛开程序得出结论或者把程序当形式，实体的结论与程序相脱离。政府应依法行政，依法办事，要求行政活动要有合法性，行政活动具有正当性，令人信服、服从。不得违宪，是合法性的最高要求和核心，是现代民主社会的根本特点。依法的“法”，包括法律、法规、规章。法律的效力高于法规、规章；法规、规章的原则、内容不得与法律相抵触。法律、法规、规章发生冲突，应以法律为准。依法的内容包括依法定权限、法定实体规则和法定程序。依法行政首先是对政府执法行为的要求，同时也是对立法的要求。立法包括权力机关的立法和行政机关的立法。权力机关的立法主要是制定基准性规范。行政机关的立法主要是制定从属性、执行性规范。法治原则要求政府机关加强行政法规和规章的制定，使大量的政府行为有章可循，以最大限度地减少政府行为的任意性。依法制定和发布行政法规、规章，不仅是政府的一项权力，更是政府的职责。从内部而言，超越职权就是横向超越了另一个机关的职权；对外而言，超越职权就会侵犯公民的合法权益。职权法定，越权无效，是法律保留的一个重要原则。相对于公民权利的法无禁止即自由来说，行政机关不仅在法律禁止的情形下不得为之，在一定的范围内，在法律没有授权的情形下也不得作为，否则，就是超越职权。职权法定是由我国人民主权的国家性质所决定的。对行政机关而言，行政行为不得违反法律，行政行为的权力来源要有法律的明文依据。因为行政机关是执行法律的机关，不能给自己授权，人民授权形式即是法律规定。行政处罚、行政强制措施、行政许可、行政收费等行政行为，都不是行政机关的当然权限，都需要法定。即使是行政机关的职权范围内的事项，也并不意味着其有权采取任何手段达成自己行政管理的目的。行政权力的取得和存在必须有法律依据，没有法律依据的行政权从根本上说是一种非法的权力；行政主体必须在法律规定的权限范围内行使其行政职权，必须依据法定的程序；法定职权之外的事务由私人通过自治方式解决。职权法定要求行政主体不得越权，如果越权则不具有法律效力。这是因为，法律效力必须法律授予，如不在法律授权范围内，它就在法律上站不住脚。行政职权法定的法理意义在于，它明示了行政权是有限的、可数的，并为行政机关划定了行使行政权的外围边界。行政自由裁量权是法律、法规赋予行政执法机关在行政管理过程中依据立法目的和公正合理原则自行判断行为条件、自行选择行为方式和自由做出行政决定的权力。即依照法律所确定的原则、目的、精神、范围和幅度，在实施行政行为的过程中，行政执法主体基于客观实际情况，通过主观的合理判断做出灵活选择的权力。法律的稳定性、现实的复杂性、立法者的局限性以及法律条文表述的概括性决定了行政权力中自由裁量权存在的必然性。现代法治国家权力的授予与控制总是相伴而行的，控制行政自由裁量权是依法行政、依法治国和建设社会主义法治国家的必然要求。权力本质具有自我腐蚀和自我扩张的特性，因此对权力的规范和约束就成为权力健康运行的一条规律。行政自由裁量权作为行政权力的一种，同样必须加以控制。滥用行政自由裁量权违背了法律授权的目的和意愿，干扰和破坏了法治秩序，具有很大的危害性。

作为一个法治政府，应该带头守法，切实保障公民的合法权益不受侵犯。如果其行为违法越权，侵犯公民、法人或其他组织的合法权益，则应依法承担法律责任；如其行为造成公民、法人或其他组织人身权、财产权的损害，则应依法赔偿受害者的损失。法治政府对人民负责，并自觉接受人民监督，权为民所用，利为民所谋。因此，作为人民的政府，必须有权必有责、用权受监督、违法要追究、侵权要赔偿，切实负起责任。国家权力机关制定、发布行政法律规范的活动，其本质是代表国家行使立法权的行为；而行政立法行为则是国家行政机关代表国家行使行政权的行政行为。但并非所有行政机关都有权进行行政立法，只有享有行政立法权的行政机关才能进行行政立法。行政立法，是指有权行政机关依照法定程序，在自己的职权范围内制定并颁行有关行政管理事项普遍应用的规则的活动。行政立法主要是指国务院制定行政法规，国务院各部委、省、直辖市、自治区人民政府、省会市人民政府和经国务院批准的较大市人民政府制定规章的活动。行政立法的主体是宪法和法律规定建立的国家行政机关。由于国家对经济和社会生活的干预增多和行政权力的相对扩大，单靠立法机关立法已无法适应社会发展的需要。立法机关以委托立法方式，赋予行政机关以立法权；同时，行政机关制定的各种规范性文件也是一种行政立法活动。行政立法的内容包括：行政机关和公务人员的法律规范；行政机关管理国家事务的法律规范；对行政机关的活动进行监督的法律规范。不同等级的国家行政机关的行政立法的效力等级不同。行政执法是具有行政执法权的国家行政机关依法对违反行政法律法规的行为所进行惩戒的统称。行政执法主要包括财产罚、行为罚、人身罚和申戒罚等。根据不同的标准，行政执法主要可以分为以下几类：抽象执法和具体执法、羁束性执法和自由裁量性执法、依职权的执法和依申请的执法、强制性执法和非强制性执法。从体系结构上看，行政执法主要分为：政府的执法、政府工作部门的执法、法律授权的社会组织的执法、行政委托的社会组织的执法。

行政法律规范要求国家行政机关及其公务人员在行政活动中履行和承担的义务。行政违法是行政责任的前提，如果行为主体的行为尚未构成行政违法，行政责任就没法产生。这就是说，并非行政法律关系主体的所有行为都产生行政责任，只有有行政违法存在时行政责任才会产生。行政责任是一种法律责任，不是基于道义或约定的道德责任。行政责任是在行政活动中由行政机关及其公务人员违反行政义务引起的，与违宪责任、民事责任、刑事责任有程度上的不同。行政责任是一种不能以其他法律责任或纪律责任替代的独立的责任。行政司法主要包括行政调解、行政仲裁、行政裁决、行政复议。实践中存在着大量的行政裁决、行政调解、行政仲裁等内容，这些内容也是行政法治的重要内容。行政司法是由行政机关充当争议的裁决人，依照行政司法程序解决行政争议和其他特定纠纷的一种行政行为，是国家行政机关按照准司法程序审理特定的具体案件、裁决特定行政争议的活动。行政司法的主体是行政机关。行政司法是相对于行政立法、行政执法而言的一种行政行为，它的主体必须是行政机关。行政司法程序是一种特殊的法律程序。行政司法程序是把行政程序和司法程序融于一体，形成一种具有行政性质的司法程序，可以称之为准司法程序。行政司法的范围在解决行政争议之外不断扩展。行政司法既可以解决以行政机关为一方当事人的因行政法律关系而引起的争议，也可以解决公民之间、组织之间或者公民与组织之间发生的一些民事、经济纠纷。行政诉讼对于保护公民、法人和其他组织的合法权益，维护和监督行政机关及其工作人员依法行使行政职权具有重要的意义和作用。行政诉讼，有利于提高公民的民主、法治意识，有利于改革开放的顺利进行。同时，行政诉讼也是惩治腐败、建设廉洁政府的有力武器。研究行政诉讼对国家法治建设具有非常重要的作用，为在行政审判中充分发挥行政诉讼功能具有十分重要的意义。行政诉讼的功能模式是指设计行政诉讼制度以及行政诉讼活动所要达到的终极目标而呈现的总体风格。学术界，对行政诉讼功能模式的概括可以总结为实体权利保护说、维护公法秩序说、纠纷解决说和程序保障说。[①] 行政诉讼的功能模式关系到整个行政诉讼程序的设计以及具体制度的构建。

建设法治政府可以调和国家权力与公民权利之间的冲突，从体制、机制、程序上规范民主、发展民主、保障民主，实现民主政治。行政审批制度改革目的就是要打造一个职能科学的政府。政府不能什么都管，也不能该管的不管。例如，现在的政府职能强调宏观调控、市场监管、社会管理、公共服务、环境保护，这五项职能是法治政府必须具备的职能，脱离这五项职能，就不能实现政府职能的科学配置。政府之间、上下级之间关系的配置也必须是科学、合理的，推动简政放权、放管结合、优化服务、事权财权匹配以及基层的综合执法，积极稳妥地推进大部门制，都是体现职能科学的要求。法治政府是权责法定的政府。权责没有实现法定化，是因为我们缺少比较合理、科学的组织法、编制法和划分政府部门职能权力、权限的相关法律。权责法定化一直是法治政府建设中的短板。所以，十八届四中全会决定强调要"完善行政组织和行政程序法律制度，推进机构、职能、权限、程序、责任法定化"，实际上就是要求政府的权责要逐步实现法定化。法治政府是执法严明的政府。政府的重要职责之一就是严格、公平、公正地实施宪法和法律。只有依法行政才能保证政府在法律界限范围内行使权力，保证政府有效履行职能。[②] 建设法治政府要求必须建立完备的法律和完善的法律体系。法制完备首先是形式意义上的完备，即法律制度的类别齐全、规范系统、内在统一；其次是实质意义上的完备，即法律制度适应社会发展的需要，符合公平正义的价值需求。法治政府是守法诚信的政府。任何政府，如果连法律都不能遵从的话，就谈不上法治政府。法治政府也意味着必须得是诚信政府。政府的决策、决定，包括审批行为等不能随意变动，因为一旦变动，就会导致政府公信力的下降，会引发一系列的纠纷、矛盾。政府要对行政行为所产生的信赖利益予以合法保护，做到守法诚信。法治政府建设是现代国家政治文明的重要标志，是实现治理体系、治理能力现代化的必由之路。

---

① 详见江必新、梁凤云：《行政诉讼法理论与实务》，法律出版社2016年版，第81—87页。

② 参见马怀德：《深刻认识法治政府的内涵和意义》，载《光明日报》2017年5月8日。

依法行政是现代政治文明的重要标志。执政党应善于通过制定宪法、法律的方式把执政党的意志和人民的意志变成国家的宪法、法律，然后依照宪法、法律治理国家。党的十八届四中全会明确提出，要善于使党的主张通过法定程序成为国家意志，善于使党组织推荐的人选通过法定程序成为国家政权机关的领导人员，善于通过国家政权机关实施党对国家和社会的领导，善于运用民主集中制原则维护中央权威，维护全党全国团结统一。党的十八届三中全会提出，全面深化改革的总目标是完善和发展中国特色社会主义制度，推进国家治理体系和治理能力现代化。治理体系最终是以制度的形式表达出来，而制度的最高形态是法律。法治化就是治理体系现代化的重要标志之一；没有法治化，就谈不上治理体系现代化，更谈不上治理能力的现代化。因此，法治政府建设的确有着重大的、深远的历史意义和现实意义，是我们国家迈向现代法治国家的重要路径。①

法治与文明一脉相承，集中体现了人类追求政治民主、社会正义、社会秩序中自由、平等的共同要求。法治作为文明的制度形态和秩序形态，不仅是文明丰富内涵的集中体现，也是文明成果的显著标志。从这一意义上来说，建设法治政府，就是建设文明社会。法治政府建设是全面推进依法治国的关键。依法治国最终的标志就是看我们党能不能依法执政，政府能不能依法行政。如果政府做不到依法行政，不能建成法治政府，那么依法治国这个基本方略必然落空。我国目前已制定了240多部法律，700多部行政法规，8600多部地方性法规，还有数以万计的规章。这些法律、法规、规章的实施主要依赖各级政府及其部门。如果政府不能做到依法行政，那么我国的法律、法规、规章将无法得到有效执行和遵守。②十八届四中全会决定提出，要坚持依法治国、依法执政、依法行政共同推进，坚持法治国家、法治政府、法治社会一体建设。无论是“共同推进”，还是“一体建设”，法治政府都是核心。依法治国有两个重点：一是规范公权力；二是保障私权利。从规范公权力的角度讲，建设法治政府居于基础地位。因为

---

① 参见马怀德：《深刻认识法治政府的内涵和意义》，载《光明日报》2017年5月8日。
② 参见马怀德：《深刻认识法治政府的内涵和意义》，载《光明日报》2017年5月8日。

只有通过法治政府建设，才能实现规范公权力的目的。所以，法治政府建设的一个重要特征就是职能科学、权责法定，只有通过科学配置政府职能，严格依法限制政府滥用权力，才能规范公权力。法治政府是实现把权力关进制度笼子里的重要途径。也只有把权力关进制度的笼子里、法律的笼子里，公民的权利才能够得到有效保障。《法治政府建设实施纲要（2015—2020 年）》将公民合法的权利和利益得到切实保护作为建设法治政府的重要目标之一。法治政府建设对于推进全面深化改革具有重要的支撑和保障作用。在“四个全面”战略布局中，依法治国、全面深化改革相互联系，不可分割。处理好两者之间的关系，必须坚持几项原则：第一，重大改革要于法有据，取得法律的支持。第二，改革的成果要及时上升为宪法、法律。第三，立法要及时适应改革的需求。在政治经济生活发生了巨大变化的情况下，法律不能一成不变。立法要主动适应改革和经济社会发展的需求，对于过时的法律法规要及时清理，做到立、改、废、释并举，该制定的要制定，该修改的要修改，该废止的要废止，该解释的要解释。“行政诉讼法规定的证据规则与刑事、民事诉讼证据规则存在极大差别，具有自身特殊的规则。《行诉解释》根据行政诉讼法的规定，作了细化。主要体现在：一是明确非法证据排除规则的具体适用情形。即有下列情形之一的，属于《行政诉讼法》第 43 条第 3 款规定的‘以非法手段取得的证据’：严重违反法定程序收集的证据材料；以违反法律强制性规定的手段获取且侵害他人合法权益的证据材料；以利诱、欺诈、胁迫、暴力等手段获取的证据材料。二是增设到庭询问规则。为了进一步查证案件的事实，保证公正审理行政案件，《行诉解释》规定，人民法院认为有必要的，可以要求当事人本人或者行政机关执法人员到庭，就案件有关事实接受询问。在询问之前，可以要求其签署保证书。保证书应当载明据实陈述、如有虚假陈述愿意接受处罚等内容。当事人或者行政机关执法人员应当在保证书上签名或者捺印。负有举证责任的当事人拒绝到庭、拒绝接受询问或者拒绝签署保证书，待证事实又欠缺其他证据加以佐证的，人民法院对其主张的事实不予认定。三是增设责令提交证据和证据妨害规则。为了进一步强化行政机关的证据意识，平衡当事人的举证能力，《行诉解释》规定，原告或者第三人确有证据证明被告持有的证据对原告或者第三人有利的，可以在开庭审理前书面申请人民法院责令行政机关提交。申请理由成立的，人民法院应当责令行政机关提交，因提交证据所产生的费用，由申请人预付。行政机关无正当理由拒不提交的，人民法院可以推定原告或者第三人基于该证据主张的事实成立。持有证据的当事人以妨碍对方当事人使用为目的，毁灭有关证据或者实施其他致使证据不能使用行为的，人民法院可以推定对方当事人基于该证据主张的事实成立，并可依照《行政诉讼法》第59条规定处理。四是细化赔偿补偿案件举证规则。对于行政机关证据妨害的，采取举证责任倒置方式，《行诉解释》明确，根据《行政诉讼法》第38条第2款的规定，在行政赔偿、补偿案件中，因被告的原因导致原告无法就损害情况举证的，应当由被告就该损害情况承担举证责任。强化行政机关对于财产的鉴定意识，《行诉解释》规定，对于各方主张损失的价值无法认定的，应当由负有举证责任的一方当事人申请鉴定，但法律、法规、规章规定行政机关在作出行政行为时，依法应当评估或者鉴定的除外；负有举证责任的当事人拒绝申请鉴定的，由其承担不利的法律后果。《行诉解释》明确了法院对于财产损失的酌处权力，即，当事人的损失因客观原因无法鉴定的，人民法院应当结合当事人的主张和在案证据，遵循法官职业道德，运用逻辑推理和生活经验、生活常识等，酌情确定赔偿数额。”①

行政立法有广义和狭义之分。广义的行政立法泛指行政性质的立法，其内容是关于行政管理的行政法律规范，属于行政部门法。基于这种认识，凡是国家机关，包括国家权力机关和行政机关制定并发布行政法律规范的活动，或称制定行政法的活动叫行政立法。其定义的核心基础，是关于行政管理方面的内容，以别于刑事和民事立法，可谓广义之说。狭义的行政立法指国家行政机关依法定权限和程序制定、颁布具有法律效力的规范性文件的活动，简言之为行政机关立法。根据《宪法》《地方组织法》和《立法法》的规定，具体是指国务院制定行政法规的活动；国务院各部、委员会、中国人民银行、审计署和具有行政管理职能的直属机构，省、自治区、直辖市和设区的市、自治州的人民政府制定行政规章的活动。其定义的着眼点在于立法者，可谓狭义之说。此说之“行

---

① 梁凤云：《〈行诉解释〉重点条文理解与适用》，载《法律适用》2018年第11期。

政立法”，从“立法”性质上看，立法是以国家名义制定、发布规范性文件，并具有与法律相同的效力；所立之法属于法的范畴，体现法的基本特征。就“行政”性质而言，立法者为行政机关；法所调整的对象主要是行政管理事务或与行政管理有关的事务；其适用的程序是行政程序；目的是执行权力机关制定的宪法和法律，实现行政管理职能。在近现代社会，行政机关所制定的规范性文件，其中部分也是行政机关进行行政管理活动的标准和规则。关于行政立法的概念，有学者总结了四种不同的观点。第一种观点是，行政立法的概念是指相对刑事立法、民事立法或经济立法而言的行政立法，即制定行政法律。第二种观点是，行政立法的概念指的是制定行政法，即人民代表大会和行政机关制定行政管理的法律规范的活动。第三种观点是，行政立法的概念是所有行政机关制定行政规范性文件的活动。第四种观点是，行政立法的概念是行政法学研究范围内所使用的，享有制定行政法规或规章权力的行政主体依法定职权和法定程序制定规范性文件的活动。[①] 行政立法，是行政性质和立法性质的有机结合。它既有行政的性质，是一种抽象行政行为，又具有立法的性质，是一种准立法行为。行政立法的行政性质主要表现在：行政立法的主体是国家行政机关；行政立法所调整的对象主要是行政管理事务及与行政管理密切关联的事务；行政立法的根本目的是实施和执行权力机关制定的法律，实现行政管理职能。行政立法的立法性质主要表现在：行政立法是有权行政机关代表国家以国家名义创制法律规范的活动；行政立法所制定的行为规则属于法的范畴，具有法的基本特征，即普遍性、规范性和强制性；行政立法必须遵循相应的立法程序。依据不同的标准，可以对行政立法作不同的分类。行政立法依其立法权力的来源不同，可以分为一般授权立法和特别授权立法。所谓一般授权立法，是指国家行政机关直接依照宪法和有关组织法规定的职权制定行政法规和行政规章的活动。所谓特别授权立法，是指依据特定法律、法规授权或者依据国家权力机关或上级国家行政机关通过专门决议的委托，制定规范性法律文件行为。行政立法依据行使行政立法权的主体不同，可分为中央行政立法和地方行政立法。国务院制定行政法规和国务

① 参见应松年主编：《行政行为法》，人民出版社 1992 年版，第 40 页。

院各部门制定部门规章的活动称为中央行政立法。地方行政立法是指一定层级以上的地方人民政府制定行政规章的活动。在我国，有权进行地方行政立法的机关包括省、自治区、直辖市和设区的市、自治州的人民政府。

依据行政立法内容、目的的不同，可以将行政立法分为执行性立法、补充性立法和试验性立法。执行性立法，是指为了执行法律或地方性法规以及上级行政机关发布的规范性文件而作出具体的规定，以便于更切合实际情况的行政立法活动。补充性立法，是为了补充已经发布的法律、法规而制定规范性文件的活动。试验性立法，是指行政机关基于有权机关或法律的特别授权，对本应由法律规定的事项，在条件尚不充分、经验尚未成熟或社会关系尚未定型的情况下，先由行政机关作出有关规定，经过一段试验期以后，再总结经验，由法律正式规定下来。

行政立法的主体主要包括：国务院；国务院各部、各委员会；国务院直属机构；省、自治区、直辖市人民政府；设区的市、自治州的人民政府。行政立法特别是地方性法规、行政法规和行政规章的制定一定要有宪法和法律作依据。一般应在总则里明确载明行政法规和行政规章所依据的法律，行政规章还应载明其所依据的行政法规，地方政府的行政规章也应当载明其所依据的地方性法规。在法律、地方性法规、行政法规、自治条例和单行条例、规章中，特别规定与一般规定不一致的适用特别规定；新旧规定不一致的适用新的规定；不能确定如何适用时，由全国人大常委会、国务院或制定机关裁决。在法律层面上，依现行法律的规定，有关行政管理的法律草案的提出议案权属于国务院，国务院在提出法律草案的初始阶段大多是由国务院有关部委起草，涉及一个以上部委的由一个部委牵头，由部委首长签署后送国务院法制机构审查或修改，经国务院审议后，由国务院总理提交全国人大。在法律草案的起草初始阶段，法律起草小组的成员中应有相当比例的从社会聘请来的专家，这样可使法律草案的提出者在法律草案的提出过程中，具有更多的理性，以此克服部门偏见，提高立法质量。法的规范之核心内容是规定社会成员的权利与义务，对于行政机关而言也就是职权与职责，立法者在权利与义务配置时的规则是：权利（权力）与义务（责任）对等，对于行政管理的主体行政机关而言，行政职权的享有就意味着相应的职责，一旦法律赋予其一定的职权，就必须积极认真地行使，不得失职也不得越权，并要接受各种监督。对被管理一方而言有服从行政管理的义务，也就有要求行政机关依法进行管理的权利，并有法定的各种救济途径。《立法法》规定在国家主权事项、民族区域自治制度、特别行政区制度、基层群众组织制度、犯罪与刑罚、诉讼和仲裁制度、涉及公民政治权利剥夺、限制人身自由的强制措施和处罚、民事基本制度和各级人大、人民政府、人民法院、人民检察院的职权和相互关系以及财政、税收、海关、金融外贸的基本制度等应当由全国人大和全国人大常委会以法律的形式规定。人大尚未立法时，全国人大可以授权国务院和地方人大或行政机关进行立法，但有关犯罪与刑罚、涉及公民政治权利的剥夺和限制人身自由的强制措施和处罚、司法制度等事项除外。被授权机关不能将该项权力转授给其他机关，并应在一定时间里制定规范性文件，授权应有期限，到期收回。法律制定后，相应的立法事项的授权终止。法律、法规因其对社会生活的引导作用，确定过高的目标同样有害而无益。这从美国的《水净化法》的变迁可以得到说明。[①]荷兰的开放式分段立法的经验值得关注。行政立法中常常会遇到立法时机是否成熟的问题。例如，若在立法时机不成熟的情况下超前立法，则很难保证所立之法得到真正执行，如果待时机成熟再行立法，则又不利于法治的推进。[②]一部法律或法规、规章成为“良法”的诸多因素中，除立法者高度的社会责任感和较高的立法艺术外，必要的实验和法律颁布后的社会效果的评估亦十分重要。法治社会要求国家的一切活动都要依法办事。因此，正确的法治之路应该是任何重大改革均应出台法律或法规，这些法律或法规的空间效力可以是局部的、时间效力可以是有时限的、对人的效力可以是划定的群体。进行立法实验证明成功后再将完善的法律、法规推及全国或全省

---

① 美国1972年制定的《水净化法》明确规定水的质量应达到的数个标准，要求到1985年年底任何废物都不得排入公共水体中，水体将回到自然状态。当该法施行若干年后美国国会对其进行了修改，原因是原来规定的目标不切实际，耗费太大，因而确定了一个执行新标准的时间。

② 荷兰的《通用行政法》不是一次性制定，而是分段立法。这种首先规定最急需解决的问题，然后不断加入新的内容的做法，具有很好的灵活性。

（市）。[①] 当一个国家的法律体系日渐完善后，应适时进行法律编纂，梳理现行法律，消除矛盾，弥合疏漏，使国家法律更加适应社会生活，并成为国家依法行政的前提，使我们向法治国家的目标迈进。

社会主义国家行政立法的基本原则指社会主义国家的行政机关在进行立法活动时所必须遵循的原则：坚持共产党的领导的原则。共产党是领导社会主义国家一切工作的核心力量，行政立法必须体现党的领导。社会主义国家行政立法的主要任务就是将党的有关方针政策，特别是党的基本方针和政策具体化、规范化。一切行政法规和规章均应体现党的有关方针和政策的精神，为贯彻落实党的有关方针政策提供具体的行为规范。

第一，立法有据的原则。这条原则在我国有以下三层含义：其一，只有法律规定有行政立法权的行政机关才能制定行政法规或行政规章，它们在进行行政立法时也不能超过本部门的职权管辖范围，如果根据需要必须超越，要经过同级权力机关或上级行政机关正式批准。其二，国务院制定行政法规，必须依宪法和法律的有关规定作为立法依据。其三，行政规章必须以现行的法律、行政法规或地方性法规的有关规定为立法依据。

第二，民主立法原则。行政法规和规章是否能真实地反映广大人民的意志和利益，所规定的具体措施是否符合实际，是否为最佳选择方案，立法技术是否符合要求等，都要在法规与规章起草前后广泛征求公众的意见。

第三，效力分级原则。依我国宪法和法律的规定，我国行政立法中效力分级原则的主要内容是：国务院制定的行政法规的效力高于一切行政规章的效力，低于现行宪法和法律的效力；国务院所属各部、委制定的行政规章的效力高于地方行政规章的效力，低于国务院行政法规的效力；省级人民政府的行政规章的效力高于市级人民政府的行政规章的效力。

---

① 这方面行政立法的实验在德国一直在进行。荷兰的《通用行政法》也规定了常规的正式评估制度，以便对行政机关和公民是否遵守该法的规定及社会对该法的满意程度进行调查。通过社会调查可以发现法律是怎样起作用的，也可以发现行政立法上存在的问题和需要改进的方面，从而推进行政法律体系的完善。日本有关改革的法律出台后，法律附则中详尽规定改革的过渡时期操作规则的做法很值得借鉴。对现行有效的法律进行评估，也将成为完善法律的重要方法之一。

第四，程序合法原则。行政法规和行政规章的制定，通过和发布都必须经过合法的程序，这是保证行政立法合法性的重要措施。

行政立法程序是指行政立法主体依法定权限制定、修改、废止行政法规和规章所应遵循的步骤、方式和顺序。

第一，起草。起草是指对列入规划的需要制定的行政法规和规章，由人民政府各主管部门分别草拟法案。行政法规和规章的起草一般有两种：一是较为重要的行政法规和规章，其主要内容涉及几个具体部门业务的，由政府法制机构或主要的部门负责，组成由有关部门参加的起草小组进行工作；二是行政法规和规章的主要内容不涉及其他部门业务的，由主管部门负责起草。

第二，征求意见。在起草行政法规、规章的过程中，应当广泛听取有关机关、公民、社会各组织的意见。听取意见可以采取座谈会、论证会、听证会等多种形式。对于涉及其他主管部门的业务或者与其他部门关系密切的规定，应当与有关部门协商一致。经过充分协商不能取得一致意见的，应当在上报草案时专门提出并说明情况和理由，由上级机关出面协商或决定。对于直接涉及公民利益的某些重要的行政法规和规章草案，应当进行公开讨论，广泛听取公众的意见，听取有关专家的意见，包括技术专家、管理专家和法学专家的意见，特别是利害相关人的意见。起草行政法规、规章时，应当对与内容相同的行政法规、规章作出清理。对同一事项，如果作出与别的行政法规、规章不相一致的规定，应当在上报草案时专门提出并说明情况。如果现行的法规、规章被新的法规、规章所代替，必须在草案中明示废止。

第三，审查。审查是指行政法规、规章草案拟定之后，送交政府主管机构进行审议、核查。承担行政法规、规章审查职能的是政府法制机构。政府法制机构对行政法规、规章草案审查的主要内容有：制定行政法规、规章的必要性和可行性，是否符合党和国家的方针、政策、法律以及上一层次规范性文件的规定；是否在本机关的权限范围内；是否有越权或滥用职权的现象；行政法规、规章草案的结构、文字等立法技术是否规范；是否符合上报手续，以及有关的资料、说明是否齐备等。法制机构审查后，写出审查报告，提出是否提交会议讨论通过的建议。若需讨论通过，应将行政法规、规章草案的上报稿和修改稿一并呈送。

第四，通过。通过是指行政法规、规章在起草、审查完毕后，交由主管机关的正式会议讨论表决。行政法规要经过国务院全体会议或常务会议审议通过；部门规章要提交部委常务会议审议通过；地方政府规章要提交地方政府常务会议或办公会议审议通过。

第五，签署。行政法规、规章通过后，还须经制定机关的行政首长签署。国务院发布的行政法规，应由国务院总理签署；各部委发布的规章，应由部长或委员会主任签署；地方人民政府发布的地方政府规章，应由省长、自治区主席或市长签署。

第六，发布与备案。发布是行政法规、规章生效的必经程序和必要条件。凡是未经发布的行政法规、规章都不能认为已发生效力。行政法规由总理签署，以国务院令的形式发布，并应及时在国务院公报和在全国范围内发行的报纸上刊登。在国务院公报上刊登的行政法规文本为标准文本。部门规章由部门首长签署命令公布，并应及时在国务院公报和在全国范围内发行的报纸上刊登。地方政府规章由省长、自治区主席、市长签署命令公布，并应及时在本级人民政府公报上和本行政区域范围内发行的报纸上刊登。备案是指将已经发布的行政法规、规章上报法定的机关，并在必要时备查的程序。备案本身只是立法程序的一个后续阶段，而不是立法本身。

行政执法是具有行政执法权的国家行政机关依法对违反行政法律法规的行为所进行惩戒的统称。行政执法主要包括财产罚、行为罚、人身罚和申戒罚等。法治思维下的行政执法“要求主要体现在法治的目的，即追求社会公平正义和人的自由、幸福，保障和发展人权一类美好价值上。实质法治否定‘恶法亦法’的消极法治主义”。[①]“对于明显违宪、违法的‘恶法’……必须通过违宪审查或违法审查程序撤销。在没有撤销之前，国家机关应适用合宪、合法的上位法，而不适用明显违宪、违法的‘恶法’……各级政府和政府部门更有依宪、依‘良法’抵制‘恶法’的义务和责任”。[②]

---

① 姜明安：《法治思维与新行政法》，北京大学出版社 2015 年版，第 462 页。

② 姜明安：《法治思维与新行政法》，北京大学出版社 2015 年版，第 462 页。

行政执法，是指有行政执法权的行政机关或法律、法规授权的组织，依照法律、法规、规章规定的职责、权限和程序，对特定的行政相对人和特定的事项进行处理并直接影响行政相对人的权利义务的行为。理解这一概念需要把握以下几点：第一，行政执法的主体，是具有行政执法权的行政机关和法律、法规授权的组织。这就是说，只是具有行政执法权的行政机关和法律、法规授权的组织才是行政执法主体，一般的事业单位、党的机关、人大机关、法院、检察院等，均不是行政执法主体。第二，行政机关和法律、法规授权的组织，其执法的职责、权限、程序，要由法律、法规、规章来规定，不得自我封权、自我授权，也不得通过制定一般的文件给本级政府、本部门授权。第三，行政执法行为直接影响行政相对人的权利或义务。因此，行政执法行为如果违法，就不利于密切政府与公众的关系。第四，行政执法人员必须学法、懂法。行政执法与行政机关的立法活动是不同的：一般地讲，国务院制定行政法规的活动，国务院部门和省级政府制定规章的活动，并不针对特定的人和事，只是规范某一领域的行为，因此称为抽象行政行为；而行政执法则不同，它要将法律、法规、规章的规定运用到具体的人、具体的事上，因此属于具体行政行为。

从不同的角度，可以把行政执法划分为不同的类型。

第一，按照行政执法工作的性质，可以把行政执法划分为治安行政执法、税务行政执法、工商行政执法、劳动保障行政执法、国土资源行政执法、建设行政执法、环保行政执法，等等。这种分类，便于有关行政执法部门对分管的行政进行统筹规划，总结经验，探寻其发展变化的规律。

第二，按照行政执法所涉及的权利义务，可以把行政执法划分为七种类型：一是赋予行政相对人权利或资格的行为。例如，颁发卫生许可证、营业执照、对行政相对人进行表彰奖励等。在赋予权利或者资格这一类行政执法行为中，有一种叫行政给付。行政给付是指行政机关依照规定，给特定的行政相对人提供一定的物质帮助或救济。例如，行政机关规定给公民提供一定的养老保险费、医疗保险费、工伤保险费、生育保险费或者最低生活保障费等，就属行政给付的重要内容。二是剥夺或者限制权利的行为。例如，吊销许可证或者执照、责令停产停业、罚款、没收违法所得、行政拘留等。三是给行政相对人设定或者免除义务的行为。设定义务。例如，依法征税、征兵、收费、征缴社会保险金等免除义务。例如，依法免税、免交费用、免服兵役等。四是调处行政纠纷的行为，如行政机关处理土地纠纷、污染纠纷、劳动争议、农业承包合同争议等。五是确认行政相对人的法律地位、法律关系或者法律事实的行为。例如，房屋产权登记确认、土地使用权登记确认、户籍登记确认、居民身份确认等。六是行政指导行为，即通过示范、劝导、建议、发布信息等方式引导行政相对人从事某一方面的活动，而不是采取强制方法来达到行政管理目的。例如，行政机关指导民众预防非典、艾滋病等传染性疾病，行政机关指导农民外出打工就业等，就属行政指导的范畴。但须指出：行政指导必须坚持合法、准确、及时，防止把行政指导变成行政误导；行政指导没有法律约束力，充其量可算作准行政执法行为，当公民不听指导时，行政机关不得采取强制办法。七是行政监督检查行为。实施监督检查行为，有时是行政处罚中的一个步骤，有时是为了了解法律、法规的执行情况；在不少情况下，监督检查并不是一个独立的行政执法行为。

第三，按照行为的启动权，可以把行政执法划分为依申请的行政执法行为和主动的行政执法行为。行政许可、行政确认、行政给付，一般是由行政相对人申请启动的，故称为依申请的行政执法行为；没有行政相对人的申请，行政机关不得主动为之。罚款、没收违法所得等行政处罚，一般是行政机关主动实施的，故称为主动的行政执法行为。

从以下几个方面，可以清楚地看到行政执法的地位和作用。首先，行政执法是社会主义法制的重要组成部分。我国社会主义法制，大致包括立法、执法、守法和监督等主要环节。立法是前提，没有立法就谈不上执法。没有严格的执法，法律、法规、规章容易变成一纸空文。守法是基础。法律、法规、规章一经公布，国家机关、企业事业单位、广大公民如果自觉学习遵守，就能使社会处于稳定、有序、和谐的状态，反之，社会就会不稳定，监督是保障。实践证明，立法、执法、守法都离不开监督制约；只有加强监督才能确保法律、法规、规章得到正确的执行和遵守。其次，行政执法是社会稳定和谐的重要保障。行政机关依法办理行政许可、依法确认权利能力，有利于建设诚信社会；行政机关依法查处各种行政违法行为，有助于维护公平正义、矫正不良行为；行政机关依法处理各种行政纠纷、争议，可以协调相关的利益关系，促进社会和谐。最后，行政执法是促进社会发展的重要力量。现代社会离不开行政管理，而行政执法是行政管理的重要手段。行政机关严格按照法律、法规、规章规定的职责、权限和程序办事，公民、法人和其他组织依法参与国家行政管理，政府与公众之间形成良性互动关系，从而可以推动经济、社会进步和人的全面发展。总之，行政执法在国家的政治、经济、军事和文化生活中处于重要地位，具有十分重要的作用。

国务院《全面推进依法行政实施纲要》，提出了依法行政的六项基本要求，即合法行政、合理行政、程序正当、高效便民、诚实守信、权责统一。

第一，合法原则。行政执法是在执行法律、法规、规章，理所应当要按法办事；坚持合法原则，是行政执法的题中之义。合法原则至少包括三个方面的内容：其一，行政机关的执法职责和权限，要由法律、法规、规章来授予，行政机关不得自我授权。其二，行政执法要求严格执行法律、法规、规章规定的程序。其三，行政执法权利有边界。应当看到，我们的行政执法权是有限的。国务院《全面推进依法行政实施纲要》指出：公民、法人和其他组织能够自主解决的事项，市场机制能够调节的事项，行业组织和中介机构通过自律能够解决的事项，除法律另有规定的外，行政机关不要通过行政管理去解决。

第二，公平合理原则。坚持公平合理原则，要把握五个方面的要求：一是目的正当。行政机关和行政执法人员开展行政执法工作的目的，应当是维护正义、秩序，促进社会稳定和发展。但个别单位和人员开展行政执法工作，目的是获得更多的罚款、收费，以期得到更多的财政拨款；还有的行政执法人员开展行政执法工作，是为了取得某种"好处"或者为了报复、泄私愤。这与"目的正当"的要求显然是背道而驰的。目的不正当的行政执法行为，是应当加以否定的。二是平等地对待行政相对人。即要做到在法律面前人人平等，不因地位高低、民族差异、关系亲疏等采取不同的标准；对处于相对弱势的人和群体，如残疾人、妇女和儿童等要依法给予优待和保护。三是要坚持行为适度、过罚相当。即行使自由裁量权要根据情节轻重做出恰当选择，杜绝暴力取证、将行政相对人的争辩当作暴力抗法、打骂行政相对人等违法行为。四是要人性化执法。即不采取剥夺、强制方式能够解决问题的，就不要采取剥夺和强制方式。要知道，法并不等于罚，也不等于强制；行政执法应当充满教育、指导、帮助、服务等良性互助因素和人文关怀。这一要求，是现代民主法治的价值取向。五是既要维护公共利益又要保护合法的私人利益。建设电站、兴办工厂、修建道路、整治河道、美化环境、治理污染、建设国防、维护治安、征收税款和征缴社会保险金等，属于公共利益的范畴，它关系到经济、社会的发展和进步，是任何一个现代国家政府都不得不认真对待的。但是公民具有生存权、发展权、财产权等合法权益，非经法定事由和程序不得剥夺。《宪法》规定："国家保护个体经济、私营经济等非公有制经济的合法权利和利益。""公民的合法的私有财产不受侵犯。"这表明，无论是公共利益还是私人利益，都应当得到法律保护。但是长期以来，一些行政机关在行政执法中，注重保护公共利益，却忽略了对合法人利益的保护，有的对合法的私人利益甚至不屑一顾。土地征收（征用）了不给或少给补偿，房屋拆除了不依法给予安置，有的执法人员还侵犯了公民的健康权、人格权、人身自由权，造成了极坏的影响。党中央、国务院要求各行各业贯彻以人为本、执法为民的原则，从而把维护公共利益和合法的私人利益紧密地结合起来。因此，各级行政机关和行政执法人员开展行政执法活动，既要维护公共利益又要保护合法的私人利益，既要服务于公共利益又要服务于私人利益，任何偏于一面的做法，都是违反《宪法》和政策的。

第三，高效便民原则。贯彻这一原则要注意把握三点：首先，行政执法必须高效。高效执法，就是当突发事件发生时、当行政相对人遇到紧急情况需要救助时，有关行政机关必须在最短的时间到达现场并采取有效措施，最大限度地减少损害；就是要在发生违法行为和纠纷时，在行政执法相对人申请办理证照时，行政相关和行政执法人员要按照法定程序和时限办结，也不得相互推诿。其次，行政执法必须便民。在办理行政许可过程中贯彻便民原则，就是要实行一个机构统一受理行政许可申请并统一送达行政许可文书；就是要将行政许可的事项、依据、条件、数量、程序、期限、需要提交的材料目录、申请书示范文本等在办公场所公示，以方便申请人；就是要实行一次告知两次办结制度，最大限度地减少申请人往返次数；等等。从某种意义上说，行政许可法，就是一部方便公民到行政机关办事的法律。在实施行政处罚过程中贯彻便民原则，就是要公开行政处罚依据，在作出行政处罚决定之前告知当事人做出行政处罚的事实、理由和依据；就是要充分听取当事人的意见并采纳合法、合理的意见；就是要确保当事人依法享有的陈述权、申辩权、申请行政复议权、控告权、提起行政诉讼权、请求暂缓或者分期交纳罚款权等。最后，行政机关和行政执法人员在办理行政确认、行政奖励、行政给付等行政执法工作中，也要遵循执法为民、以人为本的精神，以体现高效便民的原则。

第四，诚实守信原则。政府及其工作部门的执法任务，都是由行政机关工作人员去完成的，因此，如果行政机关工作人员在行政执法工作中提供假信息、朝令夕改，就难以取得人民的信任。坚持诚实守信原则，必须做到以下几点：其一，在回答行政相对人的咨询、要求行政相对人作出某一行为时，要为他们提供全面、准确、真实的信息或材料。其二，行政机关及其工作人员不得随意改变已作出的行政许可决定、行政处罚决定、行政裁决决定，以维护行政执法的严肃性和确定性。其三，因国家利益、公共利益的需要而收回、改变卫生许可证、宅基许可证等行政许可证证件，或者作出行政处罚、行政裁决等行政行为时，必须依照法定权限和程序进行，给行政相对人造成财产损失的要依法给予补偿或者赔偿。

第五，接受监督原则。不受监督制约的权力必然走向腐败。这一点已经成为共识。改革开放以来，我国已形成了对行政执法的监督制度，行政机关和行政执法人员必须严格遵守这些制度；不遵守和执行这些制度，就要承担相应的法律责任。因此，行政机关和行政执法人员必须自觉接受六个方面的监督：一是接受人大监督和政协的民主监督；二是接受行政诉讼监督；三是接受行政系统内部的层级监督；四是接受行政监察、审计等专门监督；五是接受新闻舆论和公众的监督；六是接受行政机关内部的相互监督和制约。

从广义的角度来看，行政责任指行政机关及其工作人员对国家所承担的职责和义务，即国家法律所规定的应由行政机关及其工作人员所履行的社会责任。因此，广义的行政责任意指政府的社会责任。从这个意义上说，当政府履行了自己的社会职责时，政府就是有责任的政府。从狭义的角度来看，行政责任指行政机关及其工作人员在代表国家实施行政管理活动的过程中，因其违法或未履行相应职责和义务时所应承担的否定性的政治的、行政的以及法律的后果。因此，狭义的行政责任与违法或未履行相应职责和义务相联系，意味着国家对行政机关及其工作人员违法行为的否定性评价和谴责。

行政责任是近代国家民主政治的产物，是国家行政管理制度的重要组成部分。行政责任作为特定历史条件下的产物，有其独有的特征。行政责任的一般特征是：第一，行政责任是一种责任。这主要表现在：行政责任是一种政治责任。一个国家的政府是由国民直接或间接选举产生的，因而要对国民负责，承担政治责任。行政责任是一种法律责任。行政责任通过法律的形式加以规范性的肯定和保障，并以国家强制力为后盾发生约束力。法律保障政府行政责任的履行，并对不履行责任的行为进行追究。行政责任是一种行政法律责任。行政责任由于政府及其工作人员执行职务的行为而产生，其责任主体恒定是政府机关及其工作人员。行政责任是一种道义责任。政府工作人员是为国民服务的国家工作人员，理应遵循普遍的社会道德规范。在实施行政管理的过程中应增强工作责任心，忠实履行职责。否则，就会产生职业道德问题。第二，行政责任是一种义务。对政府及其工作人员来说，承担行政责任的过程，其实就是承担为国民服务的义务的过程，在这个意义上，行政责任就是一种义务。这种义务由法律、法规所规定，由社会公德和社会舆论所约束，表现在两个方面：政府及其工作人员对国家权力主体承担忠实执行法律、为国家服务的义务；行政下级对行政上级承担忠于职守、努力工作、提高效率、遵纪守法的义务。第三，行政责任是一种任务。行政机关和公务人员在承担一定义务的同时，还必须通过一定的方式才能保证这种义务的实现。在这里，履行义务的方式即行政机关所承担的规定性的工作任务及其所应遵守的相应的工作制度。国家权力主体以宪法和法律的形式向政府规定工作任务，政府则通过自身的再分配，将工作任务分解、委派给各个行政机关及其公务人员。各个行政机关及其公务人员通过任务的完成来履行所承担的义务。从这个意义上说，完成工作任务的过程就是履行其义务的过程。第四，行政责任是一种制度。一方面，行政责任是国家政治法律制度的一部分。在国家政治法律制度内部，行政机关及其公务人员的行政行为受到国家法律、政策等的规定和约束，并在现实的政治法律过程中与其他国家机关及其工作人员发生相互制约的关系。当其违反国家政治法律制度时，其行政行为将被追究行政责任。另一方面，行政责任也是一种内部工作制度，即政府在政治法律制度的原则和规定之下，用规章制度以及行政纪律等形式，将行政责任具体化、固定化和合法化，并以此作为追究行政责任的依据。第五，行政责任是一种监督机制。行政责任的核心在于保障国家权力主体对行政机关及其管理行为的有效监督和控制。为了确保行政机关及其公务人员根据国民的意志和法律的规定开展行政活动，就必须通过一定的机制来防止行政机关及其公务人员肆意追求权力和特殊利益，而置国家的利益、国民的利益于不顾的现象，这就产生了建立行政责任监督机制的必要性和重要性。从这个意义上说，行政责任实际上就是对行政机关及其公务人员起监控作用的一种监督机制。凡违反法律或失职的行政机关及其公务人员，都是违背行政责任的，理应受到法律制裁或行政惩处。

行政责任既是现代民主政治的一种基本理念，又是一种对政府进行民主控制的制度安排。作为民主政治时代的一种基本价值理念，它要求政府必须对社会和民众的基本需求作出回应并积极采取行动加以满足，必须积极地履行其社会义务和职责，必须承担道义上的、政治上的和法律上的责任。作为一种制度安排，行政责任要求建立一套保证政府责任实现的控制机制。这种控制机制既包括内部的，也包括外部的。内部的政府责任机制主要指职业道德建设、自律机制等。外部责任机制主要指立法监督、司法审查等控制机制的建立。

行政责任作为人类社会制度一定发展阶段的产物，有其生成和发展的必然性和条件。在现代社会中，行政责任越来越成为国家政治生活的一个重要方面，从而使确立和确保行政责任产生了不同于以往的重要意义，主要表现在以下两个方面：第一，行政责任能够限制行政机关及其公务人员滥用行政权力。政府职权的扩张，增加了政府谋取自身利益以及侵犯社会公众合法权益的可能性。因此，从制度设计上看，一方面需要强化政府的职能以满足社会发展的需要，另一方面又需要对政府的权力进行必要的限制，以维护社会公众和组织的合法权益。这就产生了如何在变化的社会条件下，既能充分发挥富有灵活性和机动性的行政权的作用，又能维持基本的三权互相制约的国家权力结构以及民主精神和法治精神，充分保障社会公众和组织的合法权益不受侵害。解决这一矛盾的重要途径之一，就是加强政府及其公务人员的行政责任。第二，行政责任能够减少政府工作失误，提高政府工作效率。科学技术的发展使得人类社会的生产水平不断提高，生产规模和能力不断扩大。经济与科技的发展使得人们的社会生活日益丰富和多样化，人们的需求也日益增多和复杂化。社会发展的深刻变化对国家行政管理的方式、内容和范围都提出了新的要求，使得政府权力和职能明显扩张，政府组织结构更为复杂，政府公务人员的数量和种类大为增加。由于现代政府组织规模庞大而职能复杂，人员众多而分工细致，为提高行政效率，就要求在行政组织内部建立起职权与职责相一致的工作责任制度，使行政组织内部各个层级、各个部门以及各个公务人员都必须责任明确，从而保证行政行为的规范化，克服官僚主义，减少行政失误，提高行政工作的效率。

行政责任的归责原则是指在法律上确定行政责任所依据的某种标准。关于行政机关的归责原则，世界各国采用的原则很不相同，其中具有代表性的有三种，即过错责任原则、无过错责任原则和违法责任原则。三种归责原则各有利弊。各国根据本国不同情况，采用不同的归责原则。

过错责任原则。过错责任原则通常指行政机关的行政行为存在着故意或过失的过错，从而成为承担行政责任的根据。行政行为的过错有主观过错与公务过错之分。主观过错指致害行为人具有的一种应受责难的心理状态，包括故意和过失。主观过错观点奠定了行政机关及其公务人员必须对自己的行为负责的基础，也便于分清行政机关及其公务人员的责任。但在实践中，由于致害行为发生在国家行政管理活动中，而行政管理活动常常涉及众多人员及环节，加上程序公开程度不够，使得对责任主体的主观方面犯有过错的判断较为困难。公务过错指行政机关的公务行为欠缺正常的标准。公务过错明显优越于主观过错原则。公务过错是以公务活动是否达到中等公务活动水平为客观标准来衡量公务活动是否存在过错，以判断实施公务的机关的责任。公务过错理论避免了主观过错理论在主观方面的判断困难，又适应了国家行政责任的特点，为受害人提供了较多的救济机会。

无过错责任原则。无过错责任原则也称危险责任原则，指在国家行政机关的公务活动中，只要有损害结果发生，国家行政机关就要承担行政责任，而无须考虑行政机关及其公务人员是否有过错。随着科学技术的迅猛发展及政府权力的不断扩张，公务活动造成危险的情况剧增。在许多情况下，公务人员即使不存在过错或违法，亦可能导致公民合法权益的损害，而过错责任原则对此种情况的救济则显得力不从心。为弥补过错责任原则的不足，无过错责任原则也就应运而生了。无过错责任原则的意旨在于将公务危险造成的风险损失由个人承担转而由社会的全体人员承担，以实现责任的社会化。所以，无过错责任原则具有与过错责任原则截然不同的特点。它不评判侵权行为引起的原因、性质与内容，不问其是否违法或有无过错，而是从侵权行为的结果着眼，从结果责任出发，实行客观归责。各国在适用该原则时通常都予以一定限制，仅将其作为过错责任原则的补充。所以，无过错责任原则在整个责任原则体系中仅处于辅助或从属的地位。

违法责任原则。违法责任原则指以国家行政机关及其公务人员职务行为违法作为责任标准，而不问侵权的机关或公务人员过错的有无。至于何谓“违法”，在行政责任理论中有两种不同的解释，一种为狭义说，指致害行为违反了法律、法规的明文规定；另一种为广义说，除违反严格意义上的法律规范外，还包括违反法律的诚信原则、公序良俗原则、尊重人权原则、权力不得滥用原则、尽合理注意原则等。[①] 国内多数学者赞成立法采用违法责任原则。理由在于，第一，违法原则与宪法、行政诉讼法的规定相协调，与法治原则、依法行政原则相一致。第二，违法原则简单、明了，易于接受，可操作性强。第三，违法原则避免了主观过错原则对主观方面认定的困难以及过错违法原则的双重标准，有利于保护相对人的合法权益。

行政责任的构成要件是使行政责任得以成立的基本条件。行政责任的构成要件是我们理解和把握行政责任的重要理论依据，根据行政责任的构成要件，

① 我国《国家赔偿法》采用违法责任原则。该法第2条第1款规定：“国家机关和国家机关工作人员行使职权，有本法规定的侵犯公民、法人和其他组织合法权益的情形，造成损害的，受害人有依照本法取得国家赔偿的权利。”

我们可以对行政机关及其公务人员的行政行为是否应承担行政责任进行较为准确的判断。

行政责任主体一般为国家行政机关及其公务人员。行政责任主体是构成行政责任的必备条件之一。行政责任主体即行政责任的承担者。由于行政行为的实质是一种国家行为或政府行为，所以，一般情况下，只有代表国家或政府实施行政行为的主体才有可能成为行政责任的主体，而公民、法人和其他组织则不会成为行政责任的主体。换句话说，在一般情况下，只有国家行政机关及其公务人员才有可能成为行政责任主体。此外，得到国家法律、法规授权的非国家行政机关的社会组织以及接受国家行政机关委托的组织或个人在执行公务时也能产生行政责任，从而成为行政责任的主体，即行政责任主体不以国家行政机关及其公务人员为限，任何行为主体，只要获得合法从事国家行政行为的资格并实际实施行政行为，就有可能产生行政责任，成为行政责任主体。因此，行政责任主体不以是否是国家行政机关及其公务人员为绝对界限，而以所实施的是否是行政行为为界限。

行政行为违法。行政责任必须是由国家行政机关或其公务人员的违法行政行为所产生。行政责任的这一要件实际上包括两个内容：第一，承担行政责任的行政行为必须是执行职务的行为。行政机关作为一种组织，除行使职权与社会发生行政管理关系外，还有可能以普通民事主体的身份与社会发生一般的民事关系。换句话说，行政机关的行为可以分为执行职务的行为和普通民事行为。由于行政责任是一种国家责任，所以，只有行政机关及其公务人员以国家的名义实施行政管理、执行公务的行为才有可能产生行政责任，而行政机关及其公务人员以私法意义上的法人名义所从事的普通民事行为则不产生行政责任。后一种行为造成的损害由行政机关或个人负民事责任，而国家并不对此负责。第二，承担行政责任的行政行为必须是违法的执行职务的行为。

有法律、法规的规定。行政责任是一种法定的责任，因而必须有国家法律、法规的明确规定，必须经由国家法律、法规的确认才有可能产生。没有法律、法规的规定，行政机关及其公务人员的行政行为即使发生损害性后果，也不能产生行政责任。这种情况在实践中通常表现为无法追究行政责任。行政责任的这一构成要件包括如下内容：第一，行政责任由有关法律、法规规定和确认。这就是说，行政责任作为一种特定的国家现象，由法的规定而产生并依照法的规定而执行，离开了法的规定，行政责任就无从谈起。因此，在西方国家的法律体系中，一般都有关于行政责任的法律原则以及相应的法律规定。第二，没有法的规定不产生行政责任。行政机关及其公务人员的行政行为即使在事实上造成损害，但由于没有法的规定而不承担法律上的行政责任，至多承担道义上的行政责任。法律、法规的规定是追究和执行行政责任的基本依据。第三，由法律、法规规定的例外情况不产生行政责任。只有当行政机关及其公务人员的行政行为造成特定的损害后果时，才产生实际承担行政责任的问题。这一要件的内容如下：其一，行政机关或其公务人员的行政行为造成了特定的可引起行政责任的损害后果。其二，损害性后果与行政机关或其公务人员的行政行为存在直接的因果关系，即行政行为涉及的对象所受到的损害必须是行政机关或其公务人员的行政行为直接造成或引起的。由于第三者的行为或自然力的原因所产生的损害不产生行政责任。例如，战争、自然灾害等原因引起的损害不产生行政责任。

行政责任的追究，是在行政责任确定的条件下，依据法律、法规的规定，对造成行政责任的行为主体给予一定的行政或法律惩处的制度。这种制度是整个行政责任制度的重要环节之一，是行政责任制度的归宿。行政行为是以国家或政府的名义进行的有组织的国家行为，是为实现公共利益而实施的行为，因此，当发生损害行为时，一切行政责任在名义上和性质上都由国家或政府承担。然而，国家或政府的行政行为是通过具体的行政机关及其工作人员的具体行政活动来体现或实现的，这就产生了行政责任主体的双重性及其区分的问题。根据我国的政治体制，追究行政机关行政责任的主体，可以是权力机关，也可以是上级行政机关，在法定范围内，还可以是人民法院。由于追究行政责任的主体不同，其所追究的行政责任的范围、方式以及程序也有所不同。我国权力机关即人民代表大会，依照宪法和法律的规定，我国人民代表大会追究行政机关的行政责任的方式主要是：可以按法定程序撤销行政机关的违法和不适当的抽象行政行为，可以通过直接干预，要求行政机关自行纠正或者撤销其违法或不适当的决定。我国行政机关追究行政责任的方式通常是：通过行政命令责令（下级）行政机关自行纠正错误，追究有关机构或人员的行政责任；通过行政复议的方式，撤销、变更负有行政责任的行政机关的行政行为。我国人民法院追究行政机关行政责任的方式是：在公民提起行政诉讼的前提下，通过对案件的审理，审查行政机关的行政行为的合法性，以撤销、责令履行职责，赔偿损失等方式，来追究行政机关的行政责任；对于行政机关的显失公正的行政处罚行为，人民法院还可以直接予以变更。我国对公务员的行政处分依法分别由任免机关或行政监察机关决定，其中给予开除处分的，应当报上级机关备案。县级以下行政机关开除公务员，必须报县级人民政府批准。

我国对公务员的行政处分，一般要经过立案、调查、审理、处理决定、执行等阶段。行政处分的承办人员应对公务员违纪的事实进行认真调查取证，认真听取群众的意见，在初步掌握公务员违纪的情况后，应开会集体研究案情，除特别情况外，应通知当事人出席会议，并听取当事人的申辩意见。承办人员应将有关材料上报审批机关。上报的材料应包括行政处分审批表、各种证据材料，受处分人的检查或申辩材料以及处理意见等。未经审批机关批准不得执行处分。公务员犯有严重错误，在行政处分决定尚未作出或批准之前不宜担任现职的，可以先停止其职务。审批机关在审批公务员的行政处分时应采取认真负责的态度，不放过任何疑点，必要时可自行调查，并听取当事人的申辩。行政处分决定一般要在机关首长主持召开的工作会议上讨论决定。处分决定要以书面形式通知本人，并存入本人档案。随着社会的发展，国家职能在不同的国家机构间相互渗透，法院难以裁决专门性的国家事务，特别是行政职能日益广泛复杂，非一般法院所能处理的。为此需要行政机关作为裁判者，解决行政争议和某些民事纠纷。有的学者称它为“准司法”活动。行政机关以裁判者身份解决行政争议称为行政复议或行政诉愿。它相当于作为行政诉讼前置阶段的行政复议。行政复议所解决的行政争议，除法律另有授权外，主要是行政机关主管职责范围内发生的争议。行政机关以裁判者身份解决某些民事纠纷，一般仅限于法律有明确规定的事项。在行政复议中，上级行政机关不仅可以撤销或维持下级行政机关的裁决，还可予以变更。行政司法的程序一般较诉讼程序简单。

行政司法是指行政机关作为第三者，按照准司法程序审理特定的行政争议或民事争议案件所作出的裁决行为；它所形成的法律关系是以行政机关为一方，以发生争议的双方当事人为一方的三方法律关系，具体包括行政裁决、行政复议等。此外，还有一些特殊的行政行为，如行政终局裁决行为、国家行为等。行政司法具有以下特征。行政司法行为是享有准司法权的行政行为，即以依法裁处纠纷为宗旨的行政司法行为。它按照准司法程序来裁处纠纷，坚持程序司法化的原则；行政司法行为的主体是法律规定的具有行政司法职权的行政机关，在我国，主要是指行政复议机关、行政裁决机关及调解机关；行政司法行为的对象是和行政管理有关的行政纠纷以及民事、经济纠纷，这些一般都由法律给予特别规定。它们是由于当事人不服行政机关的决定，或双方当事人不履行义务，或行政机关、其他当事人侵害相对方合法权益而产生的在权利和义务方面发生利害关系的争议或纠纷；行政司法行为是行政主体的依法行政的活动，即行政机关依法裁处纠纷的行为；行政司法行为不同程度地具有确定力、约束力、执行力。但它对纠纷的解决一般都不具有终局性，所以原则上也具有可诉性，不服行政司法决定的还可以向法院起诉。行政调解，是指由我国行政机关主持，通过说服教育的方式，让民事纠纷或轻微刑事案件当事人自愿达成协议，解决纠纷的一种调解制度，通常称为政府调解。国家行政机关根据法律规定，对属于国家行政机关职权管辖范围内的民事纠纷，通过耐心的说服教育，使纠纷的双方当事人互相谅解，在平等协商的基础上达成一致协议，从而合理地、彻底地解决纠纷矛盾。行政调解协议虽然不具有强制执行的法律效力，但它的性质是合同，应当按照法律对合同的规定来处理相关问题，并按照法律对合同的有关规定对消费者进行进一步的保护。行政调解与法院调解相比，同人民调解一样，属于诉讼外调解，所达成的协议均不具有法律上的强制执行的效力，但对当事人均应具有约束力。因为，行政调解是在自愿的基础上所进行的调解活动，按照现有法律规定，当事人对所达成的协议，都应当自觉履行。因此，可以说行政调解所达成的协议，仍应与人民调解所达成的协议一样，对当事人具有约束力。但是，值得注意的是，行政调解下形成的协议，一方不履行时，并非所有的协议当事人都可据此向人民法院起诉要求按协议履行。例如，《治安管理处罚法》规定，一方不履行，公安机关应该重新对违反治安管理者进行处罚，当事人也可就基础纠纷即“民间纠纷”提起民事诉讼。虽然没有规定禁止据此协议向法院起诉，但根据我国立法特点，有“可以”性规定的，实际上“可以”性规定之外的为禁止。因此，一方不能向人民法院起诉要求另外一方按协议履行。此规定的法理主要是，在该治安案件的调解过程中，一方以调解过程中的妥协换取了免于治安处罚，不属于完全的民事处分行为，其中包含公权处分，或者说，并非完全是平等主体之间权利义务约定，其中包含了公权，因此不能适用合同法的规定。但是，交通事故中，在交警调解下达成的和解协议，一方不履行的，另外一方是可以据此协议向人民法院起诉要求按协议履行的。并不是说交通事故的当事方达成了和解协议了，违反交通法律法规的一方或者双方就不受行政处罚了，该扣分还得扣分，该罚款还得罚款。这其中没有基于公权的妥协，没有公权力的处分，为完全的平等主体间的权利义务约定，可以适应合同法的规定，依据《人民调解法》的规定形成的人民调解协议一样，可据此协议向人民法院起诉要求一方履行。

行政机关依法可以调解的种类很多。可以说，行政机关在行使行政管理职能过程中，所遇到的纠纷，基本上都可以进行调解。但主要常指的行政调解有这样几类：第一，基层人民政府的调解。调解民事纠纷和轻微刑事案件一直是中国基层人民政府的一项职责，这项工作主要是由乡镇人民政府和街道办事处的司法助理员负责进行。第二，国家合同管理机关的调解。① 第三，公安机关的调解。② 第四，婚姻登记机关的调解。③ 行政调解制度的存在保证社会冲突解决机制体系的和谐。社会冲突的不同激烈程度决定了其解决机制必然分为层级不同的体系。《治安管理处罚法》第 9 条规定，公安机关行政调解的对象是民间纠

① 我国《合同法》规定，当事人对合同发生争议时，可以约定仲裁，也可以向人民法院起诉。国家规定的合同管理机关，是国家工商行政管理局和地方各级工商行政管理局。法人之间和个体工商户，公民和法人之间的经济纠纷，都可以向工商行政管理机关申请调解。

② 我国《治安管理处罚法》规定，对于因民间纠纷引起的打架斗殴或者损毁他人财物等违反治安管理的行为，情节轻微的，公安机关可以调解处理。

③ 我国《婚姻法》规定，男、女一方提出离婚，可由有关部门进行调解或直接向人民法院提出离婚诉讼。同时，该法规定，男、女双方自愿离婚的，应同时到婚姻登记机关申请。

纷引起的打架斗殴或者损毁他人财物等违反治安管理并且情节较轻的行为。因此，将激烈程度相当轻微的社会冲突纳入行政调解范围之内，而将其他激烈的社会冲突纳入行政拘留乃至刑事制裁范畴之列，在实现节省公安机关的行政执法资源目的的同时，既保障了社会冲突的解决，也实现了社会冲突解决机制内在的协调。行政调解应在查明事实、分清是非、明确责任的基础上，说服当事人互谅互让，依照法律、法规及有关政策的规定，让双方当事人自愿达成协议解决争端。因此，合法和自愿是调解必须遵守的原则。另外，行政调解还必须坚持保护当事人诉讼权利的原则。这实质与自愿原则是紧密相联的。如果当事人不愿经过调解，或者经过调解达不成协议，或者达成协议后又反悔的，一方或双方当事人都有权向人民法院起诉。这是法律赋予每个公民的诉讼权利。对于调解的方法，有多种多样的灵活方式，这与具体的调解人员的知识和经验有关。

行政裁决是指行政机关依照法律授权，对平等主体之间发生的与行政管理活动有关联的民事纠纷进行审查并作出相应裁决的具体行政行为，行政裁决具有以下特征。

第一，行政裁决的主体是法律明确授权的特定的行政机关。这一特征包括：行政裁决的主体是行政机关，而不是争议当事人中的一方；作为行政裁决主体的行政机关只有经法律明确授权后，才拥有对某种民事纠纷的行政裁决权。行政裁决权并不是行政机关的当然职权，而要取决于有无法律明确授权。

第二，行政裁决的对象是特定的民事纠纷，这一特征包括：行政裁决的对象是与合同履行无关的民事纠纷；行政裁决的对象是法律规定的与行政管理密切相关的民事纠纷。也即并非所有民事纠纷都可作为行政裁决的对象，只有法律明确规定的，与行政管理事项有关联的民事纠纷才能由特定行政机关进行行政裁决，如土地管理机关对与土地所有权、使用权有关的民事纠纷的裁决等。

第三，行政裁决是一种特殊的具体行政行为，这一特征包括：行政裁决权是法律授予的，行政机关只能根据具体法律的明确授权进行裁决，而不是依据宪法和组织法规定的职权主动进行行政裁决；行政机关是以中间人的身份对平等主体的民事纠纷进行裁决，而不是以行政管理者的身份出现的；行政裁决是依照

“准司法”程序进行的，而不是依照一般的行政程序。但由于行政裁决是行政机关依据法律授权针对特定的人或事项所作的具体处理决定，仍然是行政机关行使行政权的一种表现形式，带有明显的单方意志性和强制性，它使处于不确定状态的法律关系被确定下来，因此，尽管行政裁决具有上述特征，但仍具有具体行政行为的性质和特征，正因如此，如果当事人对行政裁决不服仍可以提起行政复议或行政诉讼。

随着社会主义市场经济体制的日益发展，我国行政裁决制度将逐步走向完善。目前，我国行政裁决制度归纳起来主要有以下几类：第一，对损害赔偿纠纷的裁决。这是行政主体对发生于平等主体之间的因涉及行政管理事项行政赔偿争议所作的行政裁决。第二，对权属纠纷的裁决。权属纠纷的裁决是指行政主体对平等主体之间，因对特定财产的所有权、使用权的归属发生争议所作出的行政裁决。第三，对侵权纠纷的裁决。这是指由于作为平等主体一方当事人的合法权益受到另一方当事人的侵害，当事人依法申请行政机关处理，行政机关就此争议作出的裁决。除此之外，其他有些法规甚至个别规范性文件也有对行政裁决的规定。从健全行政裁决制度的角度讲，应当对此作出明确的法律规定，以便充分发挥行政裁决制度的应有功能。

虽然涉及行政裁决制度的法律越来越多，但是对行政裁决的程序规定还较少，更缺少行政裁决程序的统一规定。行政裁决程序实际上是关系到能否充分发挥行政裁决制度应有功能的重要条件，根据时下有关法律、法规以及我国行政裁决的有关实践，行政裁决应遵循如下的程序环节：第一，申请。当争议发生后，当事人应首先向有关行政机关提出裁决申请。申请应符合下列条件：申请人必须是因民事权益发生争议的当事人或其法定代理人，也可以是当事人或其法定代理人的委托代理人；申请裁决的事项必须是依法可以由行政机关处理的事项；申请必须向有管辖权的行政机关提出；申请必须在法定时间内提出；申请裁决通常要递交申请书，并载明当事人的姓名或名称、住址、争议的事项，有关请求及其根据、理由等。第二，受理。行政机关收到裁决申请后，要对申请书的内容进行初步审查，如果符合上述条件的，行政机关应当受理。如果认为申请不符合法定条件的，行政机关应及时作出附理由的不予受理决定。第三，答辩。受理的行政机关将申请书副本送交对方当事人，对方当事人必须在法定期限内作出答辩。第四，审查。行政裁决机构正式受理当事人的裁决申请后，开始对当事人之间纠纷的事实和证据等进行实质性审查。在审查过程中除根据当事人双方提交的申请、答辩书及所附材料，对双方权利义务进行分析外，还可根据案情需要进行有关调查、勘验或鉴定。调查、勘验、鉴定既可由具备条件的行政机关自行进行，也可由行政机关委托符合法定条件的其他机构和组织进行。第五，裁决。行政机关通过审查，应及时作出相应裁决。裁决必须制作裁决书，裁决书应载明双方当事人的姓名或名称、住址、身份、争议纠纷的内容，裁决机构认定的事实及其根据、理由，依法作出的裁决，并要告知当事人对裁决不服的法律救济途径。如果是终局裁决，应告知当事人履行裁决的期限。

综上，行政裁决是指行政机关或法定授权的组织，依照法律授权，对当事人之间发生的、与行政管理活动密切相关的、与合同无关的民事纠纷进行审查，并作出裁决的具体行政行为。行政裁决是指行政主体依照法律授权和法定程序，对当事人之间发生的与行政管理活动密切相关的、与合同无关的特定民事、经济纠纷进行裁决的具体行政行为。行政裁决的特征有以下几个方面：行政裁决的主体是法律授权的特定行政机关；行政裁决的对象是特定的民事、经济纠纷；行政裁决在形式上具有准司法性；行政裁决在效果上具有强制性。

行政裁决，裁决的对象是民事纠纷，行政复议的对象是行政纠纷。两者之间的共同点都是行政机关解决争议，行政机关的作用类似法院，所以有时把这两种行为概括称为“行政司法”。两者的不同点是对象的不同，行政裁决的对象是民事纠纷，行政复议的对象是行政纠纷。一般说来，民事纠纷发生后，一方当事人可诉至法院。主要有两个条件，一个是法律授权行政机关解决；二是当事人提出了申请。只有在这两种情况下，行政机关才能解决民事纠纷。行政调解和仲裁的对象也是民事纠纷。但是，行政机关调解民事纠纷不属于具体行政行为。因为经行政机关调解，民事纠纷双方当事人所达成的调解协议体现的是纠纷双方当事人的意思，并没有体现行政机关的意思，行政机关在一方当事人不履行协议时不能强制执行，即调解行为不具有行政法上的效力，所以不是具体行政行为。在行政管理中，对民事纠纷的仲裁只有一种，即劳动合同争议仲裁。劳动合同发生争议，到劳动局里的劳动合同争议仲裁委员会去仲裁，仲裁也不是具体行政行为。因为劳动局里的劳动合同争议仲裁委员会不是行政机关，而是具有中立性的社会组织。当事人不服行政仲裁，不可以提起行政复议。行政复议是与行政行为具有法律上利害关系的人认为行政机关所作出的行政行为侵犯其合法权益，依法向具有法定权限的行政机关申请复议，由复议机关依法对被申请行政行为合法性和合理性进行审查并作出决定的活动和制度。行政复议是行政机关实施的被动行政行为，它兼具行政监督、行政救济和行政司法行为的特征和属性。它对于监督和维护行政主体依法行使行政职权，保护相对人的合法权益等均具有重要的意义和作用。行政复议是具有一定司法性因素的行政行为。行政复议的司法性是指有行政复议权的行政机关借用法院审理案件的某些方式审查行政复议，即行政复议机关作为第三人对行政机关和行政相对人之间的行政争议进行审查并作出裁决。行政复议是行政机关内部监督和纠错机制。行政复议是行政机关对下级或者政府对所属的行政机关作出的违法或者不当的具体行政行为实施的一种监督和纠错行为。行政复议是国家行政救济机制的重要环节。行政救济包括行政诉讼、行政赔偿、行政复议、行政监督。行政复议的特征主要有：行政复议以行政争议和部分民事争议为处理对象；行政复议直接以具体行政行为为审查对象；行政复议以合法性和合理性为审查标准；行政复议以书面审理为主要方式；行政复议以行政相对人为申请人，以行政主体为被申请人；行政复议以行政机关为处理机关。

行政复议管辖，是指不同层级、不同职能的行政机关之间受理复议案件的分工。管辖的实质意义在于解决具体对某一行政复议案件由哪个行政机关行使复议权。《行政复议法》对行政复议管辖作了集中规定。根据该规定，行政复议管辖按以下规则确立：对人民政府工作部门具体行政行为不服的管辖；对地方各级人民政府具体行政行为不服的管辖；对特殊行政主体具体行政行为不服的管辖；对派出机关、机构行为不服的管辖；授权关系中的管辖；对共同行政行为不服的管辖；对被撤销行政机关行为不服的管辖。行政复议申请人应自知道行政机关的具体行政行为侵犯其合法权益之日起 60 日内申请行政复议。因不可抗力或其他正当理由耽误法定申请期限的，申请期限自障碍消除之日起继续计算。相关行政复议机构在收到复议申请后，应在 5 个工作日内决定是否受理，对于决定受理的，收到复议申请书之日即为受理之日。相关行政复议机关应自受理复议申请之日起 60 日内作出行政复议决定，特殊情况下，经相关行政复议机关负责人批准，可延长 30 日。复议申请人如对行政复议机关作出的复议决定不服，可以自收到《行政复议决定书》之日起 15 日内向人民法院提起诉讼。

### 经典案例

## 某物业管理有限公司诉上海市工商行政管理局黄浦分局无主财产上缴财政案

1998 年 7 月，柏德贸易有限公司（以下简称柏德公司）以存放于上海市宝山区宗福仓库的 250 吨进口羊毛为厦门凯天贸易有限公司（以下简称凯天公司）向厦门建行的两笔借款提供质押。（后该质权于 2006 年转移给本案再审申请人居泰安物业管理有限公司〔以下简称居泰安公司〕）。1999 年，该批羊毛因涉嫌走私，被公安机关移交海关处理。因海关在调查过程中无法找到柏德公司的法定代表人，遂于同年将涉案羊毛移交本案再审被申请人上海市工商行政管理局黄浦分局（以下简称黄浦工商分局）处理。嗣后，因发现涉案羊毛已出现脱脂变质现象，黄浦工商分局遂将其先行拍卖，得款人民币 7196545.66 元，并于 1999 年 10 月 16 日在《文汇报》上刊载公告，载明：限有关该批羊毛的所有人于公告发布之日起 3 个月内，携带有关合法证明前往黄浦工商分局下属的支队接受调查，如逾期，黄浦工商分局将依照《工商行政管理机关行政处罚程序暂行规定》（以下简称《暂行规定》）第六十一条规定予以处理。由于逾期货物所有人仍未出现，黄浦工商分局于 2000 年 3 月 7 日作出“视涉案被扣羊毛为无主财产，上缴财政”的决定。厦门建行称，在黄浦工商分局处理本案期间，该行及厦门中院的办案人员曾找到黄浦工商分局查询涉案羊毛的处理情况。据此，再审申请人认为涉案羊毛并非无主财产，遂对拍卖上缴行为不服，提起诉讼，请求撤销黄浦工商分局作出的没收涉案羊毛的决定，并判决该局给付拍卖上述财产所得全部款项。[1]

① 最高人民法院2017年度行政审判十大典型案例。

# 第二章

## 行政诉讼的价值与功能

依法行政是依法治国的核心。在行政审判实践中深刻认识行政诉讼对建设社会主义法治国家的重要意义，充分发挥行政诉讼的功能作用，必将对我国的法治进程产生十分重要的影响。新中国成立后，特别是改革开放以来，随着经济政治体制改革的不断深入推进，我国的行政诉讼制度开始有了新的发展。1989年4月4日，第七届全国人民代表大会第二次会议表决通过了《中华人民共和国行政诉讼法》(以下简称《行政诉讼法》)[①]，对行政诉讼程序作出了明确规定，从法律的高度为行政诉讼的正常开展提供了依据，行政诉讼开始独立开来，公民、法人或其他组织可以请求人民法院通过诉讼程序审查行政机关作出的行政行为的合法性，以此解决民众与政府之间产生的行政争议，对保障公民合法权益和推进依法治国进程势必产生重大而深远的影响。

## 第一节 行政诉讼的价值

价值，泛指客体对于主体表现出来的积极意义和有用性。行政诉讼的价值是指行政诉讼满足人类生存和需要的基本性能，即行政诉讼对人的有用性。法的价值是指法律满足人类生存和需要的基本性能，即法律对人的有用性。法的价值是以法与人的关系作为基础的，是法对人所具有的意义。法的价值的主体

---

① 《全国人民代表大会常务委员会关于修改〈中华人民共和国行政诉讼法〉的决定》已由中华人民共和国第十二届全国人民代表大会常务委员会第十一次会议于2014年11月1日通过，自2015年5月1日起施行。

是人，法的价值的客体是法。也有人认为“法的价值”的含义可以指“法促进哪些价值”，或者说是，法所促进并维护的目的和目标。

从理论法学到应用法学，有大量文献涉及法的价值问题，法的价值在法律制度的构成中有重要作用。从法的价值上看，法的价值种类主要有三种：自由、秩序、正义。人的需要是多元、多层次的，法的价值也是多元、多层次的，并且以人的多元、多层次的需要为依据。法的价值是一种高于现实状态的法的理想状态，是人的相关思想与行为的目标。法的价值在指导人类的同时，又评价着人类关注的法与自己之间的关系及人类的相关思想与行为。法的价值体系包括了法的各种价值目标，如秩序、安全、效益、公平、自由、正义等，它指导着法的具体功能和作用的实现。行政诉讼旨在认定被诉行政行为是否合法，既然行政机关为了公共利益做出行政行为，就应接受司法权的监督，使得司法居中裁判的特点更加明显。具体来说，行政诉讼的价值可以概括为正义、平等、自由。

第一，行政诉讼的正义价值是群体追求的目的，是保证绝大多数主体都享有法律权利，同时兼顾少数人的特别要求。行政诉讼正义被视为一项用于调整行政主体与行政相对人之间关系的理想标准，它始终是自然法的最高价值追求，是人类一种最基本的价值理想。正义在法价值论中有着稳定的统帅作用，被认为是法的基本价值,也是最高价值。法要成为正义之法应将正义很好的融入其中。法同正义有着天然的联系，但法又不完全等同于正义。法的正义价值教化民众重视自己的宪法地位，行使自己的宪法权利，履行自己的法律义务，把命运的改善掌握在自己的行动中。

第二，行政诉讼的平等价值是相对主体（国家、法人、其它组织、个体）之间追求的目的，目的是保证相对主体都实现最大自由。在司法实务中，行政诉讼立案难、审判难、执行难的情况还在部分地方存在，公民提起行政诉讼，行政机关负责人没有正当理由不到庭的现象时有发生。被诉行政机关负责人应当出庭应诉，这样的规定既约束对法治漠视的工作人员，更体现法律的强制力。从十八届三中全会提出的省以下法检系统垂直，到行政诉讼的跨区域审判，经最高人民法院批准，高级人民法院可以根据审判工作实际，确定若干人民法院跨行政区域管辖行政案件。以原机关为被告在现实中将会导致行政机关为了避免诉讼而维持，这就使得复议的价值被架空；行政诉讼法明确规定复议维持，原机关和复议机关作为共同被告，这样可以督促复议机关正确行使复议权，因为无论行政机关做出怎样的复议决定，都将接受司法权的审判，从而督促行政机关正确行使复议权。《行政诉讼法》明确规定：在对行政行为提起诉讼时，可以一并请求对规范性文件进行审查，从而使得诉讼的受案范围与行政复议的受案范围接轨，自此行政行为都会被司法权审查，同时还对规范性文件的审理结果作出了明确规定，“认为该规范性文件不合法的，不作为认定行政行为合法的依据，并向制定机关提出处理意见”。

第三，行政诉讼的自由价值则是个体所追求的目的。在行政审判实践中，简单地通过裁判解决行政争议，有时不仅不能做到案结事了，还有可能使矛盾更加复杂。所以，行政庭有必要在实践中探寻解决行政争议的新机制，以构建和谐的“官民”关系，而和解解决纠纷不失为一个好的尝试。行政诉讼法虽然规定人民法院审理行政案件不适用调解，但并未禁止当事人双方达成和解。行政诉讼和解是指在行政诉讼过程中，原被告双方为实现行政目的、终结诉讼程序，在法定权限范围内，依据法律程序，就被诉具体行政行为的权利义务关系，通过协商达成合意的双方法律行为。和解更加注重双方的沟通和理解，法院在其中的职责是创造和解的氛围，在协调的过程中通过积极引导，促使双方自行和解，而非主导双方的和解过程。再如，部分行政案件可调解，行政调解不是对行政行为定性的改变而是对行政行为裁量权的适当调整，这样的规定更契合当下中国实际。在许可、裁决等行政纠纷中，往往行政争议的前提是一个民事争议，如果割裂这两个纠纷，将会导致当事人的讼累，也是对司法资源的浪费。《行政诉讼法》规定了行政附带民事诉讼的规定。在司法实务中，行政机关拒不到庭，或者未经法庭许可中途退庭，拒不履行法院判决的行为比比皆是，以往对于此类行为的处罚最多只可向其上级主管部门提出司法建议，让该行政机关负责人出于自己政治生涯的考虑而履行有关义务，约束力比较微弱，但是公告制度使得行政机关的不合法诉讼行为曝于公众的监督之下，让公众监督的力量进一步向司法领域延伸，促使行政机关履行职责。《行政诉讼法》明确规定了简易程序的适用条件及审理期限，对于事实清楚，权利义务争议不大，以及各方当事人都同意适用的案件可以适用简易程序，简易程序审理期限只有45天，更加便利当事人，同时也与行政法“高效便民”的原则相呼应。

**经典案例**

**张某、陶某诉四川省简阳市人民政府侵犯客运人力三轮车经营权案**

1996年8月，四川省简阳市人民政府（以下简称市政府）对240辆人力客运老年车改型为人力客运三轮车的经营者每人收取了有偿使用费3500元。1996年11月，对原有的161辆客运人力三轮车经营者每人收取了有偿使用费2000元。从1996年11月开始，市政府开始实行经营权有偿使用，有关部门对限额的401辆客运人力三轮车收取了相关的规费。1999年7月15日、7月28日，市政府针对有偿使用期限已届满两年的客运人力三轮车，发布《关于整顿城区小型车辆营运秩序的公告》（以下简称《公告》）和《关于整顿城区小型车辆营运秩序的补充公告》（以下简称《补充公告》）。其中，《公告》要求“原已具有合法证照的客运人力三轮车经营者必须在1999年7月19日至7月20日到市交警大队办公室重新登记”，《补充公告》要求“经审查，取得经营权的登记者，每辆车按8000元的标准（符合《公告》第六条规定的每辆车按7200元的标准）交纳经营权有偿使用费”。张某等182名经营者认为市政府作出的《公告》和《补充公告》侵犯其经营自主权，向简阳市人民法院提起行政诉讼。[①]

## 第二节　行政诉讼的功能

行政诉讼的功能是指作为客观存在的行政诉讼其具体的实践活动对相关事项所产生的实际影响。社会生活的复杂化趋势，导致公民与国家管理活动之间的冲突增多，行政诉讼制度旨在使作为管理者的行政机关与作为被管理者的个人、组织之间的关系达到法律所期望的和谐。

---

① 最高人民法院2017年度行政审判十大典型案例。

行政诉讼的功能是多方位、多层次的，从行政法律关系的角度考察，可以简单地概括为平衡功能、人权保障功能和提供社会公正功能。行政诉讼具有平衡双方当事人权利义务的功能，这种平衡功能重在平衡政府的公共权力与公民的个人权利，既保障公民权，又维护和监督行政权。静态的行政立法尽管力图公平分配行政机关与相对方的权利义务，但这并不能保证动态的行政执法完全符合法律规定。执法具有复杂性，受各种执法环境因素的制约，行政诉讼正是为了弥补这种立法与执法的不完全一致性而不断获得新的发展，并日益发挥着越来越重要的作用。行政诉讼的必要性，在独立的司法审判意义上，并不完全取决于争议解决的效率需要，而主要是由民主法治的发展所要求的。各国行政诉讼制度的理论基础在基本点上是相同的，都重视行政诉讼制度的权力制衡功能。我国法律将行政诉讼与行政复议都看作公民、法人和其他组织不可剥夺的权利，认为他们可以根据自身利益的需要和对公正的追求和判断，来决定是否行使和怎样行使行政救济的请求权。行政诉讼的必要性只能从宪法规定的民主制度，从扩大救济渠道和扩大对行政权的监督渠道，为公民提供更充分、更公正的保护方面才能得到解释。从具体制度设计来看，我国《行政诉讼法》对相对人的权利保护，是通过人民法院依法监督行政主体的途径来实现的。这种监督主要表现为对行政主体行政行为的合法性进行司法审查，予以撤销或确认其行为无效，从而保护行政相对人的合法权利。在行政诉讼中，保护相对人的合法权利与监督行政主体追究其行政责任，两者密不可分，这就是行政诉讼的特有构造，它有别于民事诉讼和刑事诉讼。值得指出的是，行政诉讼的这一特定构造，体现了法治主义的理念和依法行政的要求。对于人民法院和行政主体而言，行政诉讼作为行政法制监督体系中事后法律监督的重要形式，体现司法权对于行政权的监督制约。基于行政主体的权力直接或间接来自人民，人民权利与之具有相互依存又相互对立的关系，保护相对人合法权利与监督行政主体依法行政又是相辅相成的。例如，在规定当事人在诉讼中地位平等原则的前提下，对受案范围、管辖、诉讼时效等界定，实际上是对作为当事人一方的相对人在权利行使上的依法规制，防止相对人违法运用诉权。关于被告对做出的行政行为负举证责任，诉讼过程中不得自行向原告和证人收集证据等规定，则体现了对行政主体诉讼权利的限制。至于具体诉讼程序以及判决形式的有关规定，也包含了保护与监督的统一。在此基础上，促成相对人与行政主体的和谐，避免非理性的对抗和冲突。法治的核心在于保护人民权利，而围绕相对人权利保护，法治提出了两项要求即行政行为必须合法和行政行为的合法性由中立的第三方即法院进行审查。行政合法最基本的要求就是行政机关的活动必须遵守法律。另外，在以实现和维护实质正义的法律状态为目的的法治国家，所有公权力的合法行使都应当遵循作为法律之法的正义原则。换言之，行政行为遵守法律不只是遵守实体法，现代社会经济日益发展变化，社会问题日益增多，由于行政管理范围的扩大，活动的专业性、技术性增强，行政机关必须主动地进行多方面的管理。行政机关依法行政的内容还包括“法律优位”和“法律保留”。行政诉讼中行政主体要将做出行政行为的理由与步骤公之于众，让法院、相对人乃至全体公民了解行政行为是否经得起推敲。在诉讼过程中不只行政机关，整个社会都会对行政行为的合法性予以关注。这样做出行政行为的机关依法行政，实现行政法治。我国《宪法》规定，一切权力属于人民。政府权力的合法性和正当性源于人民的赋予。行政诉讼制度，因其恰恰作为一种外部的监督和制约机制，具有普遍性、经常性、程序严格性、公正性等优点。

第一，人权保障功能。人权是每个人作为人所享有的最基本的权利。我国的法学界普遍认为人权在本源上具有历史性，生存权和发展权是人权最基本的内容。在我国，法院通过行政诉讼程序对行政机关的行政行为进行司法审查来保障公民的合法权益不受违法行政行为的侵害。从我国行政诉讼制度的设计来看，法院有权撤销违法行政行为、对不当的行政处罚行为予以变更、责令行政机关限期内重新作出行政行为和对违法行政行为给予相对人行政赔偿等，在整个行政诉讼过程中，法院始终处于居中裁判的地位，平等地对待行政机关及行政相对人。这种通过司法权干预行政权以维护公民合法权益的模式正是行政诉讼又一重要功能的体现。行政诉讼制度在中国的确立，标志着行政相对人法律地位的提高及其合法权利有了新的切实保障。如果说行政权止于公民权利，那么行政诉讼制度就是公民权利的有效保障。保护相对人的合法权利，不仅包括其实体权利，也包括程序权利；不仅保障行政相对人的人身权、财产权，而且保障行政相对人的知情权等。行政诉讼通过对相对人的权利保障实现实体正义与程序正义的统一。《行政诉讼法》是权利救济法，具有监督行政权，保护公民、法人和其他组织的合法权益的功能。国家行政机关的行政活动有可能会损害公民的权益，这就不仅需要对行政行为进行事前、事中的监督，对行政活动的消极后果进行事后救济也是极为重要的，而这种救济又主要是由行政诉讼法来完成的。如果从行政诉讼的属性来看，行政诉讼应该被认为是具有三重身份的制度：解决行政争议的诉讼制度、对行政行为进行司法审查的行政法制监督制度、对合法权益受到侵犯的行政管理相对人进行救济的行政法律救济制度。行政诉讼具有解决纠纷的功能，然而解决纷争固然是诉讼的基本功能，但由于行政机关拥有许多公民所不拥有的权力。例如，行政复议的权力，行政复议能够解决行政机关与公民之间的纠纷；又如行政强制执行权，行政相对人不服行政机关的行政行为而拒绝执行，行政机关可依法强制执行。在这些情形下，行政机关完全有能力解决行政争议，没有必要依赖于司法。国家如果只是单纯为了解决纠纷确立行政诉讼完全是一种资源的浪费。行政诉讼制度的存在理由主要是为了提供新的权利救济途径，更好地保护公民权利。当公民与国家之间产生行政纠纷时，由独立的第三方——法院解决纷争，有利于公民面对强大的行政机关时能得到有效的保护。行政诉讼的权利保护功能强于纷争解决功能。可以说，解决纠纷是诉讼的首要功能；而在行政争议中，争议双方是事实上不平等行政法律关系主体，尽管有学者称行政诉讼原、被告是平等主体关系，但这种平等仅具一种应然性，事实上，行政机关比相对人拥有更多的权力。只有承认他们之间的不平等，才能在立法时给予公民更多的保护。例如，行政诉讼中被告负举证责任。所以将行政诉讼的权利保护功能定位为首要功能，更有利于行政诉讼目的和价值的实现。

第二，提供社会公正功能。行政诉讼提供的社会公正功能是通过行政诉讼程序本身公正和法院判决公正来实现的。行政诉讼制度作为诉讼制度，首先关注争议的解决，行政诉讼解决的是行政纠纷。行政诉讼主要解决一般的公众与政府之间的行政纠纷，解决公民权利同国家权力之间的冲突。作为现代社会不可缺少、其他诉讼不可替代的纠纷解决方式，它发挥着社会减压阀和平衡器的重要作用。行政争议解决功能是行政诉讼的基本功能。从法学的角度看，解决行政争议，并不是使行政争议实际消失，而只是意味着法律上的解决，即在法律上提供确定的结果。至于行政争议要想在实际上消失，还取决于非法律上的因素。例如，当事方的价值观是否与法律的评价标准一致，作为被告的行政机关败诉后是否有足够的财产可供执行等。但尽管如此，也不能认为行政审判不具有在实际上解决行政争议的效果，或者认为行政诉讼在法律上对行政争议的解决对于争议的实际平息毫无意义。虽然并非任何纠纷都需要通过诉讼方式解决才能达到最佳效果，现代社会也可以通过行政申诉、行政复议等大量非讼方式解决行政争议，但是运用司法权通过诉讼解决纠纷无疑是其他纠纷解决方式的基础与范式。相比较其他解决机制，行政纠纷通过诉讼方式解决具有如下特点。其一，解决结果具有权威性，即相对于其他纠纷解决方式，诉讼居于优势地位，一旦纠纷被求之于诉讼，其他解决方式都应终止或暂时停止。其二，诉讼裁决的结果具有终局性。就解决纠纷而言，通过诉讼裁决是最有效的纠纷解决方式，诉讼裁决的结果一般不受其他非诉讼程序的审查，具有终局性。

第三，行政诉讼法作为法律体系的基本组成部分，与行政法共同作用以实现行政诉讼法律体系的功能。行政法作为实体法内容，行政诉讼法作为形式，行政诉讼法贯彻实施行政法的工具功能已为人们所接受。其实，行政诉讼从来就不是为行政实体的法律而存在的，它是为解决行政争议而产生和存在的，是为实现现实意义上的法律而存在的。实现法律的需要是它存在的重要价值，但绝不仅仅为了实体法而存在。也就是说，诉讼具有实现社会政策的制定功能。理想中的行政诉讼不仅解决行政争议，而且在解决争议的过程中，还应当具有发现法、创造法并形成社会政策的功能。

第四，行政诉讼目的仅是行政诉讼最基本的目标追求，行政诉讼功能也只是行政诉讼作用的基本体现，而行政诉讼的价值则涉及行政诉讼对国家法治建设的意义这一深层次问题。在人类面前存有两种秩序，一种是自然秩序，另一种是社会秩序。在现代社会，法作为国家调整各种社会关系的最重要手段，对维护社会秩序起着不可替代的作用。法为了确保实现整个社会秩序的良好状态，要求一切组织和社会成员必须严格遵守其对调整各种社会关系的明确性规定，法的这种要求是为守法。守法是法的实施的一种基本形式。立法者制定法的目的，就是要使法在社会生活中得到实施。如果法制定出来了，却不能在社会生活中得到遵守和执行，那必将失去立法的目的，也失去了法的权威和尊严。在行政诉讼中，行政机关和行政相对人同为守法主体，只是守法的形式不同。对于行政机关而言，依法行政就是其守法最重要的表现形式，而对于行政相对人来讲，其守法主要表现为依法行使法律权利和认真履行法律义务。行政诉讼制度的建立和行政诉讼的运行，正是展现了行政诉讼对规范包括权力运行在内的整个社会秩序的重要规范价值。保障社会正义。行政机关的执法活动与司法机关的司法活动，都是以追求法的公正价值为目标来保障社会正义。无论是执法还是司法中的公正，均包括程序公正和实体公正两大内容。随着法治建设的不断推进，程序公正的价值越来越受到重视，程序公正已成为实体公正的基础和保证，没有程序的公正，实体的公正也就无从谈起。行政处罚、行政许可、行政复议等法律均对行政机关的行政执法活动的程序性问题作出了一系列明确规定，与三大诉讼法已成为司法活动中的基本程序法且日趋完备相比，足见司法活动对程序方面的要求比行政执法活动更为严格。行政诉讼中，司法机关严把程序关，始终坚持法律面前人人平等，从诉讼程序到裁判结果均对双方当事人予以公平对待，从而实现司法公正。司法机关正是通过司法活动不断追求司法公正这一永恒的主题，以其严格的程序性和结果的公正性确保了法在适用中对社会正义的认同和保障。

第五，树立司法权威。司法是国家司法机关依据法定职权和法定程序，以国家名义具体应用法律处理案件的专门活动。从理论上讲，司法以其权力的专属性、严格的程序性以及超强的专业性等特征决定其势必具有极大的权威性，这种权威性最直接的体现就是司法机关依法作出的具有法律效力的裁决，任何组织和个人都必须严格执行，非法定原因并经法定程序不得擅自变更。按照《宪法》的规定，司法权是与立法权和行政权并行的国家权力，其独立行使是现代法治国家的基本特征。行政诉讼充分体现了司法权对行政权的监督和制约，相比刑事诉讼和民事诉讼，基于其是对权限十分广泛的行政机关的行政权实施产生影响，通过行政诉讼扩大司法在包括行政机关在内的全社会的影响力就显得尤为重要。在行政诉讼中，司法机关的司法裁决不仅对行政机关和行政相对人产生约束力，而且对整个社会具有重要的引领导向作用，对司法权威性的树立意义重大。

行政诉讼的功能是多方面的，既保障权利又监督权力，其价值的重要性更是不言而喻。依法治国已成为治理国家的基本方略，必须站在法治国家的高度认真审视行政诉讼的价值，只有深刻认识到行政诉讼对国家法治建设的重要影响，才能充分发挥行政诉讼的功能作用，真正让法成为全社会所崇敬的对象，让法院成为保障社会正义的殿堂。行政诉讼法所确立的“民告官”制度、行政纠纷司法解决机制和中国特色的司法审查制度，对我国民主法治建设已经产生了巨大的推动作用，对实现行政法制度转型、促进依法行政和法治政府建设，产生了实质性的重大影响。在制度层面上，行政诉讼法创制的法律制度在不断获得完善和发展，而在观念层面上，行政诉讼法确立的法律思想和制度精神具有稳定性和持续效力，对于法治政府建设具有根本性的意义。我们可以从很多方面描述它的思想价值、阐述它的象征意义、概述它的制度效应，包括它所表达的法治思想和法律精神，它所创设的基本制度和重要机制，以及对政府的执法工作和法院的司法工作所产生的广泛而深刻的影响。总体而言，行政诉讼法对我国民主建设、法治进步、“官民”关系、权力制约、权利救济等产生的实际意义是显而易见的。

行政诉讼法的主要价值和效应在于创设了“民告官”的制度；它在制度意义上改进行政纠纷解决方式，建立了行政纠纷司法解决机制；创建了中国特色的司法审查制度，确立了司法制约行政的权力格局；更重要的是，它还预定了政府法治的基本方向，直接影响着我国行政法治长期的、全面的进步与发展。行政是指国家行政机关对公共事务的决策、组织、管理和调控，它是一种国家活动，是行政机关行使行政职权，履行行政职能的过程。在此过程中，行政机关必然要依靠和运用国家强制力，而且行政管理涉及每一个公民、法人或其他组织的方方面面。由于强大的国家权力作用，行政机关及其工作人员对处于弱势的行政相对方——公民、法人或其他组织很容易产生超越职权、滥用职权、显失公正、以权谋私、随意执法等腐败和违法现象，损害行政相对方的合法权益，损害人民政府在人民心中的良好形象，以致阻碍社会主义市场经济和社会主义民主政治的建设和发展。“民告官”是民主国家公民的宪法权利。[①]《宪法》规定赋予了公民个体或组织“民告官”的权利。从民主政治的角度说，行政诉讼法的颁行意味着从制度上根本否定了“权力本位”观念。社会主义民主建设的基本任务就是要改变这种受不良传统文化影响的政治和社会生活方式，社会主义法治的使命就是要为这种变革提供制度保障，支持这种变革并使变革的成果不断巩固和持久化。从根本上说，行政诉讼法是一部“官民”关系法，是一部宣示和规范新型“官民”关系的法律，或者说是一部促使“官民”关系改革、复位的法律。行政诉讼法体现了为人民服务的宗旨和人民公仆意识，体现了民主的思想价值。行政诉讼法确立了体现民主思想的新型“官民”关系，建立了旨在约束和保障公共权力、维护和救济公民合法权利和利益的“民告官”的制度和机制。为人民服务思想和人民公仆观念，是国家和政府一贯倡导实践的价值观念。社会主义民主法治建设的经验和教训说明，思想和制度的逻辑关系极为重要，只有通过制度创新和法治进步才能真正贯彻和落实民主思想。行政诉讼法所创设的制度就是这样一种新的制度，是一种体现民主思想的法律制度。行政诉讼法创设的机制就是这样一种新的机制，是一种按照民主思想和法治原则调整“官民”关系的法律机制。行政诉讼法可以强化政府、政府部门和工作人员对人民的权利和利益的责任意识，阻止和纠正行政违法、滥用权力和怠慢职权，以及通过司法机制落实危害公民个体或组织合法权益的权力行为的法律责任。

在公共生活中，在政府管理领域，凡有矛盾和纠纷，就需要由中立的第三者进行调处和裁判。在行政管理过程中，当公民个体和组织基于自身利益的考量与政府及其部门产生纠纷时，需要作为第三方的法院居间中立裁判；当政府及其部门为维护公共利益履行权能与公民个体或组织发生矛盾时，也需要适度促使法院作为第三方介入并公正裁判争议。

---

① 根据我国《宪法》第41条的规定，中华人民共和国公民对于任何国家机关和国家工作人员的违法失职行为，有向有关国家机关提出申诉、控告或者检举的权利。

政府管理国家和社会事务，通过行政人员行使管理权力，与公民个体或组织形成行政关系。一方面，行政关系应当受到法律的规范和调整，即使受到法律的规范和调整，行政关系也可能出现问题，主要表现为政府和行政人员违法滥用权力构成对公民个体或组织权利和利益的侵害；另一方面，必须为修复行政关系、弥补公民个体或组织因为不合法的行政行为所受的利益损害提供制度支持和法律救济。公民个体或组织对行政机关的行为不满，可以通过多种形式表达诉求。例如，通过向人大、纪委、上级机关、监察机关等检举、控告和申诉，包括信访和复议。作为最为制度化的形式和渠道，法院应当成为行政争议解决的重要机制，行政纠纷的解决也应当纳入司法机制中，尽管大陆法系国家和英美法系国家这方面的制度和相关司法机制存在差异。① 我国推进民主法治建设进程，将公共权力纳入法治轨道的重要标志之一就是：公民个体或组织对行政机关的行政行为不服，可以向法院提起诉讼，法院有权依法对行政行为的合法性进行审查，作出维持、撤销或变更行政行为的判决。毫无疑问，司法解决行政纠纷机制的确立，增加了更具法治性和司法特征的行政纠纷解决方式，有利于监督政府合法行使职权，防止行政权力的滥用，可以更好地维护公民个体和组织的合法权益。

行政诉讼法用法律制度建立了行政机关、公民和法院的三边关系，形成了解决政府与公民之间行政争议的新型司法解决机制。从诉讼的角度看，行政诉讼法建立了新的纠纷解决机制。行政诉讼法的颁布实施，有利于通过司法程序促进法院独立行使审判权，公正解决行政争议。行政诉讼法调整纠纷的双方一方为“官”而一方为民，在当事人地位和势力存在明显差异的诉讼中，法院的中立和公正就难以保证。所以，在实施行政诉讼法的过程中，需要特别强调行政诉讼法既保障行政权力的有效行使，又维护公民个体和组织的合法权益的法治思想，特别强调诉讼过程中当事人地位平等的诉讼原理，并充分发挥类似于

① 例如，在美国，普通法院审理所有的纠纷，基于法律面前人人平等的观念和原则，政府与公民之间的纠纷也由普通法院管辖；而在法国等大陆法系国家，受公法、私法二分观念的影响，普通法院无权受理行政争议，行政案件由专门的行政法院审理，但司法解决行政纠纷是民主国家通常的做法，也是法治国家的基本标志。

行政机关负举证责任等特设制度的倾斜，建立法院与行政主体、行政相对人之间的三元等边关系，促使从事行政审判的法官公正对待行政诉讼的所有当事人，公正地裁判原、被告之间的行政纠纷。行政诉讼法所确立的行政纠纷裁判机制的实际效应已经在一定程度上有所显现，法院对经济调控与市场监管、公共服务与社会管理、城市规划与城市执法、自然资源与环境保护、劳动与社会保障、农村土地确权、土地征收、计划生育等广泛领域的行政纠纷方面的调处作用，是其他方式和机制所无法替代的。需要特别指出的是，在行政诉讼中，公民个体或组织的自主性和对行政权的抗衡性不够，法院的独立性和由其支撑的中立性不足，行政诉讼法确立的三边关系比较脆弱，直接影响了行政诉讼的限权功效和救济权利的实效。

行政诉讼制度不是孤立的制度，它与随之建立起来的行政复议、行政赔偿等制度高度关联。进一步加强行政诉讼制度与其他相关制度的衔接与互动，恰当定位法院在行政纠纷多元解决机制中的地位和角色，有效履行法院在缓解行政机关与行政相对人之间的权益冲突、缓和政府与民众矛盾中的功能，维护行政法律关系的稳定与和谐。行政诉讼制度具有恢复正义、制约权力和救济权利等多重功能。通过公平裁判行政纠纷实现社会公平正义，或者说促进行政正义化；通过裁判行政纠纷纠正权力滥用，实现对行政权力的制约；通过裁判行政纠纷实现权利救济，维护公民个体和组织的合法权益。从宏观上讲，权力制约和权利救济是一个问题的两个方面，如果不能有效地制约权力滥用，就不可能有效地实现权利救济。但从微观层面看，制约权力与救济权利是两个相对分离的功能。行政诉讼的权力制约功能日益显现，但权利救济的功能还相对微弱，这样就在很大程度上影响了行政诉讼功效的完整性，失去了通过行政诉讼裁判纠纷的大部分原始意义。通过行政诉讼裁判行政纠纷，应当进一步贯彻行政诉讼法的人权保障思想，突出行政诉讼救济权利的功能，使行政诉讼制度在维护公民个体和组织权益方面产生足够的实效。

行政诉讼建立的行政纠纷司法解决机制与权力制约机制的意义不完全相同。前者着眼于建立法院、行政主体、行政相对人的三边关系，强调行政纠纷处理的公正性；后者主要着眼于政府行政权与法院审判权的双边关系，强调法院审判权在权力制约中的地位和作用。前者与后者都强调独立审判的重要性，前者侧重于强调法院独立行使审判权，实际上强调的是司法中立，以防“官官相护”的弊端，从而实现法院的公正司法；后者侧重于强调法院独立的法律地位，实际上就是强调相对于政府的独立，从而实现法院审判权对行政权的有效制约。从某种意义上讲，《行政诉讼法》也是一部国家机关和国家权力关系法，是一部关于法院审判权与政府行政权的关系法。从法院受理行政案件的范围看，《行政诉讼法》里有关于受案范围的“排除”规定，在一定意义上说明了审判权与行政权的关系限度，说明法院对政府权力和活动的制约是有限度的。行政诉讼实践推动了行政诉讼制度多个层面的完善，其中包括法院的受案范围不断扩展。从民主法治建设的进程看，从权力制约的角度讲，行政诉讼法的意义已有相当程度的呈现，它建立了权力制约意蕴的具有中国特色的司法审查制度。这既是完善和发展社会主义法治的重要标志，又是社会主义民主政治建设的重要成果。

行政是指国家行政机关与公共事务和决策、组织、管理和调控，它是一种国家活动，是行政机关行使行政职权，履行行政职能的过程。由于强大的国家权力作用，行政机关及其工作人员对处于弱势的行政相对方——公民、法人或其他组织很容易产生超越职权、滥用职权、显失公正、以权谋私、随意执法等腐败和违法现象，损害行政相对方的合法权益，损害人民政府在人民心中的良好形象，以致阻碍社会主义市场经济和社会主义民主政治的建设和发展。基于此，为了保护公民、法人和其他组织的合法权益，维护和监督行政机关及其工作人员依法行使行政职权，行政诉讼这种监督行政的方式便应运而生。

在我国，行政机关是国家权力机关——人民代表大会的执行机关，它依据国家权力机关制定的、体现广大人民的意志和利益的法律而管理国家和社会，行政职权不同于一般的权力，它具有强制性和优先性。所谓强制性是指行政权力以国家强制力为保障，维护社会秩序和公共利益，增进社会福利，保障公民生命、财产和人身自由不受侵犯。同时，行政权力具有优先权，是指行政权力与其他社会组织及公民个人的权利在同一领域或同一范围内相遇时，行政权具有优先行使和实现的效力。又由于行政权力事关公共利益和个人利益，又具有自我扩张性，极易造成权力滥用，导致腐败。为了防止行政权力的滥用，促进行政机关及其工作人员严格依照法律正确行使其职权，就有必要对其进行监督，以保证广大人民的意志和利益能够得到正确的反映和真正的实现。

在我国，监督行政的主体比较广泛，包括政党、权力机关、监察机关、审判机关、检察机关以及社会组织和公众等。它们都对行政机关工作目标的实现起到了监督保证作用，其中作为审判机关的人民法院以其解决行政争议的行政诉讼方式对行政的监督最为公正、有效。防止权力滥用和防止腐败的最好办法是以权力制约权力。行政诉讼正是人民法院运用国家审判权来监督行政权的行使。行政诉讼是指公民、法人或其他组织在认为行政机关及其工作人员的行政行为侵犯自己的合法权益时，依法向人民法院请求司法保护，并由人民法院对行政行为进行审查和裁判的一种诉讼活动。我国《行政诉讼法》规定："人民法院依法对行政案件独立行使审判权，不受行政机关、社会团体和个人的干涉。"国家和人民把审判权赋予人民法院依法独立行使，可以保证法律得到统一和正确的实施。正是由于人民法院依法、独立地运用司法审查权对行政权的行使进行监督决定了行政诉讼是最公正、最有效的监督行政方式。

行政活动是最直接、最经常性的国家管理活动。行政机关作为国家权力机关的执行机关，其行使职权的活动涉及国家生活和社会生活的各个方面，直接与公民、法人和其他组织的切身利益发生关系。当国家行政机关及其工作人员在行使职权时出现滥用职权、以权谋私等违法或失职行为，就必然会损害公共利益，侵犯公民、法人和其他组织的合法权益。我国《行政诉讼法》规定："公民、法人或者其他组织认为行政机关和行政机关工作人员的行政行为侵犯其合法权益，有权依照本法向人民法院提起诉讼。"公民、法人或其他组织通过行政诉讼方式，请求人民法院运用司法权这种国家权力来使自己的合法权益得到救济。

行政诉讼制度赋予公民控告国家行政机关的权利，同时根据《行政诉讼法》规定，"当事人在行政诉讼中的法律地位平等"，这就赋予公民与行政机关享有平等的诉讼法律地位，这为保护公民的合法权益提供了法律保障。公民通过对行政机关的违法行政行为提起诉讼，面对强大的行政机关，人民法院运用司法审查权保护公民的切身利益，使公民直接真正体会到公正、公平，行政诉讼为提高公民的民主、法治意识提供了一种全新的、更为直观的形式。在行政诉讼过程中，公民可以依法提出自己的诉讼请求，人民法院通过审理，依法可以判决维持、撤销或部分撤销、变更所诉的行政行为，还可判决限期履行法定职责，体现法律的公正与公平；公民还可以对行政机关及其工作人员的行政管理活动提出建议和批评，行政机关及其工作人员应虚心接受，对于有效的建议应予以采纳，促使其依法行政，提高行政效率和效益。这样，公民通过行政诉讼，不仅对行政机关的行政管理活动起到监督作用，同时还充分表达了自己的意愿，依法参与对国家、社会事务的民主管理，实现人民当家作主的权利，从而提高公民的民主、法治意识。

目前，在我国进行的全方位的改革开放是在《宪法》和法律的范围内的社会主义制度的自我完善和发展。政治体制改革的核心内容是建设完备的社会主义民主，进一步扩展并保证实现人民当家作主的权利，而行政诉讼制度的建立，为公民参加国家管理和社会管理，行使自己的民主权利提供了一种新的渠道。经济体制改革的目标是建立社会主义市场经济，市场经济的建设和发展就必须要求保护市场主体的合法权益，行政诉讼制度正是适应市场经济对法治的要求，为经济体制的改革提供司法保障。

行政诉讼是法院应公民、法人或其他组织的请求，通过法定程序审查行政行为的合法性，从而解决一定范围内行政争议的活动。行政诉讼主体的一方是“民”、另一方是“官”，双方平等地“对簿公堂”。由此，政府与公民不再是权威与服从的关系。在法律面前，二者的关系发展为一种对峙与平衡、冲突与妥协、平等与对话的关系，在这种关系中包含着公共利益与个人利益、社会秩序与个人自由、行政效率与个案公正的冲突。在法治条件下，行政诉讼制度与法治紧密相连。首先，法治要求政府依法行政，依法办事，而这必须有监督、有制约。监督和制约不仅要有自律，更要有他律。其次，法治强调人权，强调公民权益保护，而司法保护是人权最有效的保护。此外，法治理论不否定伦理和道德的作用，但更重视法和制度的功能，因此必须从制度上建立纠错和救济机制，而行政诉讼制度正是这样的机制。行政诉讼不仅是法治必然要求，是法治的构成要素，同时全面促进着法治的发展。从总体上看，我国行政诉讼制度的发展处于良性循环态势。随着依法治国方略的深入贯彻落实，行政诉讼对国家法治建设的影响日益突出，从规范包括权力运行在内的社会秩序到保障社会正义的实现，从法院司法权威的树立到推动国家法治进程，让法成为全社会所崇敬的对象，法律信仰最终得以全面确立，使法治建设突破形式法治的“瓶颈”，行政诉讼具有不可替代的作用。为此，研究行政诉讼对国家法治建设的重要作用，在行政审判中充分发挥行政诉讼功能具有十分重要的意义。

行政诉讼的目的，就是指国家建立行政诉讼制度并进行行政诉讼活动所期望达到的目标。理论界对行政诉讼的目的认识一直存有争议。解决纠纷说直接借鉴民事诉讼化解矛盾纠纷的目的，认为行政诉讼的目的就是解决行政争议，化解行政纠纷，促进“官民”和谐。随着经济发展和社会进步，行政机关的职权日益扩大，由于行政管理活动具有主动性，当对民众的权益造成侵害时，行政诉讼的存在正好为民众的维权提供了司法上的救济途径，权利救济说主张行政诉讼的目的就是民众对国家的侵害行为请求法院通过司法程序予以维护。基于行政诉讼活动的主要任务是法院对行政行为的合法性进行司法审查，通过纠正行政违法行为来保障公民的合法权益，行政法治维持说认为行政诉讼的目的是法院运用司法程序维护和监督行政机关依法履行行政职权。综观世界各国的立法现状，虽然行政诉讼的目的并不单一，但不同国家的行政诉讼制度的设计对行政诉讼目的的重心要求并不相同。例如，美国的行政诉讼制度的主要任务是通过行政诉讼程序来控制行政权力以保护公民合法权益不受政府非法侵害，而法国行政诉讼的目的则主要是通过制裁违法行政行为促使政府依法行政以实现社会公共秩序。我国在立法中则分别从法院、行政相对人和行政机关三个角度出发对行政诉讼目的予以表述，可见其行政诉讼目的也并不单一。在司法实践中，法院往往只从自身角度出发把化解行政争议作为行政审判的首要目的，很难起到对行政机关的监督作用。

根据我国行政诉讼法的规定，除非法律、法规必须先申请行政复议的，行政争议当事人可以自由选择申请行政复议还是提起行政诉讼。行政诉讼和行政复议是两个并行的法律救济制度。对公民、法人和其他组织而言，行政诉讼和行政复议都有对其合法权益保护的救济功能。但两者有着区别，行政复议是行政机关内部的监督制度，是在行政诉讼之前进行的。而行政诉讼是司法救济，由人民法院作出诉讼裁决，是最终的解决办法，也被称作“司法最终救济”原则。两者相比较而言，第一，在效力上看，行政诉讼优于行政复议。行政复议机关根据行政复议申请人的申请对具体行政行为进行审查，行使的只是行政复议权，而不能替代司法机关对行政争议行使高效力的司法裁决；第二，依赖行政复议机关处理行政争议，存在其自身难以完全克服的不足。因为行政复议机关和被申请人都是行政机关，从而影响对事实的正确判断和对法律法规的正确理解。在某种情况下，行政机关由于与被申请人存在密切关系，或者因行政争议本身存在牵连关系，可能出现有错不纠的现象。因此，规定行政复议决定原则上要接受人民法院的司法审查，这体现了法律对保护复议申请人诉权的价值取向，也体现国家重视权力之间的制约机制，将行政权充分置于司法监督之下，有利于促使行政复议机关依法公正处理行政复议案件，也有利于监督被申请人依法行使职权。为了维护和监督行政机关依法行使行政职权和保护公民、法人和其他组织的合法权益。

解决的纠纷，是政府机关进行行政管理活动过程中同行政管理相对一方当事人之间发生的行政纠纷。依法行政是依法治国的核心，而行政审判是依法行政的保障。在行政审判实践中深刻认识行政诉讼对建设社会主义法治国家的重要意义，充分发挥行政诉讼的功能作用，必将对我国的法治进程产生十分重要的影响。行政诉讼是近现代国家解决行政争议，保障公民合法权益的一项重要的法律制度。随着经济社会的不断发展，国家开始直接干预经济活动和参与人民生活，为了解决行政机关与公民之间日益增多的冲突和矛盾，行政诉讼制度便在各国发展起来。能动司法提出的初衷主要在于司法为民，充分体现人民司法的服务性质，不仅对人民法院的审判理念产生了重要而深远的影响，也引起了法学界和司法实务界的颇多争论。一些学者就明确指出能动司法违背了人民法院在行使审判权中所本应具有的司法被动属性。

我国的行政诉讼取得了重大进展。伴随依法治国方略的深入贯彻落实，行政机关的执法水平也在不断提高，其行政行为也越来越规范。与此同时，民众的法治观念也在不断增强，维权意识在不断提升。面对诉讼的成本效益和风险，民众往往更青睐信访或行政复议，特别是党委政府向来对信访工作的高度重视，大量民众日益信“访”而不信“法”。很多行政诉讼中的原告从内心深处担心法院与行政机关官官相护。行政诉讼的目的直接体现了国家建立行政诉讼制度所要实现的基本目标，而行政诉讼的功能则强调行政诉讼活动对社会产生的实际影响，探究行政诉讼的价值首先需要从行政诉讼的目的和功能着手。行政诉讼的功能不同于行政诉讼的目的。行政诉讼的功能是指作为客观存在的行政诉讼其具体的实践活动对相关事项所产生的实际影响。

行政诉讼目的仅是行政诉讼最基本的目标追求，行政诉讼功能也只是行政诉讼作用的基本体现，而行政诉讼的价值则涉及行政诉讼对国家法治建设的意义这一深层次问题。在人类面前存有两种秩序，一种是自然秩序，另一种是社会秩序。人类就是在这两种秩序中生存和发展的。从广义上说，秩序是指自然界和人类社会发展和变化的规律性现象。法学上所言之秩序，主要是指社会秩序。在现代社会，法作为国家调整各种社会关系的重要手段，对维护社会秩序起着不可替代的作用。法为了确保实现整个社会秩序的良好状态，要求一切组织和社会成员必须严格遵守其对调整各种社会关系的明确性规定，法的这种要求是为守法。守法也即法的遵守，是法的实施的一种基本形式。立法者制定法的目的，就是要使法在社会生活中得到实施。如果法律制定出来，却不能在社会生活中得到遵守和执行，那必将失去立法的目的，也失去了法律的权威和尊严。在行政诉讼中，行政机关和行政相对人同为守法主体，只是守法的形式不同。对于行政机关而言，依法行政就是其守法最重要的表现形式，而对于行政相对人来讲，其守法主要表现为依法行使法律权利和认真履行法律义务。行政诉讼制度的建立和行政诉讼的运行，正是展现了行政诉讼对规范包括权力运行在内的整个社会秩序的重要规范价值。从我国目前的立法状况看，虽然没有针对行政执法专门制定带有基本法律性质的程序性法律，但《行政处罚法》《行政许可法》《行政复议法》等法律均对行政机关的行政执法活动的程序性问题作出了一系列明确规定。在行政诉讼中，司法机关严把程序关，始终坚持法律面前人人平等，从诉讼程序到裁判结果均对双方当事人予以公平对待，从而实现司法公正。司法机关正是通过司法活动不断追求司法公正这一永恒主题，以其严格的程序性和结果的公正性确保了法律在适用中对社会正义的认同和保障。司法是国家司法机关依据法定职权和法定程序，以国家名义具体应用法律处理案件的专门活动。“法院是法律帝国的首都，而法官则是帝国的王侯。”美国当代著名法学家德沃金[①]在其名著《法律帝国》中的这一经典表述，充分说明了司法在法治国家中的重要地位。从理论上讲，司法以其权力的专属性、严格的程序性以及超强的专业性等特征决定其势必具有极大的权威性，这种权威性最直接的体现就是司法机关依法作出的具有法律效力的裁决，任何组织和个人都必须严格执行，非因法定原因并经法定程序不得擅自变更。

行政诉讼的功能是多方面的，既要保障权利又要监督权力，其价值的重要性更是不言而喻。依法治国已成为中国共产党领导人民治理国家的基本方略，必须站在法治国家的高度认真审视行政诉讼的价值，只有深刻认识到行政诉讼对国家法治建设的重要影响，才能充分发挥行政诉讼的功能作用，真正让法律成为全社会所崇敬的对象，当法院成为保障社会正义的殿堂。依法执政和依法行政的关系，以及依法执政的具体保障，实现依法行政、走向行政法治。依法执政是党的执政方式，执政理念；而依法行政是政府活动的基本方式，基本原则。两者之间既有紧密联系，又有明显区分。依法执政是对执政党提出的一个要求，而依法行政是对政府行政机关提出的要求。如果没有一支素质高、法律意识强、执法能力强的公务员队伍，那么所有的这些依法执政的理念、方式都可能化为

---

① 罗纳德·德沃金（Ronald Dworki，1931—2013），是当今世界上具有影响力的法理学家与政治哲学家之一，他就法律的性质阐发了具有广泛影响的整全法理论，他倡导对美国宪法的道德解读，对法律与道德的解释主义方法。德沃金也是美国知名的公共知识分子之一，经常在《纽约图书评论》撰文评论诸多重大社会议题。德沃金1931年出生于美国麻省沃塞斯特。1953年在哈佛大学取得文学士学位后，获得罗德奖学金，前往牛津大学留学。1955年，德沃金到哈佛大学法学院继续攻读法律。1962年获得耶鲁大学法学教职，开始从事学术研究。1968年发表成名作《规则的模式》。1969年接替哈特担任牛津大学法理学讲席教授，直至1998年退休。从1975年起，德沃金被合聘为纽约大学的法学与哲学讲席教授，其学术贡献提升了纽约大学法学院的声誉。1998年之后，德沃金继续在纽约大学任教直至去世，同时也曾经在伦敦大学学院担任法理学讲席教授。2007年，德沃金获得具有人文社会科学领域诺贝尔奖美誉的“霍尔堡国际纪念奖”，以表彰其具有“世界性影响力”的“开拓性学术工作”。德沃金的代表作有《认真对待权利》《原则问题》《法律帝国》《至上美德》《刺猬的正义》等。

泡影。在依法行政过程中，与立法问题相比，执法问题可能更为突出。尽管我们制定了大量的维护社会秩序，保证市场监管，保证公共利益的法律，但很多都被束之高阁，难以得到有效执行。依法执政需要注意规范公权力行为，减少“官民”冲突，疏通各类救济渠道，为构建和谐社会创造良好的法治环境。要解决这类问题，必须尽快疏通各级各类的救济渠道，解决基层的矛盾和冲突，为构建和谐社会创造良好的条件。执法不严的原因是复杂的，既有立法质量不高的原因，也有公务员的法治观念不强的原因，还有官员的选拔考核制度的原因。当然最重要的，是执法体制和监督的问题。由于执法体制还没有完全理顺，官员在对地方经济负责的同时，还要严格执法，实际上存在着矛盾的。因此要解决法律实施的问题，保证严格执法，要做很多方面改革。

社会价值观多变多样多元，公民意识觉醒、维权意识增强，社会心理失衡问题，对推进依法行政提出了新挑战。价值观多变多样多元的这样一个大背景下有两个向度的变化。社会价值多变多样多元之后，容易导致社会心理失衡。经济快速发展必然导致贫富分化，社会急剧转型必然导致很多人被边缘化，出现相对剥夺感。因此必须规范公权力，社会政策必须公平公正，决策必须合理，执法必须公正、规范、文明。新兴媒体的快速发展对依法行政带来的新挑战。大规模使用现代新兴媒体，对政府管理造成了很大的影响和挑战。从某种意义上说，微博、微信等新兴媒体的影响力，的确比任何时候、任何传统的纸制媒体影响力都要大得多。政府的管理活动面临一支很大的监督力量。舆论监督特别是新兴媒体的监督效果明显优于其他监督，或者说比其他监督形式要直接得多、快得多。现代化信息手段，对行政行为起到了一个无比锐利的监督效果，势不可当。这对政府推进依法行政，建设法治政府提出了更高的要求，提高决策的科学化、民主化、法治化水平。决策的科学化、民主化、法治化是推进依法行政的重点之一，但是如何推进难度很大。自行政诉讼法实施以来，先后公布的有关行政行为的法律，包括《行政处罚法》《行政许可法》和《行政强制法》，基本上是围绕着具体行政行为展开的。而抽象行政行为、红头文件、政府决策基本上游离于法制之外，缺乏有效的约束和规范。而这些行为往往影响力很大，涉及面很广，一旦违法，造成的损害也比较大。所以，如何规范抽象行政行为，特别是行政决策活动，成为依法行政的一个难点。此外，决策程序，也是未来依法行政中需要关注的重点。当然这有赖于依法科学民主决策意识的提高，有赖于相关行政程序等方面法律的出台，来建立一个比较科学民主的决策机制和程序。

进一步严格规范文明执法，以确保法律的有效实施。很多社会矛盾是执法过程中所引发的。不规范执法、不文明执法、暴力执法、选择性执法、滥用职权，往往引发社会矛盾和问题。例如，选择性执法问题比较严重。选择性执法的结果看起来好像是合法的，包括执法的权限，执法的程序和方式可能都是合法的，但是执法的目的和主观动机不纯，这对执法公信力、执法权威都会产生很大影响。例如，暴力执法、钓鱼执法、敲诈式执法后果很可怕。因此，在新的条件下，约束和规范自由裁量权，保证严格、规范、公正、文明执法，保证法律实施十分重要。当然执法的目的不是为了执法而执法，而是为了保证法律的有效实施。现代法律体系已经形成，有法可依的问题已经基本解决了，接下来重点要解决的是有法必依、执法必严、违法必究的问题。建立多元化的畅通的法律救济渠道。目前法律规定解决纠纷的渠道很多，有人民调解、行政调解、行政仲裁、诉讼、复议、信访等途径。但是从纠纷解决的实际选择看，法定的救济渠道并不是很畅通，更多人信“访”不信“法”，通过信访要求党委政府解决纠纷。在纠纷解决问题上，还是要引导人们理性维权，通过法定救济渠道化解矛盾，而不能用行政方式取代法治方式。解决纠纷要畅通法定的救济渠道，包括行政复议、仲裁、诉讼等。通过降低诉讼门槛，扩大受案范围，降低诉讼成本，增强司法的公信力、透明度和说理性，让司法成为人民信赖的纠纷解决渠道。当司法透明度不断提高，受案范围扩大，诉讼成本下降，效率提高，特别是执行效率提高后，公民才能信赖司法，司法才能树立权威和尊严，司法才有公信力。同样，推进依法行政，不仅要规范政府的行为，还要加强后续的监督保障，尤其要畅通纠纷解决渠道。所以，在推进依法行政建设法治政府过程中，要畅通法定救济渠道，采用多元化的纠纷解决机制化解社会矛盾。

推进行政法治的关键有以下两点。一是重点规范约束公权力，将其纳入法治轨道。决策权是权力的最重要形式，理应受到最严格的制约。科学合理界定各级党委和政府的决策权，健全完善决策机制和程序制度。通过统一的程序规则约束公权力的行使，细化已有的程序规范使之更加严密，保证行政程序规则的普遍约束力，防止决策机关规避程序法、滥用决策权，确保每项权力都受到法律的严格约束，将行政决策机关自由裁量的余地缩限为最小。同时，进一步扩大信息公开的范围，实现真正意义上的党务、政务、司法、公共事务的信息公开，通过公开约束规范公权力。二是普遍提高公务人员的法律素养和法治观念。推进行政法治还是要靠不断完善的制度和具备良好素质的公务人员。应当尽早确立以法治为重要指标体系的政绩考核评价体系，即“法治 GDP”。重视提拔使用法治观念强、法律素养好的优秀干部，充分发挥具有法律背景的领导干部的作用，将他们充实到重要的党政部门和岗位。可以说，公务人员法律素养的提高是加快法治建设的关键。根据《行政诉讼法》规定，行政诉讼的目的可以概括为：保障人民法院正确、及时审理行政案件，保护公民、法人和其他组织的合法权益；维护和监督行政机关依法行使行政职权。法院作为居中裁判者，在认为公民、法人或其他组织要求推翻行政行为的理由不充分时，予以驳回就足够了。法院的维持判决显然削弱了行政诉讼在维护公民、法人或其他组织的合法权益方面的目的。行政诉讼源于行政争议，行政诉讼的基本功能之一也是解决行政争议。

就行政执法而言，我国目前已推出了行政管理公众参与、政府信息公开、行政听证、相对集中行政处罚权、相对集中行政许可权等联合执法、综合执法、突发事件应对、行政决策科学论证和风险评估等一系列体现现代行政法治精神和原则的制度、机制。就行政法制监督而言，目前我国各级政府及其工作部门已相继建立了行政监察、督察、执法监督和问责制度。行政机关及其工作人员违法或不当行使职权，滥用权力和侵犯行政相对人权益，大多都能得到及时监督和严肃处理，基本能做到“有权必有责、用权受监督、违法受追究、侵权须赔偿”的行政法治要求。要有效推进依法行政和建立依法行政长效机制，还有一个更关键的措施，就是要高度重视对公职人员特别是领导干部依法行政意识与能力的培养。国务院发布的《关于加强法治政府建设的意见》提出，领导干部要自觉养成依法办事的习惯，切实提高运用法治思维和法律手段解决问题的能力。这里提出的“法治习惯”“法治思维”和“法律手段”非常重要。《全面推进依法行政实施纲要》对依法行政的主要内容和基本要求进行了高度的科学概括，主要包括六项，即合法行政、合理行政、程序正当、高效便民、诚实守信、权责统一。2010年，《关于加强法治政府建设的意见》，进一步提出了依法行政、建设法治政府的八项具体要求：提高行政机关工作人员特别是领导干部依法行政的意识和能力；加强和改进制度建设；坚持依法科学民主决策；严格规范公正文明执法；全面推进政务公开；强化行政监督和问责；依法化解社会矛盾纠纷；健全推进依法行政的领导体制和机制。

我国行政法的法律体系整体框架已初步形成。在行政组织法方面，国家已制定了《国务院组织法》《地方各级人民代表大会和地方各级人民政府组织法》《公务员法》这三部法律；在行政行为法方面，国家已制定了《行政处罚法》《行政许可法》《行政强制法》，以及成百上千部规范公安、民政、工商、质监、环境和食品药品安全等行政管理的部门性法规；在行政监督、行政救济和行政责任法方面，国家已制定了《行政诉讼法》《行政复议法》《国家赔偿法》《监督法》等法律。

在探讨中国特色社会主义发展道路过程中，中国共产党不断总结经验，确立了依宪执政的理念与方式。从宪法角度讲，依法执政主要包括两层含义：一是执政党进入政治体制内部依法行使国家权力，而不是置身于政治体制外部实施领导。二是指党的执政活动的法治化，就是执政党的一切活动，包括意志表达、政治录用和资源配置等皆纳入法治轨道，使党的活动在宪法和法律范围内进行。从宪法学的角度，依法执政的法，首先是宪法，然后才是法律的层面，依法执政的核心或者前提是宪法。所谓依宪执政，是指执政党依据宪法的规定、宪法的精神和原则治国理政，按照宪法的逻辑思考和解决各种社会问题，汇集利益，表达要求，制定政策。依宪执政是依法执政的前提和基础，依法执政是依宪执政的具体化与落实。依宪执政之“宪法”与依法执政之“法”，就规范的性质而言，都属于区别于道德、习惯等的法律规范。广义的依法执政是指依法规范执政活动，其中包括依宪执政。依法执政的法首先指宪法，执政党的合宪性与合法性的基础来自宪法，并通过宪法得到进一步的落实与发展。依宪执政是依法执政的前提条件，主要理由是：首先，就规范效力位阶而言，宪法和法律是处于不同效力位阶的规范。宪法在一个国家法律体系中的效力最高，它是法律的立法基础；法律的效力来源于宪法，其地位低于宪法。法律的内容不得同宪法相抵触，否则不具有效力。每个层级规范的效力均来自较高层级的规范，所有规范的效力均来自一个基本规范，即宪法。党的执政活动可以依据法律、依据政策，甚至依据党的内部章程、条例，但核心首先要依照宪法。其次，宪法具有规范国家权力运行的功能。宪法是通过划分国家权力、明确国家各机关的权限范围的方式来规范国家权力运行的。在横向上，宪法把国家权力划分为立法权、行政权、审判权、检察权和监察权，规定不同的权力由不同的部门行使，各部门各司其职，而且互相监督。在纵向上，宪法遵循在中央的统一领导下，充分发挥地方的主动性、积极性的原则，把国家权力在中央和地方之间进行划分，具体规定了中央享有哪些权力、地方享有哪些权力。最后，宪法的核心价值与目标是保障人权，依宪执政就是立党为公、执政为民，落实宪法保障人权的价值理念。宪法作为一种价值秩序，它是以尊重个人为原则及以此为基础的人权体系。我国宪法规定的基本权利包括平等权、政治权利和自由、人身自由和人格尊严等，这些基本权利约束立法权、行政权、司法权、检察权和监察权等国家权力的行使，当然也包括约束党执政权力的行使，亦即所有国家权力必须以人民权利、利益维护为依归。依宪执政本身就是维护人民最根本的利益。党在执政活动中，应养成宪法思维，善于按照宪法保障人权的逻辑来观察、分析和解决社会问题，制定的政策应能够符合最广大人民的利益要求。

依宪执政与依法执政的区别是相对的，在实际的运行过程中，依宪执政并不排斥依法执政的要求，党既要“依宪执政”，又要“依法执政”，两者互为表里，都是党执政的基本方式。我们在实践中既要坚持两者的统一性，同时也要分析两者在性质、功能与表现形式上存在的区别，确立依宪执政的基本理念与目标。实现依宪执政既是执政党的目标，也是一个长期的过程。目前，在实践中需要研究和解决的重要课题是：首先，坚持执政党的一切活动都在宪法和法律范围内活动的原则。执政党在执政活动中可以规定适用于党内的各种规范，以调整党内活动。但包括党章在内的所有党内法规应遵循的原则之一就是：“遵守党必须在宪法和法律范围内活动的规定，不得与国家法律相抵触”。与宪法和法律相抵触的党内法规是无效的。而判断党内法规是否与宪法和法律相抵触的根本标准就是宪法规范，即已形成的宪法规范是确定的、统一的尺度。其次，执政党执政活动的有效性与宪法的权威性是相统一的。宪法和法律是党的主张和人民意志相统一的体现。宪法具有权威性，法律得到实施，就意味着执政党的领导具有有效性，表明其执政能力的提高。执政党执政能力的高低与宪法实施的社会效果是密切联系在一起的。再次，在合宪性与合法性统一中提高执政党的执政能力。如果已经有法律将宪法规定具体化，则执政党的党员通过合法途径进入各国家机关担任公职，此时其行使权力遵循的是“职权法定”原则，即按照法律的授权履行职责，也就是要“依法执政”。如果法律尚未把宪法规范具体化，或者已有立法随形势的变化已不适应社会发展的需要，执政者就需要制定政策补充立法缺漏，此时政策形成的根据是宪法的规定、原则和基本价值，即应该“依宪执政”。无论法律是否把宪法的规定具体化，对于执政党来说，其执政活动不能仅仅限定在合法性范畴之内，需要在重大决策活动中自觉地把合宪性作为活动的基础。最后，依宪执政是党的执政能力建设的核心。党的执政能力建设的核心是依宪执政，把遵守宪法、执行宪法和运用宪法作为执政活动的基本出发点。

在依宪执政与依法执政的统一中强化宪法的作用，但是统一当中，我们执政党不能仅仅满足于合法性，还要满足于合宪性。作为一个执政党，解决的不是法律规定的某一方面的问题，而是要涉及国家宏观性、前提性这样的根本问题。两者相统一，但统一不是并列的关系，而是宪法更重要，但并不排除其他法律的作用。如果没有宪法的基本规范，虽然依据了法律，但违反宪法或者是不符合宪法怎么办。有些宪法条文没有规定，但是执政党可以制定一些政策，但不能跟宪法的一些基本原则，如人权保证的原则、法制的原则等相矛盾、相冲突。在这个意义上强调执政党所有的活动，都要受宪法规范、宪法精神和宪法原则的约束。党的十八届四中全会通过的《中共中央关于全面推进依法治国若干重大问题的决定》（以下简称《决定》），在论述全面推进依法治国总目标时，强调要坚持法治国家、法治政府、法治社会一体建设，《决定》第五部分从推动全社会树立法治意识、推进多层次多领域依法治理、建设完备的法律服务体系、健全依法维权和化解纠纷机制四方面系统阐述了增强全民法治观念，推进法治社会建设问题。这表明法治社会作为基础，已经成为法治中国建设的重要内容。党的十八届四中全会《决定》提出："法律的权威源自人民的内心拥护和真诚信仰。人民权益要靠法律保障，法律权威要靠人民维护。必须弘扬社会主义法治精神，建设社会主义法治文化，增强全社会厉行法治的积极性和主动性，使全体人民都成为社会主义法治的忠实崇尚者、自觉遵守者、坚定捍卫者。"培养全社会法治信仰和法治意识，是一个综合化系统化的工程，不仅仅是公民需要增强法治观念，政府也要率先垂范，司法机关的救急渠道要畅通，信访管理制度也要不断改革提升。要加强对公民的法治教育和道德教化，要在全社会形成良好的法治文化和法治氛围。领导干部带头学法、模范守法是树立法治意识的关键。提高领导干部运用法治思维和法治方式的能力，把领导干部带头学法、模范守法作为树立法治意识的关键。建设法治社会和法治国家，领导干部要率先垂范、以上带下。客观来讲，随着依法治国方略的不断推进，政府依法行政水平不断提高，领导干部个人的法治意识和法治水平也不断增强。正因如此，十八届四中全会才明确指出，依法执政是依法治国的关键。各级党组织和领导干部要深刻认识到，维护宪法法律权威就是维护党和人民共同意志的权威，捍卫宪法法律尊严就是捍卫党和人民共同意志的尊严，保证宪法法律实施就是保证党和人民共同意志的实现。行政机关及其工作人员要对法律怀有敬畏之心，牢记法律红线不可逾越、法律底线不可触碰，带头遵守法律，带头依法办事，不得违法行使权力，更不能以言代法、以权压法、徇私枉法。把法治建设成效作为衡量行政机关及其工作人员工作实绩的重要内容，纳入政绩考核指标体系。在相同条件下，优先提拔使用法治素养好、依法办事能力强的干部。

政府是建设法治国家的表率，必须加快建设法治政府。政府尤其是基层政府是否依法行政，直接关系到人民群众合法权益的保障和社会法治环境的形成，其形象影响到整个政府和法律的权威。政府是建设法治国家的表率，要在全社会形成学法、用法、守法的良好氛围，必须努力打造法治政府。十八届四中全会《决定》明确提出：各级政府必须坚持在党的领导下、在法治轨道上开展工作，创新执法体制，完善执法程序，推进综合执法，严格执法责任，建立权责统一、权威高效的依法行政体制，加快建设职能科学、权责法定、执法严明、公开公正、廉洁高效、守法诚信的法治政府。对于切实实施宪法和法律保障公民权利具有重要意义，极大提高了政府公信力和公民对法治的信心，对于全社会形成良好的法治氛围具有表率作用。提高司法公信力，切实维护公平正义。司法是社会正义的最后一道防线，司法无公正即法律无公正，司法无权威即法律无权威，法律无公正、无权威即无法治。要增强全社会对法治的信仰，增强对法治的信心，采用法律救济方式而不是其他非法治乃至暴力的方式维护自己的权利，必须完善司法管理体制和司法权力运行机制，规范司法行为，加强对司法活动的监督。《决定》指出："各级党政机关和领导干部要支持法院、检察院依法独立公正行使职权。建立领导干部干预司法活动、插手具体案件处理的记录、通报和责任追究制度。""最高人民法院设立巡回法庭，审理跨行政区域重大行政和民商事案件。""改革法院案件受理制度，变立案审查制为立案登记制，对人民法院依法应该受理的案件，做到有案必立、有诉必理，保障当事人诉权。""健全落实罪刑法定、疑罪从无、非法证据排除等法律原则的法律制度。""实行办案质量终身负责制和错案责任倒查问责制，确保案件处理经得起法律和历史检验。"努力让人民群众在每一个司法案件中感受到公平正义，增强全社会的法治意识。全民守法是法治中国建设的基础。党的十八大提出了依法治国新的十六字方针，即"科学立法、严格执法、公正司法、全民守法"，其中全民守法是法治中国建设的基础。要建设法治国家、法治政府、法治社会，每个公民都有责任。责任体现在信仰法治，努力把法治精神、法治观念熔铸到头脑中，形成办事依法、遇事找法、解决问题用法、化解矛盾靠法的习惯，让法治成为全社会的一种信仰，镌刻在每个人的心里。《决定》对于加强法治社会建设提出了很多具体措施：把法治教育纳入国民教育体系，从青少年抓起，在中小学设立法治知识课程；实行国家机关"谁执法，谁普法"的普法责任制；健全公民和组织守法信用记录，完善守法诚信褒奖机制和违法失信行为惩戒机制；把信访纳入法治化轨道，保障合理、合法诉求，依照法律规定和程序就能得到合理、合法的结果。只有用制度保障法治文化形成，使每个公民切实做到对法律真学、真信、真用，才能真正推动法治国家、法治政府和法治社会的全面建设。

党的十八届四中全会提出“建设中国特色社会主义法治体系，建设社会主义法治国家”的总目标，为我国的国家治理与社会治理工作指明了方向。从我国农村的现实状况来看，依法治理在农村尤其显得迫切。向农村输入资源，提供农民可在法治环境下处理矛盾、纠纷所依靠、咨询的对象，成为农村依法治理首要解决的问题。

第一，法治国家以法治社会为基础。习总书记在《纪念现行宪法公布施行30周年大会上的讲话》中提出“坚持法治国家、法治政府、法治社会一体建设”的思想，到党的十八届四中全会《决定》对法治社会建设从推动全社会树立法治意识、推进多层次多领域依法治理、建设完备的法律服务体系、健全依法维权和化解纠纷机制四方面的系统论述，表明法治社会建设已经成为法治中国建设的重要实践性内容。法治社会的理论与实践构建是中国特色社会主义法治道路建设的重要内容。法治国家以法治社会为基础，没有社会参与和回应的国家法治是难以兑现的空想。一方面，国家推进型法治决定了中国法治社会的形成需要法治国家的主导；另一方面，法治国家重心在于权力约束，法治社会重点在于权利保障。因此，法治社会建设又是法治中国建设的重中之重。法治国家指整个国家权力的法治化，法治国家涉及的是“公域”之治，而法治社会涉及的是“私域”之治。作为法治国家对应范畴的法治社会含义应该包括四个方面的内容：一是社会成员与社会组织对法的普遍遵守和对法律尊严与权威的维护是法治社会的基础性内容。广义而言，此处之“法”既包括“公域”的国家之法，也包括“私域”的自治之法。法治社会中“法”的权威表现为对法律与社会规则的遵守与维护，法律遵守是法治国家与法治社会之共义。二是社会成员的独立与社会组织的自治是法治社会的前提性内容。我国宪法和法律确立的基层群众自治组织与自治制度构成法治社会建立的制度基础。三是社会组织内部的依法治理与外部社会公权力行使的法治化是法治社会的关键性内容。就社会组织内部自治运行法治化而言，本质上体现的是社会组织内部民主基础上的契约，在国家法之下构建并遵守社会组织自治规则并使规则得以实施与遵守。就社会组织外部权力行使的法治化而言，社会组织在现代法治社会中日益扮演着公共治理角色，社会权力行使成为社会组织功能实现的重要方式，这种公共治理之“法”既包括国家之法，也包括在此之下的社会规则民间法。四是社会成员与社会组织的权利保障，社会组织对国家权力参与、制约是法治社会的目的性内容。与“公域”国家中法治以权力控制、权力制约为重心不同，“私域”社会中的法治强调的是权利保障，关注的是社会成员和社会组织的权利保障。这里有两点非常重要：一是国家对社会干预的法治化即依法治理；二是社会对国家权力的参与。

第二，法治社会的实践构建。建设现代法治社会特别应当注意以下方面：一是要以全面深化的改革实践推动社会结构转型，使传统“民间社会”成为法治社会生长的基础。中国历史上存在的传统社会即民间社会对人治具有天然亲和性，“民间社会”自我组织、自我管理的自治经验可以成为社会法治与社会规则生长的基础。二是要注意国家法治与社会法治的协调与良性互动。一方面，国家法治需要给社会法治留有空间，法律在介入社会问题之前，应当正视自己的局限性，给自发性社会规范提供充足的空间；另一方面，国家法治要通过法律规范调整、改善民间组织与民间活动状况，抑制其可能损害个人、社会的不良倾向，国家应重视社会自治法律和社会立法的建设。《决定》强调了发挥社会规范在法治社会建设中的积极作用的意义正在于此。不仅如此，社会组织参与国家、社会事务，建立“社会”与“国家”良性互动，是国家主导型法治建设中尤为值得关注的问题。《决定》强调建立健全社会组织参与社会事务的机制和制度化渠道，对法治社会与法治国家的协调，建设法治中国具有现实的意义。三是要注意法治社会内部构建的关键即依法治理。依法治理的本质是社会组织内部自治运行的法治化与民主化。社会规范对社会成员的约束力来源于成员的同意，规范的形成要公众广泛参与，反映成员意见。社会公共权力行使信息公开、程序正当。纠纷的内部调解、裁决机制与外部的行政复议、行政诉讼制度衔接。从此意义上说，《决定》强调推进多层次多领域依法治理、健全依法维权和化解纠纷机制等，是中国法治社会建设成败的关键。四是要注意法治社会不是“唯法”的无情社会。法治社会反对以情代法，但绝不是对社会伦理人情的全面否定。既要认真对待情理，又要探寻正式制度的本土资源。

## 经典案例

### 郑州市中原区某调味品厂诉郑州市人民政府行政处理决定案

1995年11月，郑州市中原区某调味品厂（以下简称某调味品厂，个体工商户）与闫垌村三组以该厂系村办企业名义向主管部门提交《关于违章用地的检查及补办征地手续的申请》。郑州市土地管理局同意补办并下达批复，该厂其后所提交的相关申请表中经济性质栏填写了“个体”。1996年12月，郑州市政府给该厂颁发国有土地使用证，载明土地性质为划拨，面积12612.7平方米。后该厂于2005年以征地补偿安置费名义给闫垌村三组汇款33万余元被拒。2006年12月，郑州市政府针对闫垌村三组的撤证申请作出注销上述国有土地使用证的决定（以下简称4号决定），理由是该厂与闫垌村三组采取欺骗手段，未如实登记。该厂进而向省政府申请复议未果，遂提起本案诉讼，请求法院撤销4号决定。涉案土地现已被用于房地产开发。①

① 最高人民法院2017年度行政审判十大典型案例。

# 第三章

## 行政起诉与受理的技术

按照行政诉讼的各个阶段的划分，一个行政案件是否能够得到人民法院公正审判的前提是当事人提起行政诉讼以及该案件被人民法院受理，因此，行政起诉与受理的技术十分重要，通过技术的方法对行政起诉与受理予以规制，能够有效提高人民法院审理行政案件的效率，更好地实现司法的公平、正义。

## 第一节 行政诉讼当事人法律地位平等原则

平等是社会的基础，既是人们的追求，又是任何人都可以享受的权利和正义，更是具有普遍性、永恒性的法律原则。平等理念作为法律制度的本质与核心要素，是现代社会的最基本特点。它宣扬："相同之事物，应为相同之处理；不同之事物，应依其特性，为不同之处理。"[①]对平等的追求与实现，是人性尊严的要求与体现，也是行政诉讼法的任务与目的。行政诉讼法应从人性尊严和人权保护的角度出发充分尊重公民的平等权并保障其实现。我国《宪法》规定："中华人民共和国公民在法律面前一律平等。"这规定了我国公民的基本权利，也表明了社会主义法治国家的一项基本原则。平等权是公民权利能力上的平等，在同等条件下，公民具有相同权利的资格。《人民法院组织法》规定："人民法院审判案件在适用法律上一律平等，不允许任何组织和个人有超越法律的特权，禁止任何形式的歧视。"这一规定对于司法实践中确立当事人法律地位的平等起着指导作用，它从法院行使职权角度，对法院的司法活动予以规范，不仅确认

① 肖建国:《程序公正的理念及其实现》，载《法学研究》1999 年第 3 期。

了当事人平等的法律地位，而且有助于打破传统观念中的“官本位”思想。这一规定应用于行政诉讼实践中，就是当事人在行政诉讼中的法律地位平等原则。《行政诉讼法》规定：“当事人在行政诉讼中的法律地位平等。”该规定从法律程序方面保障了当事人主体地位的平等。自《行政诉讼法》颁布以来，从理论和实践两个层面打破了以往“行政权力无处不在，无所不能”的局面，确立了双方当事人法律地位平等的格局。

法治理念包含着政府与公民的平等、对行政权力的限制、对人的尊严与人权的保护。政府与公民在法律面前一律平等，二者应将法律内化为心中的信念。一方面坚持当事人法律地位平等原则，可以极大地改善行政主体与行政相对人之间的关系，促使行政相对人对行政活动主动参与和积极配合，是民主行政、文明行政与高效行政的体现。这样，非强制行政方式的适用空间会越来越广阔，双方合作的程度也会越高，对抗与冲突的情形就会变少，有助于推动行政法治的发展。另一方面在行政诉讼中，坚持这一原则，可以改变“民告官难”的局面，树立法院中立公正的形象。行政机关与行政相对人相比处于优势地位，对其进行限制是理性的表现，平等就是对政府最好的限制。从司法实践看，坚持当事人法律地位平等原则具有重要意义：一是有利于保护原告的合法利益，防止原告的合法权益遭受不法行为的侵害。面对拥有行政职权的行政机关，原告总是处于弱势地位。因此，只有通过加强对弱势方的保护，才能创造出良好的行政审判环境，对保护诉权、倡导法律面前一律平等起到积极作用。二是有利于提高行政机关依法行政水平。在行政诉讼当事人双方权利义务的分配中，处于被告地位的行政主体承担了更多的责任。例如，举证责任倒置和无反诉权，这样可以强化行政机关及其工作人员的法律意识，可以促进行政机关依法行政，严格遵守行政程序，防止其实施违法行为和滥用职权。三是有利于法院依法审判。在行政诉讼中，被告往往是强大的行政机关或被授权组织，由于我国人民法院管辖范围与同级人民政府的行政区划基本重合，人民法院受到行政机关的影响十分严重，通过确立当事人法律地位平等的原则，增强人民法院审理行政案件的独立性，促进法院依法审判。

当事人在行政诉讼中的法律地位平等原则，是从“公民在法律面前一律平等”这一宪法原则派生出来的，是“法律面前人人平等”原则在行政诉讼中的重要体现。第一，当事人的诉讼地位完全平等。这意味着在行政诉讼中，行政管理法律关系中的行政主体脱掉管理者的外衣，坐上被告席，不是以“国家”的身份参加诉讼，而是作为行政诉讼法律关系的一方当事人。作为原告的公民、法人或其他组织也不仅是被管理的对象，诉讼双方是平等的原、被告关系，无地位高低之分，也不存在命令与服从的关系，而是处于相同的法律地位。第二，人民法院在适用法律时对双方当事人应当一律平等，保障当事人能够平等地行使权利。人民法院在审理行政案件时应以法律为准绳，行政主体不能以管理者身份自居，而要作为一方当事人与原告站在同一条起跑线上。同时，法院应当平等对待诉讼当事人，不能因人而异。在适用法律法规上应该一律平等，不能偏袒任何一方当事人。这是法律面前人人平等的宪法原则的基本要求，也是完善行政诉讼制度的应有之义。第三，当事人的权利义务由法律规定，但不完全对应。当事人在行政诉讼中的法律地位平等，并不意味着原告和被告的诉讼权利和义务完全对应。正是由于他们在行政管理中的法律地位不平等、在行政法治中的职责和使命有差别，才需要在行政诉讼立法上对他们的诉讼权利和诉讼义务作出反向不平等的规定，对原告予以特殊保护。只有这样，当公民、法人或其他组织的合法权益遭到行政主体的不法侵害时，行政相对人才有勇气提起行政诉讼，维护自己的合法权益，进而真正实现双方当事人法律地位的平等。第四，任何一方当事人都不得谋求超越对方的诉讼权利。人民法院应平等地保障双方当事人行使自己的诉讼权利，提供平等的机会和条件，保证其充分行使诉讼权利。特别是对原告应有的诉讼权利，法院应依法予以保障。当行政主体无正当理由且试图用其行政权力不履行诉讼义务时，应依法承担不利后果。

行政主体和行政相对人在行政法律关系中处于一种极不平衡的地位。简言之，行政主体处于支配和主导的地位，其实施的行政行为容易对行政相对人的权利义务产生不利影响。因此，在行政诉讼中，确立当事人法律地位平等原则，对于保证处于弱势地位的行政相对人更好地行使自己的诉讼权利具有积极作用。这一原则的司法实践主要体现在双方当事人的权利义务上。关于行政诉讼中当事人权利义务的分配，不同学者有着不同的观点，如“控权论”和“平衡论”。“控权论”认为，行政法是一种控制行政权的程序法，即要求有关立法机关对行政机关的委任立法等行政行为进行监督，司法机关对行政机关的行政决定进行司法审查，并且通过立法和判例建立起来的，要求行政机关必须遵守的程序性规则。“平衡论”与传统的“控权论”截然不同，是行政法理论的创新之处。罗豪才、袁曙宏和李文栋三位行政法学者共同提出了“平衡论”的概念。“行政权既要受到控制，又要受到保障；公民权既要受到保护，又要受到约束；行政权与公民权之间应既相互制约，又相互平衡。”① 基于上述认识，有人提出：“现代行政法既不是管理法，也不是控权法，而是保护行政权与公民权处于平衡状态的平衡法。”② 即在行政机关与相对一方权利义务关系中，权利义务总体上应当是平衡的，不论哪一方侵犯了另一方的合法权益，都应予以纠正。因此，为了维护这一平衡，形成合法合理的诉讼格局，应当在行政诉讼中赋予公民、法人或其他组织与行政主体平等的法律地位，并且在诉讼权利义务分配上，如举证责任的承担、诉权的分配，给予双方当事人不同的规定，从程序和实体两个方面切实维护当事人合法合理的诉讼权利，保障其切实履行诉讼义务。行政诉权是公民、法人或者其他组织提起行政诉讼，请求人民法院对行政机关的行政行为进行审查和裁判，保护其合法权益和提供法律救济的权利。起诉权、上诉权、申请再审权和获得公正裁判权。行政诉权的确立是对传统文化的挑战。首先，公民作为被管理的对象与行政主体相对。但当行政机关侵犯到公民权利时，公民可以通过行政诉讼维护自己的合法权益。行政诉权作为保护公民合法权利的有效武器，是对基本人权的保护。其次，强调对抗主义思想提倡的是公民与国家对抗的权力模式。再次，行政诉权强调平等的法治理念，主要体现在两个方面：一是个人与国家机关的平等；二是公民个人之间的平等。最后，行政诉权强调理性。它强调要通过理性的方式定分止争。当事人法律地位平等原则在司法实践中的适用，当事人法律地位平等并不意味着原、被告诉讼权利和义务完全对应。从

---

① 罗豪才、袁曙宏、李文栋：《现代行政法的理论基础——论行政机关与相对一方权利义务的平衡》，载《中国法学》1993 年第 1 期。

② 杨海坤、何薇：《关于中国行政法（学）理论基础问题的讨论》，载《广播电视大学学报》2001 年第 4 期。

《行政诉讼法》对双方当事人权利义务的配置情况来看，存在着向行政相对人倾斜的倾向，就是为了平衡在行政管理关系中行政主体和行政相对人地位不平等的局面，也是真正实践当事人法律地位平等原则的必然要求。

**经典案例**

### 刘某诉山西省太原市公安局交通警察支队晋源一大队道路交通管理行政强制案

2001年7月，刘某购买东风运输汽车一辆。2006年12月12日，刘某雇佣的司机驾驶该车行驶至太原市和平路西峪乡路口时，山西省太原市公安局交通警察支队晋源一大队（以下简称晋源交警一大队）执勤民警以该车未经年审为由将该车扣留。2006年12月14日，刘某携带审验手续前往处理。晋源交警一大队执勤民警在核实过程中又发现无法查验该车的发动机号码和车架号码，遂以涉嫌套牌为由继续扣留，并口头告知刘某提供其他合法有效手续。刘某虽多次托人交涉并提供更换发动机缸体、更换发动机缸体造成不显示发动机号码、车架用钢板铆钉加固致使车架号码被遮盖等证明材料，但晋源交警一大队一直以其不能提供车辆合法来历证明为由扣留。刘某不服，提起行政诉讼。法院审理期间，组织当事人对加固车架的钢板铆钉进行了切割查验，显示该车车架号码为GAGJBDK0110××××2219，而该车行驶证载明的车架号码为LGAGJBDK0110××××2219。[①]

## 第二节　行政机关负责人出庭应诉制度

行政机关负责人出庭应诉制度的建构是我国行政诉讼制度发展进程中的一大进步，其既能更好地保障司法公正与司法权威，又能进一步推动法治政府建设，保障司法公正和司法权威。行政机关负责人出庭应诉制度的建构可以保障司

① 最高人民法院2017年度行政审判十大典型案例。

法公正。程序公正与实体公正是司法公正的两个维度。[①]一方面，司法过程需要正当的法律程序来保障其运行，而正当程序的设置和运作势必产生程序公正。实施行政机关负责人出庭应诉制度是行政诉讼正当程序的必然要求。另一方面，法律程序不仅具有内在的程序价值，还具有工具价值。程序价值可以保障实体价值的实现。行政机关负责人出庭应诉制度的建构可以保障司法权威。其一，司法公正和司法效率是影响司法权威的重要因素。[②]该制度的建构可以通过保障司法公正、提高司法效率来保障司法权威。其二，通过行政机关负责人出庭应诉可以进一步明确其在诉讼中所扮演的角色及地位。在行政诉讼过程中行政机关以一方当事人身份，而不是以“国家人”身份参加诉讼活动，这也在无形之中保障了司法权威，有利于推动依法行政和法治政府建设。行政机关负责人出庭应诉制度的建构有利于推动行政机关依法行政。依法行政要求政府“法无授权不可为”，一方面，应当在法定范围内行使职权；另一方面，政府应当认真履行其法定职责。通过该制度的建构，可以迫使行政机关负责人出庭应诉，并在应诉过程中受到法治教育，增强其法治意识。行政机关负责人出庭应诉制度的建构有利于推动法治政府建设。其一，依法行政是构建法治国家和法治政府的基本要求，因而该制度的建构有利于通过依法行政推动政府法治的进步。其二，“法治政府主要指国家行政权行使的法治化”。[③]行政机关负责人出庭应诉，可以让行政机关负责人发现行政权运作过程中所暴露出来的具体问题，并加以反思和改正。

《行政诉讼法》关于负责人出庭的规定在总则部分，是行政诉讼的基本原则。目前，对负责人出庭的法律属性主要存在三种观点。第一，倡导性条款说。该条款未规定负责人不出庭的法律后果，不是强制性条款。为回归正常社会，向真正法治社会迈进，应当将其理解为宣示性条款。[④]然而，倡导性条款说违背立法机关将负责人出庭义务化的立法本意，而将其归于行政机关的自由裁量，容

---

① 杨思斌、张钧：《司法公正是程序公正与实体公正的辩证统一》，载《法学杂志》2004年第3期。

② 孟祥沛、王海峰：《司法权威之影响因素及其构建：上海实证研究》，载《政治与法律》2012年第3期。

③ 姜明安：《论法治国家、法治政府、法治社会建设的相互关系》，载《法学杂志》2013年第6期。

④ 蔡小雪：《告官见官，即见法治？》，载“中国法律评论”微信公众号，2016年6月15日推送。

易导致该条款在实践中被废置，损害法律的权威。第二，法定义务说。负责人出庭是法定义务。该条款是强行性条款，具有法律规制意义。[①]法定义务说强调了负责人出庭的义务性，但未进一步分析这一义务的内在结构，未能合理理解不能出庭的弹性化与该条款强制性之间的内在张力，没有将该条款执行的现实可行性纳入考量范围，同样可能导致该条款在实践中被架空，从而损害法律的权威。第三，诉讼权利说。出庭应诉属于诉讼权利，具有可自由处分属性。是否出庭以及选派何人出庭是行政机关内部事务，不受司法审查的限制。该条款规定得过于弹性化，不具有拘束力。[②]诉讼权利说只停留在应然层面分析问题，违背该条款已经法定化的实际情况。

其实，出庭应诉既是当事人的权利，也是当事人的义务。负责人出庭制度的问题在于，《行政诉讼法》同时规定了诉讼代理制度，而且从一般的诉讼原理来说，是否选择本人亲自出庭应诉是当事人自决事项。当事人既可以委托诉讼代理人也可以本人出庭应诉，或者选择两者兼而有之。因此，只能说，当事人本人出庭应诉是一项诉讼权利，而并非诉讼义务。具体到行政诉讼中，行政机关出庭应诉既是行政机关的诉讼权利，也是其诉讼义务，而行政机关负责人本人是否出庭应诉，则属于行政机关内部自决事务，对行政机关而言，是一项诉讼权利。“法律意义上的义务，即由国家规定或承认，法律关系主体应这样行为或不应这样行为的一种限制或约束。”[③]《行政诉讼法》规定，该条款明确使用了“应当”这一义务条款的标志性术语，将负责人出庭的权利“义务化”，即出庭应诉是法律课以被诉行政机关负责人的一项义务。负责人能出庭的，由负责人出庭，不能出庭的，委托相应工作人员出庭。在具体案件中负责人出庭与否，取决于“能”否，即负责人出庭义务是附条件的，其出庭与否取决于条件是否成就。法律之所以规定负责人出庭义务的附条件性，是立法机关在要求负责人出庭的民意诉求与现实可行性之间进行的立法技术上的折中处理。由于该条款

① 江必新主编：《新行政诉讼法专题讲座》，中国法制出版社2015年版，第37页。

② 田勇军：《〈行政诉讼法〉中“被诉行政机关负责人应当出庭应诉”之理论分析》，载《西部法学评论》2015年第6期。

③ 沈宗灵：《权利、义务、权力》，载《法学研究》1998年第3期。

在总则部分，法律不可能对其进行具体、深入的制度设计，对于“不能出庭的”条件是什么，需要进一步明确。虽然该条款规定在总则部分，具有宣示性功能，但该制度一经写入法律，就应当具有法律拘束力，负责人不能出庭的条件一旦成就，就可以不出庭，反之一旦出庭的条件成就，就应当出庭，否则就应当承担不利的法律后果。

如上所述，负责人出庭义务是附条件的。负责人出庭的条件主要由两部分构成：一是负责人必须出庭的案件范围，二是负责人不能出庭的正当理由。前者指出负责人出庭的必要性和可行性，后者指出负责人出庭的可能性。前者积极限定了负责人必须出庭的情况，后者消极限定了负责人不能出庭的情况。其中，负责人必须出庭的案件范围是构建负责人出庭制度的核心。行政效能是行政权运行所应当遵循的基本原则，它要求行政机关对其自身事务，根据轻重缓急的程度做出妥当安排。出庭应诉作为行政机关的一项事务，只有在其事务序列中因案件足够重大，才相较于一般事务具有优先级。相较于行政机关一般工作人员，负责人出庭的实质必要性在于涉诉事项需要应用负责人的决策权。总之，负责人出庭的案件只与案件是否足够重大、是否需要负责人决策具有关联性。负责人必须出庭应诉的案件主要是重大行政诉讼案件，对于非重大案件，强行要求负责人出庭，不具有合理性和正当性。《最高人民法院关于行政诉讼应诉若干问题的通知》规定，对涉及重大公共利益、社会高度关注或者可能引发群体性事件等案件以及人民法院书面建议行政机关负责人出庭的案件，被诉行政机关负责人应当出庭。这实际上限定了负责人出庭案件范围，但其中的不确定法律概念仍有导致该制度在实践操作中被架空、废置的风险。因此，应当对于什么情形构成“重大”作进一步具体明确的界定，同时赋予法院审查权和判断权，以限制和监督行政机关的裁量权。负责人应当出庭的重大行政诉讼案件主要包括六类案件：第一，涉及重大公共利益的案件，具体包括涉及国防和外交因素、重大基础设施建设、重大公共事业等重大事项的案件，涉及重大食品药品安全、安全责任事故等公共安全的案件以及涉及重大公共利益的行政许可等案件。第二，群体性诉讼或者可能引发群体性事件的案件，主要是指涉及征地拆迁、社会保障政策、企业改制、环境污染等涉及面广、在行政程序中就已经引发过公共抗争的案件。第三，社会关注度高的案件。判断社会关注度高低的主要标准在于案件本身及案件相关事件是否受到社会公众广泛关注或者媒体广泛报道；对公民、法人或者其他组织的重大权益产生重大影响的案件。重大权益主要包括重大人身权和重大财产权等。涉及重大人身权的案件主要是指侵犯公民生命权、身体权和重大健康权，致使公民死亡或者完全丧失劳动能力等案件。涉及重大财产权的案件主要包括涉及土地所有权或使用权、房屋所有权以及自然资源权属等案件，同时辅以涉案标的金额巨大的标准予以最终确定。第四，行政赔偿数额巨大的案件，“巨大”的具体数额，各地可以根据本地社会经济发展水平及居民收入水平等因素综合确定。第五，对行政机关行政管理活动可能产生重大影响的案件。主要包括行政机关反复发生的同类案件，行政机关因存在制度漏洞或管理漏洞而引发的案件，政策性强且可能涉及政策调整的案件，可能涉及被诉行政机关制定的规范性文件撤销、修改或废止的案件，具有普遍法律适用意义的案件等。第六，法院通知负责人出庭的其他重大行政诉讼案件。①

对于负责人非必须出庭的案件，其本身不够重大当然构成负责人不出庭的正当理由，因此，此类案件可以免除行政机关说明理由义务。对于负责人必须出庭的案件，负责人如果具有正当理由不能出庭的，应当向法院书面说明理由，说明的理由应当合法、具体、明确，并附相关证明材料。因为说明理由既是法律的隐含义务，也是对司法权威以及原告知情权和监督权的尊重。正当理由主要是指不可抗力及客观上不能控制或者不能归责于行政机关及其负责人的其他正当事由，主要包括五种。第一，健康原因。例如，突发重大疾病或者发生意外导致伤亡，不能正常履行出庭义务。第二，不可抗力。例如，战争、自然灾害等原因。收到行政机关负责人出庭应诉通知书时，已经出国出境或者因公出差至其他省市，且不能在开庭日返回的情况。这种情况适用于行政机关收到负责人出庭通知书时，负责人已经身在外地，客观上具有不能返回或者不便返回的情况。如果在收到负责人出庭通知书后，才发生的出国、出境、出差情况，不能构成不能出庭的正当理由，行政机关可以适用第四点中的“因他人无法代

① 廖希飞:《行政机关负责人出庭应诉的反思与制度构建》，全国法院第28届学术讨论会。

替的特别重大的公务”，法院应当结合具体案情及具体公务事由进行审查。一般的公务不构成不能出庭的正当理由，只有在该项公务行政机关负责人具有不可替代性和相对于案件而言的重大性，才可能构成不能出庭的正当事由。因其他正当理由不能出庭的，关于具体情形是否构成正当理由，法院具有审查权和判断权。

对于行政机关负责人非必须出庭的案件，负责人出庭与否，可以由行政机关裁量。对于负责人必须出庭的案件，需要形成“法院启动——被告回应——原告异议——法院处理”整个的闭环式限制机制，才能确保行政机关负责人出庭应诉制度取得实效。《行政诉讼文书样式（试行）》里专门规定了《行政机关负责人出庭通知书》，从内容看，该通知书需要每案发送。[①]行政诉讼法已将负责人出庭“义务化”，就不需要法院每案通知其出庭。只有当负责人必须出庭的案件出现时，法院应当提前通知负责人出庭，以便于负责人做好公务安排，宜在开庭 7 日前发送开庭传票，同时发送负责人出庭通知书。通知书上应当说明负责人必须出庭的理由，即本案中负责人必须出庭的案件范围的具体情形，并说明负责人不出庭所承担的不利法律后果。对于法院通知负责人必须出庭的案件，负责人必须出庭应诉。行政机关在收到负责人出庭通知书后，应当由法定代表人、主管涉诉事项相关工作或者法制工作的副职负责人出庭。如果负责人具有不能出庭的正当理由，可以书面向法院说明理由并申请延期开庭，或者另行委派其他负责人出庭。赋予原告异议权是规制司法与行政，是为了防止司法和行政联合规避负责人出庭制度。如果属于负责人必须出庭的案件，法院未通知负责人出庭或负责人未出庭的，原告有权提出异议。法院认为原告异议成立，负责人必须出庭而法院未通知的，应当通知负责人出庭；原告异议不成立的，应当予以释明。法院应当将原告异议、被告说明和法院审查处理情况记录在案。法院决定延期审理与缺席判决。负责人未出庭，已书面说明不能出庭的正当理由且理由成立并申请延期开庭的，法院应当决定延期审理；未向法院作出书面说

① 最高人民法院行政审判庭编：《行政诉讼文书样式（试行）》，人民法院出版社 2015 年版，第 172 页。

明，未申请延期开庭，说明的理由明显不能成立或者已经因负责人未出庭而延期开庭一次的，应当视为“被告无正当理由拒不到庭”，法院可以参照适用《行政诉讼法》的规定作出缺席判决。

为了充分实现负责人出庭的法治功能，应当确立对副职负责人的特别授权、诉讼中改变违法行政行为、诉讼后落实司法建议等机制予以充分保障。对副职负责人的特别授权。行政首长负责制是我国基本的行政领导制度，其要义在于行政首长要对本行政机关的行政行为负责。行政首长出庭应诉本身就是行政首长负责制的应有之义。从行政诉讼角度看，行政首长负责制意味着行政机关的诉讼行为应当以其行政首长的意思表示为准。在客观上要求行政首长出庭应诉，以在诉讼中真实、完整、准确、权威、及时地做出意思表示。对于负责人必须出庭的案件，因其涉诉事项重大且需要负责人行使决策权，副职负责人如果无权承认诉讼请求、依法改变违法行政行为或进行调解，而是事事请示汇报正职负责人，那么副职负责人出庭的意义和效果将大打折扣。因此，对于委派副职负责人出庭的，行政机关应当进行特别授权，以纠正违法行政行为。在诉讼中，如果发现行政行为违法，行政机关负责人应当及时予以纠正，法院也可以建议行政机关负责人予以纠正。在行政机关负责人已经纠正违法行政行为的基础上，法院可以协调原告进行撤诉，充分发挥行政诉讼的监督功能和负责人出庭的法治功能。司法建议及其落实。诉讼后，对于案件中反映出的行政机关存在的普遍性问题或者制度漏洞、管理漏洞以及涉及政策调整、规范性文件立改废等问题的，法院应当向行政机关发送司法建议，行政机关应当认真研究整改或落实，并及时将处理情况书面告知法院。

对于负责人出庭，只有强化监督机制，才能确保实效。这些监督机制主要包括禁止单方接触、禁止违法调解、司法公开和惩戒等。负责人出庭制度在客观上为司法与行政规避行政机关败诉风险提供了便利。在诉讼中，行政对司法的压力以及司法与行政的互动合作，可能会影响司法公正或者引发原告的合理怀疑，反而破坏了负责人出庭的形式化、政治化功能，并进而可能实质性损害其法治功能。因此，应当在行政诉讼中确立禁止单方接触原、被告，除了在庭审程序中为了调解工作需要，禁止法官与当事人尤其是行政机关及其负责人、诉讼代理人单方接触，禁止违法调解。负责人出庭在客观上加剧了法院的审判压力，进一步强化了法院扩大化适用调解的动机。在实践中，调解主要适用于行政行为存在违法或瑕疵的案件，这说明行政诉讼监督功能虚化。调解的扩大化适用甚至滥用，直接侵蚀了行政诉讼以及负责人出庭的法治功能。因此，应当禁止违法调解，确保调解工作在法定范围和原则内依法开展，防止调解超越法定适用范围而滥用。司法公开，应当以公开促公正，加大庭审公开和裁判文书公开等司法公开工作力度，将负责人出庭情况公之于众，接受当事人和社会公众监督。对于实践中负责人出庭形式化的倾向，即出庭不出声、应诉不应答的情况，不宜强行规定负责人发言应答的义务，可以通过司法公开及庭审中法官提问的途径予以解决。例如，对庭审过程全程录音录像并直播，或者邀请人大代表和政协委员旁听重大案件审理等。惩戒。如果没有惩戒机制相配套，那么负责人出庭制度就难免落空。因此，惩戒机制是该制度的一项重要内容。必须出庭的负责人无正当理由拒不到庭、负责人未经法庭许可中途退庭、在诉讼中实施妨害诉讼秩序的行为，以及行政机关拒不履行裁判、调解书的，法院可以依照或者参照适用《行政诉讼法》的相关规定，作出处理。

行政审判的困境主要在于弱势司法权与强势行政权的结构性失衡。在司法体制未根本变革、司法权威严重不足的情况下，仅仅进行司法技术改良，具有严重的局限性，但这又是不得不作出的无奈抉择。虽然负责人出庭作为行政诉讼制度新的增长点，只是现阶段推进行政法治的权宜性、策略性举措，但其一经法定化，所有国家机关都应当一体奉行，确保其落到实处，避免其被架空、废置。同时，还应当在实践中加强对其实施效果的评估，总结经验教训，不断改进和完善这项具有中国特色的司法制度，以充分实现其对行政过程的批判性反思。

## 经典案例

### 某基金会诉杭州市西湖区国家税务局税务征收案

2003年11月，某基金会在开曼群岛注册成立。2004年3月，香港国汇公司与浙江国叶公司签订合同设立国益路桥公司，香港国汇公司占国益路桥公司

95%的股份。国益路桥公司于2005年10月获准受让杭州绕城高速公路收费经营权，同月，CFC公司在开曼群岛注册成立，该公司持有香港国汇公司100%股权。2005年11月，儿童投资主基金通过股权转让和认购新股方式取得了CFC公司26.32%的股权，该份股权又于2011年9月转让给MDL公司，转让价格为2.8亿美元，另收取利息约380万美元。其后，杭州市西湖区国家税务局（以下简称西湖区国税局）对上述交易展开调查并层报国家税务总局审核。国家税务总局于2013年7月明确批复：本案存在有关公司仅在避税地或低税率地区注册，不从事制造、经销、管理等实质性经营活动，股权转让价主要取决于国益路桥公司估值，股权受让方对外披露收购的实际标的为国益路桥公司股权等事实，税务机关有较充分的理由认定相关交易不具有合理商业目的，属于以减少我国企业所得税为主要目的的安排。据此，西湖区国税局在与儿童投资主基金沟通后于2013年11月作出《税务事项通知书》，要求其就上述交易申报缴纳企业所得税人民币1亿余元。儿童投资主基金不服，向杭州市国税局申请复议未果后诉至法院，请求判决撤销上述《税务事项通知书》。[①]

## 第三节　明确行政机关不履行法定职责的界定

从法院受理行政诉讼案件的情况来看，行政机关不履行法定职责案件无论是案件数量还是案件类型，都在行政诉讼受案中占有重要比例。行政机关及其工作人员不履行法定职责，会使公民、法人或其他组织的合法权益受到侵害，将影响法治政府在人民群众中的威信，不利于法治社会的建设。不履行法定职责是一种不正当行使权力的官僚主义作风，也是一种行政违法行为。十八届四中全会对“深入推进依法行政，加快建设法治政府”作出了战略部署，提出了明确要求。依法全面履行政府职能，是建设法治政府的基础和前提。

不履行法定职责是指行政机关及其工作人员在行政管理活动中，对法律、法规规定由其处理的事项拒绝处理或拖延处理。行政法中的“法定职责”，又称

① 最高人民法院2017年度行政审判十大典型案例。

行政职责，或称法定职权，是指法律、法规明确规定行政机关及其工作人员在行政管理活动中，负有处理某类事务的责任。法定职责具有双重属性，它既是行政机关的职权，同时也是行政机关应当履行的义务。也就是说，法律、法规赋予行政机关对某类事务的处理权，其他未经法律授权的行政机关则不享有对该类事务的处理权，未经法律授权的行政机关对该类事务进行处理，则属于超越职权；同时，获得法律授权的行政机关，在该类事务发生时，则必须依法进行处理，否则构成不履行法定职责。相反，法律、法规未将处理某类事务的权力授予某一行政机关，当这类事务发生时，行政相对人要求该行政机关处理这类事务，其拒绝处理，则不构成不履行法定职责。根据不同的划分标准，法定职责可分为不同的种类：以主动性来划分，法定职责分为两类：一是依职权主动履行法定职责。法律、法规规定行政机关具有管理某类事务的行政管理职权，只要出现该类事务的事实，行政机关就应根据相应法律、法规的规定，主动作出一定的行为。二是依申请被动履行法定职责。行政机关依据行政相对人的申请实施行政行为。行政机关是基于行政相对人的申请而启动履行法定职责程序。以权利义务来划分，法定职责分为两类：一是课以义务性法定职责。当某违法行为正在发生或紧急事件发生后，行政机关依职权或根据行政相对人申请，制止违法行为的继续侵害并作出处理，或对紧急事件进行处理。如对感染 SARA 病毒的人员实施强制隔离等。二是授益性的法定职责。行政机关根据行政相对人请求批准或赋予某种权利的申请，经审查认为申请人符合法定条件，批准或赋予其某项权利。如颁发许可证、发放抚恤金、支付最低生活保障等。

鉴于行政行为理论，目前学界对该领域的研究均采用行政不作为这一概念，而不履行法定职责是司法实务中的概念，因此有必要就不履行法定职责与行政不作为这两个概念做一番辨析。行政不作为是指行政主体负有某种作为的法定义务，并且具有作为可能性而在程序上逾期不为的行为。[①] 行政作为与不作为是以行政行为的存在、表现形式为标准作出的划分，履行法定职责与不履行法定职责是以行政主体有无履行行政法律、法规规定的实体义务为标准进行划分。学

① 周佑勇：《行政不作为构成要件的展开》，载《中国法学》2001 年第 5 期。

界与实务界，常常将行政不作为等同于不履行法定职责。有学者提出“行政不作为并不等同于不履行法定职责。行政不作为是行政主体负有积极的作为义务而逾期不履行作为义务的行为，而不履行法定职责是指行政主体对法律赋予的职责没有履行到位，其本质上属于不履行实体上的义务，是形式作为而实质不作为”。[①]不履行法定职责与行政不作为不能简单等同。一是两者适用于不同领域。不履行法定职责与行政不作为因划分标准不同而决定其适用的范畴存在差异。行政不作为侧重于学术理论研究领域，而不履行法定职责源自法律规定，主要适用于司法实务领域，成为司法实务中的规范术语。根据《行政诉讼法》的规定，申请行政机关履行保护人身权、财产权等合法权益的法定职责，行政机关拒绝履行或不予答复属于行政诉讼受案范围，其采用履行法定职责的表述。《最高人民法院关于规范行政案件案由的通知》规定了不作为类案件案由的确定方法，以“不履行……法定职责”作为第三个构成要素。例如，诉房地产管理局不履行登记法定职责。二是行政不作为与不履行法定职责属于充分不必要关系。不履行法定职责表现为不作为义务和不正确作为，不作为义务属于“消极”性质，等同于行政不作为；不正确作为属于“积极”的性质，应纳入行政作为的范畴。由此可知，不履行法定职责的范畴比行政不作为宽泛。换句话说，行政不作为必然属于不履行法定职责，但不履行法定职责除行政不作为外，还包括部分行政作为。

司法实践中，诉行政机关不履行法定职责案件具有以下特点：一是涉及领域广、类型复杂。只要存在行政管理的区域，均可能涉及不履行法定职责诉讼，无论是要求公安机关履行保护人身权，还是申请政府部门政府信息公开，以及起诉民政局不发放最低生活保障，均属于不履行法定职责案件范畴。二是诉权容易被滥用。从近几年不履行法定职责案件受案数猛增的趋势来看，诉行政机关不履行法定职责案件成为行政相对人滥用诉权的重灾区。三是行政机关败诉率较高。因为行政机关对行政相对人履行法定职责申请不够重视，明确拒绝或不予理会的情形严重，直到收到法院传票时或在诉讼过程中，才对相对人的申

---

① 马生安：《行政行为研究》，山东人民出版社2008年版，第207—208页。

请作出相应的行为，容易被人民法院确认违法。从受理的不履行法定职责案件来看，不履行法定职责包括拒绝履行和不予答复两种典型类型。除典型类型外，还存在一种特殊情形：对申请人的申请，行政机关作出的决定只部分满足了申请人的请求，申请人将行政机关不履行法定职责诉至法院，且这种情形的不履行法定职责案件日益增多。对于这种形式，有学者称之为“形式作为而实质不作为”，并认为从传统的行政不作为概念中揭示出的形式作为而实质不作为，是行政不作为从定性分析向定量分析的发展，是形式法治向实质法治发展的必要要求，应属于一种独立的责任。[①] 而有学者认为此类情形应归属到拒绝履行法定职责之列，无须作为一种独立的责任方式。[②] 这种情形被称之为不完全履行法定职责。不完全履行法定职责是介于履行法定职责与不履行法定职责的临界阶段。不完全履行法定职责作为不履行法定职责的重要组成阶段，与明确拒绝履行、默示拒绝履行共同构成不履行法定职责的完整状态。不完全履行法定职责较典型不履行法定职责更具有隐蔽性和违法的无形性。由于不完全履行法定职责介于履行法定职责和不履行法定职责之间的临界阶段，其体现出行政机关对申请人的申请已作出行政行为，只不过存在所作出的行政行为不完整或未能满足相对人全部请求情形。不完全履行法定职责是一种徒具已履行法定职责表象而不具有实质内容的行政行为，它往往以隐蔽的方式张扬权力“不作为”的姿态，与违法的行政行为相比，其违法性和侵害性更具有隐蔽性和无形性。

结合上述分析，不履行法定职责可以细化为三个阶段，明确拒绝履行、默示拒绝履行和不完全履行。明确拒绝履行是指行政机关及其工作人员对行政相对人要求其履行法定职责的请求，作出明确拒绝答复，答复可以直接口头告知，也可以书面形式告知。例如，对不符合法定条件的许可，明确告知申请人不能办理许可。默示拒绝履行，是指行政机关及其工作人员对行政相对人要求其履行法定职责的请求，采取置之不理、不予答复等消极的方式拖延履行其应当履

---

① 江勇：《关于浙江省审理履行法定职责行政案件基本情况的调查报告》，载《法律适用》2003年第8期。

② 曾照旭：《不完全履行法定职责的司法认定》，载《人民法院报》2013年6月6日。

行的法定职责。如对申请人提出山林权属裁决的申请置之不理。不完全履行是指行政机关及其工作人员对行政相对人要求其履行法定职责的请求，作出了一定的行为，但行政机关已作出的行为只是部分满足申请人的请求。随着法治进程加快，明确拒绝履行和默示拒绝履行已难以立足，司法实践中不履行法定职责主要集中于不完全履行法定职责阶段，有必要对司法实践中不完全履行法定职责的表现形式进行梳理。行政机关对申请人的申请事项未完全履行法律法规规定的程序，主要体现在行政机关作出行政行为属于阶段性程序，或只履行部分程序。例如，对行政相对人打假举报，工商行政管理机关受理后，进行了相关调查，却始终不作出处理结论。实体不终结是相对于程序终局而言，行政机关对申请人的申请事项已按相关法律法规规定程序，作出了行政行为，但行政机关作出的行政行为并未能满足申请人请求或行政机关受理后作出的行为只部分满足了申请人的请求，如果未满足的部分，也是行政机关应当履行的职责，则属于实体不终结。例如，城乡规划局虽然对违反城乡规划的违法行为作出责令整改和限期拆除的决定，但第三人的违法行为仍在继续并不断扩大，属于典型程序终局实体不终结情形。

行政机关在履行法定职责中选择处理方式难以满足申请的请求，典型的表现为在行政处罚中对违法行为就轻处理。例如，申请人举报废旧塑料厂污染水源，在环保局查实废旧塑料厂未办理环评报告且存在严重污染的情形下，根据《水污染防治法》规定，县级以上地方人民政府环境保护主管部门对污染水源的企业可采取责令停止违法行为，处以罚款、责令拆除或者关闭的处罚措施。如果环保局应对废旧塑料厂采用责令拆除或关闭措施的情况下仅对废旧塑料厂处以罚款，就属于典型的就轻处理。

行政机关对申请人的请求怠慢处理，使申请人的请求难以得到满足，主要表现为事后履行和末端履行。[①] 高效正确审理不履行法定职责案件的前提是正确把握不履行法定职责的构成要件，主要包括申请要件、职权要件、期限要件和实质要件。《行政诉讼法》规定，在起诉被告不履行法定职责的案件中，原告

① 关保英:《论行政迟延》，载《上海大学学报（社会科学版)》2011 年第 5 期。

应当提供其向被告提出申请的证据。由此可知，产生不履行法定职责的争议是由行政相对人的申请引起，虽然在没有行政相对人申请的情况下，行政机关不履行法定职责，也可能会给公民、法人或其他组织的合法权益造成损害，但这种损害一般都是间接的，难以产生行政争议。因此，行政相对人向行政机关提出申请是不履行法定职责的构成要件之一。鉴于行政相对人的素质差异，行政相对人的申请可多样化，如行政相对人通过快递向行政机关邮寄申请书，通过政府公布的邮箱发送的申请，以及申请人的口头申请均应纳入已提交申请的范畴。同时，行政相对人的申请应不拘泥于形式，只要有明确的行政机关、明确请求这两个实质要素即可。法定职责，这里的“法定”应作广义上的理解，应当理解为“法律规定的、确定的、认可的”之意。[①] 公共行政的宗旨在于服务人民，在现代社会里，行政权渗透到人们社会生活的各个领域，人们的生命、自由、财产、安全和个人发展在很大程度上都依赖于公共行政。[②] 在现代法治理念下，行政主要依据法律执行，但与宪法和法律所规定的基本原则、立法精神和立法宗旨相符，公民权利在需要行政主体给予保障时，行政主体仍应承担职责，这些职责应纳入行政主体法定职责范畴。

法定职责的主要依据有：一是法律明文规定的职责。行政主体依据法律、行政法规、地方性法规、自治条例和单行条例以及规章的规定或授权进行某些行政管理活动，实现其具有行政管理职能所应承担的法定职责。《治安管理处罚法》规定，县级以上地方各级人民政府公安机关负责本行政区域内的治安管理工作。该款明确规定公安机关的法定职责。例如，“治安案件的管辖由国务院公安部门规定”，属于授权性规范，公安部《公安机关办理行政案件程序规定》规定，由违法行为人居住地公安机关管辖更为适宜的，可以由违法行为人居住地公安机关管辖。违法行为人居住地公安机关依据该授权性规定，具有对违法行为进行管辖的职责。法律明文规定的职责还包括规章以下规范性文件规定的职责，只要规章以下规范性文件是依据法律所制定，不违反现行法律的规定，所规定的

① 江必新、梁凤云：《行政诉讼法理论与实务（上卷）》，北京大学出版社 2009 年版，第 202 页。
② 梅达成：《违法具体行政行为研究》，中国政法大学出版社 2012 年版，第 179 页。

职责均应纳入行政机关法定职责的渊源。另外，还包括非规范性法律文件产生的职责。例如，人民法院对行政案件所作的已经发生法律效力的判决和裁定，行政复议机关所作的已经发生效力的决定。[①] 二是法律法规隐含行政职责。法律法规隐含的行政职责主要表现为法律法规对行政机关所负有法定职责没有明确规定，但可从法律法规确定的基本原则或通过对法律法规的立法宗旨、解释可以确定行政机关所负有的职责。例如，《水污染防治法》规定，县级以上人民政府环境保护主管部门对水污染防治实施统一监督管理。该条用“统一监督管理”的原则性规定确定县环保局受理环境举报、对污染企业进行查处的职责。根据《城乡规划法》规定，可确定该条隐含了：城乡规划局还应负有向县级以上地方人民政府报告的职责，以便县级以上人民政府责成相关部门对违法行为人采取强制措施。三是法定职责由先行行为引起。主要包括行政机关基于行政合同产生的约定义务，如在拆迁合同法律关系中，约定政府征地拆迁部门为被拆迁人给付补偿款的同时，还应为被拆迁人办理失地农民证、办理社会保险等。政府征地拆迁部门负有办理失地农民证、社会保险等职责源自先行行政合同。

未在法定合理期限内履行法定职责。主要体现在两个时间点上：一是行政机关履行法定职责在法定期限内。例如，《行政复议法》规定，行政复议机关应在 60 日内作出复议决定，60 日属于法定期限。二是法定合理期限，是指行政机关应在法定期限内尽快履行法定职责，避免行政迟延，致使申请人的请求不能得到满足。例如，《行政强制法》规定，可在 3 个月内申请人民法院强制执行，但行政机关面对违法继续实施的情况下，仍在第 3 个月申请人民法院强制执行，虽属于法定期限，但不属于法定合理期限。法定合理期限内涉及行政机关自由裁量权的规制问题，属于合理性审查范畴。实质要件主要针对不完全履行法定职责案件而言。行政主体已作出的行政行为不能满足申请人要求其履行法定职责维护其合法权益的需要。对申请人要求履行法定职责的申请，行政机关未能完全按照法律法规规定的职责作出行政行为，使得申请人要求行政机关履行法定职责维持其合法权益的目的不能实现。一是行政机关未完全履行法定职责致

---

① 张莹莹：《浅论行政不作为的界定与构成要件》，载《法制与社会》2011 年第 12 期。

使公民、法人或者其他组织应当享有的合法权益被剥夺，或使其合法权利得不到有效保护。二是行政机关作出行政行为只部分满足了申请人的请求，剩余未满足部分仍属于法定职责范畴。

**经典案例**

### 李某诉上海市静安区人民政府、上海市人民政府房屋征收补偿决定及行政复议决定一案

上海市静安区人民政府（以下简称静安区政府）于2012年10月19日作出房屋征收决定，李某户承租的公房在征收范围内。安置补偿协商过程中，静安区住房保障和房屋管理局（以下简称静安房管局）向李某户提供货币补偿和房屋产权调换两种方式选择，因李某不认可《补偿方案》，双方在签约期限内未达成补偿协议。静安房管局于2015年1月19日报请静安区政府作房屋征收补偿决定。静安区政府受理后，组织双方进行调查和调解，李某出席但调解未成。静安区政府经审查，认定静安房管局提出的以结算差价的房屋产权调换方式补偿李某户的方案合法、适当，遂于2015年2月5日作出房屋征收补偿决定，并将决定书依法送达李某及静安房管局，同时在基地张贴公示。李某不服，于2015年4月3日向上海市人民政府（以下简称上海市政府）提出行政复议。上海市政府受理后，经审查作出行政复议决定，维持静安区政府所作征收补偿决定。李某仍不服，遂提起本案诉讼。①

## 第四节　行政机关执法行为的规范化

行政执法是行政机关将法律的一般性规定应用于行政管理的具体事项，直接确定公民、法人或者其他组织的权利义务并付诸实现的行为，是行政机关行使职权最典型、最重要的方式。作为依法行政的核心，行政执法既是国家治理

① 最高人民法院2017年度行政审判十大典型案例。

以及维护社会秩序的重要手段，也是国家意志表达的重要环节。行政执法部门承担着大部分公共行政管理职能，行政执法行为与社会公共利益以及公民个人利益紧密相关。近年来，随着行政法治的不断完善、依法行政的全面推进以及进一步加强法治政府建设，使得行政执法总体状况有了显著改善，行政执法行为的规范化建设也取得了明显成效。但在新的历史条件下，尤其是面临经济体制深刻变革、社会结构深刻变动、利益格局深刻调整、思想观念深刻变化的新形势，基于政府多元目标决策与行政执法主要目的之间在一定程度上存在矛盾，主要体现在行政执法领域，职责不清、重权力轻权利、重管制轻服务、重查处轻预防、重结果轻效果等问题，有法不依、执法不严、违法不究、粗暴执法和执法腐败等行为仍旧存在。因此，进一步规范行政执法行为就显得尤为迫切。

行政执法理念是对行政执法的目标、价值以及效果等的总体概括，是指导行政执法实践的思想基础和价值追求。行政机关及其工作人员对法律功能、作用和法律实施等所持有的意识、思想、观念以及信念的总和。其体现为一种系统化的认知，具有主体的特定性、阶级性、抽象性以及社会性等特点，引导、支配和决定着行政执法行为以及执法效果。行政执法理念的缺乏或者不正确，是当前行政执法领域存在诸多问题以及执法效能不高的根本原因。社会转型给行政执法带来新的挑战，直至目前，正确的行政执法理念并没有完全建立起来。实践中过分依靠加大执法力度等强制性手段推动法律实施，但是其效果往往事与愿违。作为行动的先导，理念具有其内在的力量，它甚至可以超越法律规则本身，发挥法律规则起不到的作用。行政是国家行政机关执行法律的行为，法律应当对政府拥有绝对权威。现代行政是法治行政，行政权力的运行必须符合法律的要求。在我国，行政法治理念的核心主要体现为，行政机关行使行政权力、管理公共事务必须由法律授权并依据法律规定进行。

法律是行政机关据以活动和人们对该活动进行评判的标准。在行政执法过程中，坚持法治理念，要坚决维护宪法和法律的最高权威，坚持法律至上，维护社会公平正义。依法行政，最基本的要求是依宪行政，包括各级行政执法机关和工作人员，任何组织或者个人都不得有超越宪法和法律的特权。法律至上要求行政执法人员在行政执法过程中要把法律精神和法律规定作为执法的基本准则。要坚持法律优先，行政法规、地方性法规以及行政规章、行政命令等均不得与法律相抵触，所有行政活动均不得违背现有法律规定。当不同效力等级的执法依据对某一问题的规定不尽一致时，除上位法已明确授权下位法可以作出特殊规定的外，行政执法机关及其执法人员要坚持上位法优于下位法的原则，适用上位法的规定。要坚持法律保留，宪法关于人民基本权利限制等专属立法事项必须由立法机关通过法律规定，行政机关不得规定，行政机关实施任何行政行为都必须有法律授权，否则，其行为不具备合法性。要坚持职权法定，树立公民权利“法无禁止即自由”、行政权力“法无授权即禁止”的观念。当然，职权法定并不禁止行政机关在没有法律规定时，作出不妨碍其履行职责的且有益于行政相对人的行为。另外，在行政执法实践中也要处理好权与法的关系，要唯法不唯上、唯法不唯权，不断提高法治思维能力。公平正义是社会主义法治的基本价值取向。按照公平正义的要求，各级行政机关以及工作人员在行政执法过程中都要始终坚持公民的权利平等、程序正当以及公平合理的原则，防止执法人员滥用职权。

马克思在创立科学社会主义学说时认为，未来的新社会必将实现每个人自由而全面的发展，以人为本是马克思主义的根本原则和崇高价值理念。在民主国家，行政权力源自人民主权或称人民权利，属于公共权力的范畴。社会主义法治建设的根本目的就是要实现、维护、发展最广大人民的根本利益。执法为民是社会主义法治的本质要求。政府的权力是人民赋予的，政府必须对人民负责，为人民服务，受人民监督，要坚持以人为本、执政为民，建设人民满意的政府。以人为本的执法理念特别要求行政机关以及工作人员要正确认识权利与义务的关系，始终坚持权利本位。权利是目的、义务是手段，法律设定义务的目的在于保障权利的实现。在行政执法过程中，不仅要减少对公众权利的损害，而且要为公众权利的行使和实现创造条件。在严格执法的同时，不能忽略法律本身所具有的人文关怀而片面强调法律的硬性规定，要把人民的正当合法权益放在首位，以人为中心，切实维护包括知情权、参与权、表达权、监督权等在内的公众权利。在确需行政处罚或强制时，要坚持最小侵害原则或必要性原则。在有效实现行政目的的前提下，手段的选择必须要以对相对人或者公众损害最小为前提。不能为了实现执法目的而造成对公众权益的过度损害，要坚决避免过度执法、野蛮执法，尽可能不采用运动执法方式。

从政府职能的角度讲，政府职能即行政职能，是国家行政机关依法对国家和社会公共事务进行管理时，应当承担的职责和具有的功能。政府职能反映着公共行政的基本内容和活动方向，是公共行政的本质表现。市场经济条件下的政府职能一般可以概括为经济调节、市场监管、社会管理以及公共服务四个方面。虽然转变职能是各级政府面临的共同课题，但是各级政府的职能定位却有所不同。对市、县级政府而言，其职能定位应该主要体现于社会管理和公共服务上。在行政执法中坚持服务理念，特别是要把推进依法行政与转变政府职能相结合，进一步强化政府的服务意识。从政府对微观主体的指令性管理转换到为市场主体服务上来，转换到为企业生产经营创造良好发展环境上来。既要执法，也要服务，要“在执法中服务，在服务中执法”。同时，树立正确的服务理念，着力推进服务型政府法治化建设，把服务型政府与法治政府建设相结合。实现社会和谐、建设美好社会，始终是人类不断追求的社会理想。社会主义和谐社会是民主法治、公平正义、诚信友爱、充满活力、安定有序、人与自然和谐相处的社会。和谐社会的构建与行政执法息息相关，在行政执法过程中，要树立和谐理念，着力实现执法主体与执法相对人的和谐状态，特别是要在保持执法刚性的同时，积极探索“柔性执法”的方式，以期取得更好的社会效果。作为和谐行政的有效保障，柔性执法虽然不是严格意义上的法律概念，但却是现代行政法中平等、协商、合作等民主精神发展的结果，也是政府角色以及行政模式等演进的产物，符合现代行政法“以多元行政回应实践”的发展趋势。而对当前我国行政法领域仍旧偏重干预行政的现状，以柔性执法的方式践行和谐理念，要更加重视给付行政，在依法采取必要的行政处罚、行政强制等方式以外，也要更多地采用行政指导、行政契约、行政协议等新的方式。要切实把握行政执法以及和谐理念的本质要求，更多地体现人民参与和协商，以更加多元的行政活动、更加弹性的执法手段，不断推进行政执法方式的完善。在具体执法层面，可以探索提前宣讲制度、轻微违法告诫制度、多次违法约见制度、工作建议制度、重大案件经常性回访制度等具体做法，加强沟通、缓和冲突，以便最大限度地实现执法目的。

依法行政是依法治国的核心，行政执法是依法行政的核心。依法行政要求行政机关必须根据法律法规的规定，依法取得和行使行政权力，对其行政行为的后果要承担相应的责任。行政执法的本质是合理运用行政权力，即一切国家行政机关和工作人员都必须严格按照法律的规定，在法定职权范围内，履行管理国家和社会事务的行政职能。在实践领域，行政执法主要包括行政机关依据法律、法规、规章和规范性文件，作出行政许可、行政处罚、行政强制、行政确认、行政征收等影响公民、法人和其他组织权利、义务的具体行政行为。行政执法使法从文本化规定转化为人们实际的行为规范，使权利从应然状态转化为实然状态，使秩序从静态设计转化为动态维护。基于行政执法功能的实现，行政执法领域存在的诸多问题，既有理念缺失的主观原因，也有行为失范的客观原因。当前，提高行政执法机关及其行政执法人员的依法行政水平、进一步规范行政执法行为，除坚持合法行政、程序正当外，在实践中还要特别把握以下几个重点环节。

第一，合理控制行政自由裁量权。行政自由裁量权是指行政主体依据法律、法规赋予的职责权限，基于法律、法规及行政的目的和精神，针对具体的行政法律关系，自由选择而作出的公正、合理的行政决定的权力。体现为在法律规定的条件下，行政机关根据其合理的判断，决定作为或不作为以及如何作为的权力。一方面，行政自由裁量权是现代行政权的核心，是行政主体提高行政效率所必要的权限；但另一方面，没有有效的控制，行政自由裁量权就会被滥用。目前，行政自由裁量权主要存在于法律、法规和规章之中，主要包括三种情形：一是只规定了法律规范的适用范围和幅度，由行政机关依据个案情形做出适当的选择；二是没有明确规定法律规范的范围和幅度或者规定内容过于简单，行政机关依据其职权范围，在不违反法律、法规和规章的立法目的、原则的前提下作出适当选择；三是紧急情况下允许行政机关为保护公共利益或者他人合法、正当的利益，依据其职权作出适当性处理。从行政法学的角度看，行政合理性原则产生的主要原因是由于行政自由裁量权的存在。行政合理性原则和比例原则在客观上都具有控制行政自由裁量权的作用。按照合理行政的要求，行使自由裁量权应当符合法律目的，只考虑相关因素，不考虑不相关因素。所采取的措施和手段应当必要、适当，行政机关实施行政管理可以采用多种方式实现行政目的的，应当避免采用损害当事人权益的方式。即为达成某一行政目的必须作出某种行政行为，但必须在侵害公众权利最小的范围内进行。体现在行政执法领域，合理控制行政自由裁量权是杜绝行政执法机关及其行政执法人员的违法行为、提高行政执法水平和执法质量、保护公众合法权益不受非法侵害的必然要求。因此，进一步规范行政执法行为，合理控制行政自由裁量权，要建立健全行政自由裁量权基准制度。法律、法规、规章中规定行政自由裁量权，行政机关应当以规范性文件等形式综合考虑法律、法规、规章的立法目的、法律原则，行政管理事项的事实、性质、情节和社会影响，经济、社会、文化等客观情况的地域差异以及可能影响行政自由裁量权合理性的其他情形，对行政自由裁量权的标准、条件、种类、幅度、方式、时限予以合理细化、量化并贯彻于行政执法实践中。

第二，维护信赖保护原则。信赖保护始于德国行政法院判例，经日本和我国台湾地区的发展，已成为大陆法系行政法的一般原则。行政法上的信赖保护原则主要来源于法的安定性原则和民法上的诚实信用原则。信赖保护原则指的是当个人对行政机关作出的行政行为已产生信赖利益，并且这种信赖利益因其正当性而受到保护，行政机关不得撤销该行政行为，而如果撤销就必须补偿其信赖利益损失。信赖保护原则基于社会公众对国家和国家权力合法性的信任，是公众自愿接受、服从政府及其行政管理，和政府能够有效维护公共安全、社会稳定的重要条件。社会公众的信任若不能得到有效保护，那么每个公民的个人权利甚至整个社会就会处于不稳定的状态，政府的公信力和权威性势必受到损害。因此，切实维护信赖保护原则，既有利于保护行政相对人的合法权益，也有利于构建诚信政府、责任政府，有利于增强行政执法机关与行政相对人的信任与合作，减少行政执法活动中的冲突与摩擦。信赖保护原则在我国行政立法领域突出体现在《行政许可法》的规定中，即公民、法人或者其他组织依法取得的行政许可受法律保护，行政机关不得擅自改变已经生效的行政许可。行政许可所依据的法律、法规、规章修改、废止或者准予行政许可所依据的客观情况发生重大变化的，为了公共利益的需要，行政机关可以依法变更或者撤回已经生效的行政许可。由此给公民、法人或者其他组织造成财产损失的，行政机关应当依法补偿。当然，维护信赖保护原则，不仅局限于行政许可领域，还应当贯穿于行政执法各个领域，其要求行政机关应当保护行政相对人因信任行政主体而无过错参与其行政行为所期望的合法及合理利益。

第三，不断提高行政执法效能。行政机关实施行政管理，应当遵守法定期限，积极履行法定职责，提高办事效率，提供优质服务。行政效率是行政权的生命，公行政必须积极介入社会、经济、文化、教育、交通等领域，成为一双处处看得见的手，方能满足公民与社会的需要。德国行政法学家福斯多夫说，在现代福利国家中，政府不能恪守原有“守夜人”的职责，它应当积极地介入社会生活，履行为人民提供“生存照顾”的行政任务。在我国，行政机关承担着经济、政治、文化、社会、生态文明建设等任务，执行 80% 以上的法律法规，其行政能力和执法水平极大地影响着人民群众的生产与生活。不断提高行政执法效率与规范行政执法行为，二者并不存在对立关系，“有效率的行政权”与“有限制的行政权”统一于行政管理和社会生活实践中。进一步规范行政执法行为也要求不断提高行政执法办事效率。例如，除严格遵守行政执法期限外，不断降低行政执法成本，是提高行政执法效率的应有之义，也是规范行政执法行为的必然要求。

第四，实现权力与责任的统一。按照依法行政的基本要求，行政机关依法履行经济、社会和文化事务管理职责，应当由法律、法规赋予其相应的执法手段。行政机关违法或不当行使职权，应当依法承担法律责任，由此实现权力和责任的统一。依法做到执法有保障、有权必有责、用权受监督、违法受追究、侵权须赔偿。权责统一原则是依法行政理论与实践发展的必然，也是行政法治走向科学化和现代化的标志。权责统一要求行政机关在行使法定职权时，也要承担相应的法律责任。在现代民主法治社会，用责任制约权力是通行做法。实现权责统一，就是要发挥行政责任对行政权力的监督作用。实践证明，行政执法责任的缺失往往导致行政执法行为不规范或执法腐败。当前，在行政执法过程中，坚持权责统一原则，需要大力推行和不断完善行政执法责任制。行政执法责任制是规范和监督行政机关依法行政的一项重要制度，对于推动建立权责明确、行为规范、监督有效、保障有力的行政执法体制，全面推进法治政府建设具有重要意义。实行行政执法责任制，要强化执法责任，明确执法程序和执法标准，规范和监督行政执法活动，提高行政执法水平，保障依法行政的各项要求得到实现。要依法界定执法职责，梳理执法依据，分解执法职权，确定执法责任；要认真落实行政执法责任，进一步加强实行行政执法责任制的组织领导，通过各层次的配套制度建立健全科学合理、公平公正的激励和约束机制。

行政执法是将法律、法规、规章直接应用于个人或者组织，其直接影响个人或者组织的权利、义务的实现或履行。例如，行政许可是赋予行政相对人的某种资格或者权利；行政确认是通过证明等方式决定行政相对人具有某种法律地位；行政处罚是对违法相对人权益的限制、剥夺或者对其附加以新的义务等。但是没有无形式的内容，也没有无内容的形式；程序上有瑕疵的行为往往难以达到预期的法律效果。法律程序是规定法律主体在实施法律活动时应当遵循的方法、步骤和时限等连续的、相互交涉的过程。法律程序可以促使法律主体正当地实施法律活动。不同种类的行政程序具有不同的特点，与行政立法、行政裁定等程序不同，行政执法程序一般应体现行政效率原则和保护行政相对人合法权益原则，但由于行政行为对象的特定性、内容的具体性和行为方式的多样性，也就决定了其程序的多样性和差异性，故而又分别存在于行政许可程序、行政处罚程序、行政强制程序中。但从总体来看，行政执法程序是针对行政执法行为，避免行政相对人的权利因行政主体的随意判断而受到侵害，是行政执法行为在时间和空间上的表现形式。其具体指的是行政执法行为的表现形式以及行政执法行为过程的先后顺序和必须关注的环节。现代行政程序作为现代法治社会制度性结构中的重要内容，其功能主要是加强沟通、提高行政行为社会可接受程度、建立和维系一个可持续发展的稳定社会、保障行政实体法实施并展示自身独立法律价值。行政机关在行使职权时，除必须依据实体法外，还应当遵循程序法。行政实体法规定的是行政职权所要达到的目的、目标，那么行政程序法就是达到这一目标的步骤、形式、时间和顺序。与西方法治国家相比，我国长期存在“重实体、轻程序”的现象，从而导致行政机关存在一种误解，即认为所做出的影响行政相对人权利或义务的决定，只要内容正确，程序并不重要。在行政执法领域，这样的观念仍旧在较大程度上存在。因此，不断增强行政执法人员的程序正义理念，已成为完善行政执法程序的前提。

行政程序法律化作为现代行政法发展的一个基本趋势，已成为人们的共识。行政程序法律化已经成为现代国家政策性选择的目标之一，或成为衡量一个国家法治化程度的刚性指标之一。自20世纪90年代以来，我国的行政程序立法取得了明显进步，在《国家赔偿法》《行政处罚法》《行政复议法》《行政许可法》《行政强制法》等各项立法中，均有程序性规定，但我国的行政程序立法尤其是关于行政执法程序方面的法律制度仍不够健全。在缺少统一行政程序法典的情况下，行政执法程序法律规范或散见于各单行立法，或体现在地方政府规章之中。要么科学性、体系性不强，重复重叠浪费立法资源；要么效力层次较低；要么其内容过于简单、概括；要么更侧重行政执法主体权力，对于违反程序的法律后果和对行政相对人权益的保护性规定不足。当前，进一步加快行政执法程序相关立法，需要不断完善行政执法程序法律制度。首先，要尽快出台统一的行政程序法典，对行政执法程序作出统一规定，从而提高行政执法程序规范的效力层次并保证其总体协调。其次，要构建行政执法程序规范总体框架，包括一般性规定、程序的启动、调查和证据、听证、决定、期间和送达、费用等。最后，要着力完善行政执法程序的各项具体制度，包括信息公开制度、告知制度、听取陈述和申辩制度、不单方接触制度、回避制度、记录和决定制度、说明理由制度、程序对抗制度等。在行政执法程序具体制度设计上，要侧重保障公众权利的实现，明确违反程序的法律后果和责任。

权力必须受到监督是法治社会的基本理念。因行政权力对社会生活的干预最为直接，其被滥用、误用、滋生腐败的概率也最高，在法治理论和实践中对行政权力的监督应当更为强烈。行政法治监督不仅是法治的必然要求，也是民主政治的应有之义。随着我国经济、政治、社会、文化等各个领域的发展变化，行政权力不断扩张，而行政程序监督依旧相对薄弱。在行政执法程序监督方面，受到“重实体、轻程序”传统观念的影响，而且与监督主体不到位、监督内容不切实、监督方式形式化以及相关法律规范对违反执法程序的惩戒力度不足等密切相关。行政执法程序监督机制不完善已成为行政执法实践中重执法效果、忽视执法程序的重要因素之一。从内部监督的角度看，上级人民政府对下级人民政府、上级行政执法机关对下级行政执法机关以及县级以上各级人民政府对所属行政执法机关，要按照《行政处罚法》《行政许可法》等法律规定，进一步强化执法程序，切实担负起监督检查职责。在加强层级监督的具体规范、组织机构及其体系建设的同时，要切实发挥行政监察、审计监督等专门监督方式在行政执法程序领域中的作用。从国家权力机关监督的角度看，执法监督即对法律法规实施情况的监督。从社会监督的角度看，要进一步增强群众监督、媒体监督对行政执法正当程序的关注和督促。在充分尊重行政相对人或者利害关系人实体权利的同时，切实维护其程序性权利。要进一步增强行政执法程序的透明度和公信力，接受社会监督。从程序监督的角度看，加大对行政执法主体违反行政执法程序的责任追究及处罚力度，要通过细化相关法律规定，进一步明确责任追究的范围、形式、对象以及责任追究机关及其权限，从而加大违反行政执法程序规定的惩戒力度。

## 经典案例

### 冯某诉河北省衡水市人民政府撤销国有土地使用证案

1995年6月3日，河北省景县商业局食品加工厂为了解决职工住房问题，申请征收涉案土地。1995年10月，原景县土地管理局将该土地征收，并出让给景县商业局食品加工厂，并在办理土地登记过程中将土地使用者变为冯玉章（冯某之父）。1995年11月，河北省景县人民政府（以下简称景县政府）为冯玉章颁发了国有土地使用证。冯玉章办证后一直未建房。2003年3月1日，第三人张天安以3000元的价格将该地卖给赵文彬，双方签订转让协议。2004年赵文彬在该地上建房并居住至今，但一直未办理土地使用证。2009年6月，冯玉章将赵文彬诉至景县人民法院，赵文彬得知冯玉章已办证，遂提起行政复议。复议机关以程序违法为由撤销景县政府为冯玉章颁发的国有土地使用证，并注销其土地登记。冯玉章不服该复议决定，诉至法院。[①]

---

① 最高人民法院2017年度行政审判十大典型案例。

# 第四章

## 行政审理与判决的技术

审判公开在我国《宪法》《人民法院组织法》《行政诉讼法》中均有规定，是司法公开、司法民主的重要内容。随着信息技术的发展，信息权、公众知情权受到越来越多的关注，包括审判公开在内的司法公开不断推进。不仅体现在通过司法解释的方式不断强化司法公开，还包括各级法院通过网络直播庭审、裁判文书上网等多种方式探索司法公开的新方式、新渠道。

## 第一节　行政诉讼回避制度

"正义"一词的产生与使用由来已久。在法学领域对正义研究的范畴主要集中在正义的分类，将正义分为实质的正义和形式的正义，程序正义和实体正义等。

亚里士多德的正义理论的指向对象主要是人的行为，亚里士多德给予"正义"一种较为专门的意义是避免（pleonexia），即避免通过攫取属于另一个人的东西——他的财产、奖赏、职位等，或者否定某个人应得的东西——诸如尊敬、偿还借款和履行诺言，而为自己谋利，从它又衍生出了许多我们所熟悉的提法。①而罗尔斯在总结洛克、卢梭、康德为代表的契约论的基础上进一步概括出他的正义理论，其认为正义是社会制度的首要德性，正义的作用对象是社会的基本权利与义务，即社会的基本结构，提出了制度与形式的正义，并认为凡是发现有形状的正义、有法律的规范和对合法期望尊重的地方，一般也能发现实质的

---

① ［美］约翰·罗尔斯：《正义论》，何怀宏、何包钢、廖申白译，中国社会科学出版社2009年版，第8页。

正义。并总结出两个正义的原则：第一个原则是每个人对与其他人所共同拥有的最广泛的平等都应有一种平等的权利。第二个原则是社会和经济的不平等应这样安排，使它们被合理地期望适合于每一个人的利益，并且依系于地位和职务向所有人开放。[①] 中国当代学者关于正义的理论多是在研究西方学者，尤其是美国学者罗尔斯的《正义论》著作的基础上，对罗尔斯正义理论的总结与概括。认为正义是社会制度的最终目标，平等、自由等是正义的主要表现。行政诉讼回避制度的法学理论基础是正当法律程序，而正当法律程序是英美法的一个核心概念，在美国革命之后，正当法律程序作为美国宪法制度的重要组成部分，正当法律程序有了宪法典的保障。“任何人不得担任自己案件的法官”和“法官在作出裁判时需要听取双方当事人的陈述”是自然正义的两个基本原则。在我国行政诉讼回避制度虽然仅仅是行政诉讼法中的一个制度，但是在西方国家，公正的程序依然是正当程序的核心。按照现代说法，人们通常使用另外一个稍微有些不同的短语来表述，那就是“法治”（the rule of law）。尽管法治由多种要素构成，但是程序的精髓可以浓缩为，要求有一位通情达理、不偏不倚的而且是有效率的做决定的人，或者简单地说，就是要求有一位好法官。法律可以让一个人成为自己案件的法官吗？让一个人成为自己案件的法官是一件糟糕的事，对此，所有的人都会赞同。[②] 法官在履行职务时不应该为自己私人的见解所左右，而且训练、职业习惯、自我抑制、忠实于职务的伦理心情等都可能帮助做到这一点。但事实上，在自己意识不到的感情支配下，要以理性来控制这些无形的影响是很难做到的。如果在判断中存在这类无意识的感情起作用的余地，或者存在着从旁人看很难认为不起作用的状况时，法官就必须回避而不应该继续参与判决。应当作为指导方针的是，司法不仅实际上需要公正，并且在外观上也应该保持公正的形象。由此可见，行政诉讼回避制度与程序正义、正当法律程序、正义是紧密相连。行政诉讼回避制度是具体落实正义的工具。

---

① ［美］约翰·罗尔斯：《正义论》，何怀宏、何包钢、廖申白译，中国社会科学出版社 2009 年版，第 47 页。

② ［美］约翰·V. 奥尔特：《正当法律程序简史》，杨明成、陈霜玲译，商务印书馆 2006 年版，第 7—8 页。

行政诉讼回避制度的终极目的是实现正义。正义是法律的基本理念，法律是正义的规则化。有什么样的正义理论就有什么样的法律规则。[①]司法是社会正义的最后一道防线，是社会公平正义的再生产。通过对正义理论的概述与总结，通过分析诉讼回避制度与正当法律程序、程序正义的关系，发现行政诉讼回避制度的终极目的是追求正义，通过行政诉讼回避制度的确立、行政诉讼回避制度的实践，让诉讼案件的当事人、参加者以及案件的旁听人员直接感受到司法正义，使得社会公众感受到公正感，与此同时提升司法的公信力。行政诉讼回避制度与反对司法贪腐。司法在政治及社会体系中占有的是一种可称为“平衡器”的特殊位置；或者说，司法作为维持政治及社会体系的一个基本支点发挥着正统性的再生产功能。[②]“一次不公正的裁判，其恶果甚至超过十次犯罪。犯罪是无视法律，好比污染了水流，而不公正的裁判则毁坏法律，好比污染了水源。”因此，司法腐败的危害具有严重的破坏性。反对腐败需要权力制约权力，但是为了有效预防与制止司法腐败更需要正当法律程序下的权利制约权力。

正当法律程序起始于“自然正义（Natural Justice)”。其主要含义可以归结为两个规则：其一，任何人不得自己做自己的法官；[③]经“正当法律程序”，指法律为了保持日常司法工作的纯洁性而认可的各种方法：促使审判和调查公正的进行，逮捕和搜查适当地采用，法律救济顺利地取得，以及消除不必要的延误，等等。[④]由此可见，中国意义上的行政诉讼回避属于正当法律程序的重要内容之一，由于正当法律程序是保持日常司法工作纯洁性的方法之一，而行政诉讼回避制度的实施必将与预防与制止司法腐败有着十分密切的联系。如果从预防与制止司法腐败的角度来分析行政诉讼回避制度，那么当事人及诉讼代理人的回避申请权及行使回避申请权就是权利对权力的制约。是否产生效果，与制度本身的立法设计具有密切的联系。但是由于我国与大陆法系国家一样实行的是有因回避

---

① 王广彬：《当代正义要求的法则化》，载《法制与社会发展》2003 年第 6 期。

② ［日］谷口安平：《程序的正义与诉讼》，王亚新、刘荣军译，中国政法大学出版 2002 年版，第 9 页。

③ 姜明安：《正当法律程序：扼制腐败的屏障》，载《中国法学》2008 年第 3 期。

④ ［英］丹宁勋爵：《法律的正当程序》，李克强等译，群众出版社 1984 年版，第 1 页。

制度，当事人很难举出法官等人员的行为与身份符合法律规定的回避事由。因此，即使法官在开庭时一般都会例行询问当事人及诉讼代理人是否申请有关人员回避，但是当事人及诉讼代理人一般不会申请法官回避。当事人在接到法院的判决时，一旦认为法院的判决存在错误或者对己不利，会采取程序外的方式找出法官应当回避的事由。

行政回避制度是指法官在审理案件的过程中，遇有法律规定的某种情况时，不再参与该案件审理的制度。回避制度是现代诉讼制度的基本原则之一，是诉讼程序文明的重要标志，也是诉讼程序公正的重要内容。① 何谓行政诉讼法官回避制度？是指审判具体行政个案的法官与案件有利害关系或者其他关系，可能影响案件公正处理，应退出该案审理的诉讼活动的一系列原则和规定。回避制度是行政诉讼程序的一项重要诉讼制度，能为程序正义的实现发挥独特的魅力。法官回避制度，是指为防止法官利用职权徇私情、谋私利，乃至利用职权实施职务犯罪活动，而对其任职和公务活动范围给予一定限制的人事管理制度，从表面上看，这一制度的目的是通过限制法官担任职务和从事公务活动的范围，来消除其利用职权徇情谋私的可能性。但从实质上来说，回避制度却是从人事管理制度上对法官的职权给予一种必要的限制。② 在整个法律制度体系中，关于回避制度的规定不仅仅限于诉讼回避，还包含着任职回避、地域回避。任职回避，是指国家公务员任职回避，是指为了防止公务员利用亲属关系和地域影响，在行政机关内部滥用行政权力，徇私舞弊，逃避法律监督，从而基于一定的法定事由，限制其担任某一行政职务的行政人事管理制度。③

由于《公务员法》规定“公务员担任乡级机关、县级机关及其有关部门主要领导职务的，应当实行地域回避，法律另有规定的除外”。对公务员的地域回避做了规定，且该地域回避只适用于乡级机关、县级机关及其有关部门主要领导职务，所以基层法院主要领导职务的有关人员应该遵守此项规定。从另一个

① 程新生：《论我国法官回避制度的完善》，载《法律适用》2001 年第 3 期。
② 陈文兴：《完善我国法官回避制度的思考》，载《现代法学》1998 年第 1 期。
③ 周佑勇、余睿：《国家公务员任职回避制度初探》，载《法学评论》2004 年第 6 期。

角度来讲，地域回避理应属于任职回避范畴之中。因为地域回避从本质来看就是任职回避的一种，或者说地域回避贯穿于整个任职制度之中，都是对公务员担任某一职务进行限制，并且是在强调反对亲缘化的基础上对地缘化任职现象采取的限制措施。通过对任职回避及地域回避制度的对比发现，行政诉讼回避制度虽然与任职回避、地域回避制度的正当性基础都是为了实现正义、公正，但是与任职回避、地域回避制度的适用范围及对象、程序等具有明显的不同，任职回避、地域回避制度属于人事管理制度，而行政诉讼回避制度属于一种司法诉讼制度。学界关于行政诉讼回避制度的概念，解析与诉讼回避制度相关的概念。虽然行政诉讼法规定了法官申请回避和当事人申请回避两种情形，但是对行政诉讼回避制度的概念界定，应当基于当事人主义的立场，以当事人的诉讼权利为视角进行概括、界定。行政诉讼回避制度是指当事人为了得到符合正当程序的裁判结果，遇到法律规定的法定回避情形时，申请法律规定的有关人员不再参与案件审理或者法律规定的有关人员申请退出的一种诉讼制度。

行政诉讼回避制度的概念仅仅是系统研究行政诉讼回避制度的一个基点和前提，是对诉讼回避制度研究的一个重要组成部分。对行政诉讼回避制度的研究必须结合我国诉讼回避制度实践的现实问题，并尽力提出解决方案。只有这样才是对行政诉讼回避制度的完整研究，不是仅仅依靠概念来解决整个问题。行政诉讼结构是指由解决行政纠纷这一诉讼目的所决定的并由主要诉讼程序所体现的原告、被告、裁判者三方的法律地位和相互关系。[①] 虽然在行政诉讼过程中，一方是行政相对人，另一方是行政机关，且行政诉讼法规定了行政机关的举证责任。立法上规定行政机关的举证责任，是根据行政诉讼的特有规律所作出的，不应否定审判人员在裁判过程中的中立地位。我国《行政诉讼法》对诉讼回避事由的规定过于简单、原则，当事人申请回避权难以取得有效的效果。由于我国对诉讼回避制度的规定借鉴了大陆法系的立法模式，一般在立法文本中列举诉讼回避的事由。而我国《行政诉讼法》规定“当事人认为审判人员与

① 谭宗泽:《行政诉讼结构研究——一种结构主义的考察维度》，载《南京大学法律评论》2009年第2期。

本案有利害关系或者其他关系可能影响公正审判，有权申请审判人员回避”“审判人员认为自己与本案有利害关系或者其他关系，应当申请回避”。《行政诉讼法》对回避事由的规定过于简单与原则。何谓“利害关系”以及什么是“其他关系”，“其他关系”的内容是什么。此外，是否只有“审判人员与本案有利害关系或者其他关系”可能影响本案的公正审判时才应该回避。但是在审判人员大公无私，即使存在利害关系或者其他关系，不能举证证明可能影响公正审判时，审判人员也不应当回避。即使当事人提起了回避申请，由于回避事由规定得过于原则与简单，使得审判长、院长、审判委员会在决定审判人员是否回避时，无限扩大其自由裁量权，更有利于其做出不予回避决定的理由，不利于保护当事人的合法权益。

我国行政诉讼回避制度在立法文本的制度规定与诉讼实践中的确面临着一定的困境，应该在诉讼理念、制度规定和诉讼实践三个方面来完善与落实诉讼回避制度，以期为正义目的的最终实现贡献力量。在诉讼理念上，应在稳固当事人主义诉讼模式的基础上，确立协同主义诉讼模式，以激发当事人权利行使的积极性并为避免诉讼权利的滥用做好理念防御工作。所谓当事人主义，是指在诉讼运行中，当事人居于支配地位，享有主导权的原则。[①] 为了确立程序本位的理念，实现程序正义，必须进一步强化当事人主义诉讼模式。在制度规定与诉讼实践中不断强化当事人的支配权，确立当事人的主导地位，以此激发当事人行使回避权利的积极性与热情。在制度规定方面，进一步完善行政诉讼回避事由。我国的立法文本基本上与大陆法系国家相接近。通过比较大陆法系国家关于回避制度的规定，发现大陆法系国家一般详细规定回避的事由及程序。因此，行政诉讼法在行政诉讼回避事由的规定方面应该进一步完善。此外，有因回避制度的确存在当事人举证难的情形，我国可以确定限定型无因回避制度，在回避申请权的行使次数等方面做出具体的限定。在诉讼实践方面，纠正违反诉讼回避制度的有关行为，保证行政诉讼回避制度落到实处。随着信息化和网

① 奚玮：《协同主义民事诉讼模式的建立与和谐司法的实现——以证据收集为中心》，载《河北法学》2008年第3期。

络化的不断普及与发展，各级人民法院建立了自己的官方门户网站，各级人民法院将审判人员等人的有关信息公布在门户网站中，并设立信息查询系统，只要案件当事人输入案号等信息便可以得到有关人员的信息。

**经典案例**

**杨某诉山东省人民政府行政复议案**

杨某不服山东省青岛市市南区法律援助中心作出的不予法律援助决定，向青岛市市南区司法局提出异议。该局作出答复意见，认为该不予法律援助决定内容适当。杨某对该答复意见不服，向青岛市司法局申请行政复议。该局于2013年10月23日告知其所提复议申请已超过法定申请期限。杨某不服，向青岛市人民政府申请行政复议。该政府于2013年10月30日告知其所提行政复议申请不符合行政复议受案条件。杨某不服，向山东省人民政府申请行政复议。山东省人民政府于2013年11月18日对其作出不予受理行政复议申请决定。杨某不服，提起行政诉讼，请求撤销该不予受理决定，判令山东省人民政府赔偿损失。①

## 第二节 妨害行政诉讼行为的具体形式

行政诉讼中强制措施是指在诉讼进行中，人民法院为了保证审判活动的正常进行，对有妨害行政诉讼秩序行为的人采取的一种排除妨害、维护诉讼秩序顺利进行的强制手段。② 长期以来，行政诉讼强制措施缺乏应有关注，行政诉讼强制措施对于其实施对象权益有重要影响及其对维护诉讼秩序和司法权威具有不可或缺的作用。

中华人民共和国成立之初，未有行政诉讼法，只有零星强制措施方面的司

① 最高人民法院2017年度行政审判十大典型案例。

② 林莉红：《民事或行政诉讼中强制措施的制裁性》，载《法学杂志》1997年第5期。

法解释。1989年《行政诉讼法》中做了详细规定，正式形成了训诫、责令具结悔过或者处罚款（一千元以下）、十五日以下的拘留的四类妨害行政诉讼强制措施体系。2014年新修《行政诉讼法》则将罚款额度自一千元以下提高至一万元以下，扩展第七款对于法院工作人员及其他人员的人身安全保护条文，并对单位行为其主要负责人予以罚款拘留处罚。此时，我国立法通过对妨害行政诉讼强制措施进一步细化，演变成为现今实施的妨害行政诉讼强制措施体系。虽然《行政诉讼法》尚未对恶意诉讼进行规制，但根据101条准用规定，司法行政执行权实际已当然扩张，覆盖恶意诉讼领域。这与多年来司法行政权迅速发展壮大并不相符，由于司法发展中各式矛盾的不断产生与激化扩大人民法院司法行政职权以保护自身秩序的立法初衷，愈加难以实现。我国诉讼强制措施实施对象混同与实施主体不明。"在所有必须维护法律和秩序的地方，法院是最需要法律秩序的。司法过程必须不受干扰或干涉。冲击司法正常进行就是冲击我们社会的基础。"[①] 无疑，对我国来说，行政诉讼强制措施承担守护法院法律秩序的重任。然而，以目前的制度构造，其可行性有待商榷。从强制措施内部结构而言，除以措施种类大致形成制度框架，其他均并未作详细区分，行政诉讼仅以一条对之作出明文规定。

以学理区分，现行法中妨害行政诉讼的强制措施实施对象大致可以两种标准进行区分。

第一，物之行政相对人与司法行政相对人。以司法权与行政权性质为标准，即从法理基础而言，现行法中的诉讼强制措施对象可分为两类。一类为在诉讼过程中，对司法公正的实现有意阻碍，妨碍诉讼的相对人，其行为往往针对特定司法案件，行为目的在于获得某种诉讼结果，行为实质在于阻碍司法权本身的顺利与公正行使，将对此类行为人实施诉讼强制措施的权限归属为司法行政权，与我国立法定位一致；另一类则为以法院这一权力机关作为公法上物的排除妨害权为基础，将试图破坏其物之行政的相对人作为予以处罚的对象，此时对象可为一切人。法院作为国家权力机关，本身的安全运行、内部人员的安全保

① ［英］丹宁勋爵：《法律的正当程序》，李克强等译，法律出版社1999年版，第7页。

障，均当然属于物之行政范畴。例如，《行政诉讼法》规定，以暴力、威胁或者其他方法阻碍人民法院工作人员执行职务，或者以哄闹、冲击法庭等方法扰乱人民法院工作秩序的；对人民法院审判人员或者其他工作人员、诉讼参与人、协助调查和执行的人员恐吓、侮辱、诽谤、诬陷、殴打、围攻或者打击报复的规定，均属此类。

第二，秩序遵守人与辅助义务人。以行为者是否对诉讼承担辅助义务为标准，多为大陆法系国家、地区适用，将强制措施对象分为两类：第一类为对法院负有诉讼辅助义务者。此种义务又分为两个层次：不得恶意诉讼与遵守辅助义务。首先，当事人及其代理人起诉到法院，在诉讼程序进行中应当对法院负有诚实信用义务，不得恶意诉讼，要求当事人双方必须实事求是地作出真实的陈述，如果当事人一方恶意陈述那些不存在的、虚伪的事实，并作出一些无理争辩和提出一些不相关的证据时，法院有权对此作出相应的处罚。日本法中则将“程序诚信”作为规制恶意诉讼的法理依据。大陆法系国家地区也有将恶意诉讼对诚实信用原则违反规定为立法的。原则上当事人基于意思自治原则及处分原则，对自身诉讼权利享有支配自由，但受诚实信用原则限制，当事人若违反真实义务，则受到法院实施妨碍诉讼强制措施的约束。其次，诉讼参与人须遵守诉讼辅助义务，若无充分理由拒不出庭或对正在进行的诉讼实行其他妨害的，人民法院可依据其对诉讼义务的违反，对其进行罚款、拘留、拘传等。诉讼参与人包括以当事人为主的诉讼参加人和证人、鉴定人等其他诉讼参与人两类。前者居于诉讼一方，期望实现诉讼权利，则必须承担出庭、真实陈述、遵守诉讼流程等诉讼义务；后者对诉讼负有特定辅助义务，如证人作证、鉴定人出具专业的鉴定意见等辅助法官探究案件事实，以使法院实现司法公正。进一步而言，该种强制措施是由于该辅助义务承担人违反对法院所负辅助义务，而此种义务是基于该诉讼关系而产生的。第二类为对法院一般秩序遵守人，其可为任何与法院相关的非特定对象，而不论其是否为诉讼参与人。若对法院正在诉讼案件实施妨碍法院正常工作秩序，其行为方式往往包括社会暴力、威胁行为等危害社会治安常见行为，其行为所侵犯标的实质也为社会秩序安全范畴，对其所实施强制措施，究其性质应为行政制裁，应属行政处罚而非妨害行政、民事诉讼强制措施。我国《治安管理处罚法》对于一般场所公共安全的规定，法庭作为司法权的实施场所，在受到干扰与威胁时，应当享有如一般场所的行政安全保障。

可见，两种区分标准殊途同归，均指向现行法因强制措施对象的区分不明而造成强制措施制裁性质不明，司法与行政权限混同的本质问题。现有体系下妨碍行政诉讼强制措施在实行对象上应从司法权与行政权两方面作出区分。在确认法律制裁性的基础上，须对两种不同权力属性行为具有清醒认识：对违反本对法院负有辅助义务人及恶意诉讼的当事人的法律制裁，属程序司法制裁。对于破坏一般法庭安全秩序者的强制措施，则应认清其行政制裁的性质。我国将妨害行政诉讼强制措施在诉讼法中集中规定的立法方式，在两大法系都是较为罕见的，当然这与我国特殊的公权力结构关系有关。同时，应对其内部进行细致建构，而非一味强行将法院秩序的维护归属于司法权力，而忽略司法权维护诉讼追求公正的本质属性，应从实施对象作为识别标准，对于与诉讼无关而明显属于行政权范畴的部分“强制措施”予以厘清剥离，使妨害诉讼强制措施的司法制裁性质更加明晰，同时减少司法体系内部的执行压力。

现行法对于实施主体的规定均为“人民法院”。在司法解释中，2016年新修订的《人民法院法庭规则》中，将之明确叙述为“司法警察”。由此推出，人民法院司法警察在我国归属于人民法院，由司法部门统辖。而正因如此，在我国由于司法警察隶属于人民法院，司法警察组织以人民法院内设部门的形式存在，导致司法警察的权力性质一直存在行政权与司法权之争。《人民警察法》试图将司法警察收入警察的一支，作为维护法院秩序的特殊警种予以规定；《人民法院组织法》则希望将司法警察作为人民法院的辖属力量，自由支配。试想，作为法院秩序的维护者，司法警察由于性质不明，造成内部机制建构困难，最终导致对于诉讼强制措施的执行不力，绝非偶然。作为妨害行政强制措施的实施主体，司法警察原为维持法院秩序而设，结果却未能达致初衷，诚然与日益激化的社会矛盾不无关联，但归根结底还是在于司法警察本身的架构存在严重问题。妨害行政诉讼的强制措施在立法上对象不清、权限混同，实施主体性质不明，均是重新架构强制措施内部结构亟待解决的重要问题。只有从立法上溯本清源，方能实现我国妨害诉讼强制措施的本来效用。而对于实施主体的合理架构，则是对于妨害诉讼强制措施施行的有力保障。对于妨害行政强制措施立法重构，学界大致分为两种观点，即“独立立法说”和“分散规定说”。前者指将强制措施全部从诉讼法中删除，另外，独立立法进行统一规制，后者指将现有集中规定的强制措施规定于诉讼法的不同章节之中。两者均不可取，且均未触及问题实质，难有收效。赞成在保留现有较为清晰的集中性的立法方式，但须厘清实施对象，重构立法。

第一，明确扰乱法庭秩序等一般性社会秩序违反行为的行政制裁性质，移至《治安管理处罚法》予以规定。对于违反社会秩序的一般性行为的条款规定，应从行政诉讼与民事诉讼法中删除，由行政处罚相关法规单独予以规定，如前文所言，对法院正在诉讼案件实施妨碍诉讼行为。例如，哄闹、冲击法庭，侮辱、诽谤、威胁、殴打审判人员，严重扰乱法庭秩序等，伪造、毁灭重要证据，以暴力、威胁、贿买方法阻止证人作证或者指使、贿买、胁迫他人作伪证的；以暴力、威胁或者其他方法阻碍司法工作人员执行职务等，属对法庭秩序及其他法院正常工作秩序的破坏，所侵犯标的为社会秩序安全范畴，对其所实施强制措施，应以行政制裁的方式加以规定。

第二，对于特定辅助关系人违反义务及当事人恶意诉讼的行为，仍以诉讼法集中调整，并对证人作证制度加以完善，对拒不出庭的证人及作伪证的证人规定适用强制措施。证人作为对法院案件审理负辅助义务人，对证人不出庭作证应做强制措施规定，对证人作伪证亦应可以采取强制措施。经人民法院通知证人应当出庭作证，则立法应该规定证人无正当理由拒不出庭应承担的不利后果，以促使证人出庭，以便法官查清案情。另外，对于罚款的数额问题，民事诉讼与行政诉讼应采用同一上限标准，并无必要作不同规定。合理规制司法警察体制是我国法院秩序的运行保障。对于司法警察体制的重新架构，可将其隶属于司法部管辖，在司法部下设司法警察局，上下级垂直领导，派驻于各级法院，以维护法院秩序。美国、俄罗斯均采取此种方式，其体制可供诸多借鉴。人员充足、装备精良的司法警察必将更有利于法院的秩序保障和妨害民事行政强制措施的实施。国内有学者提出，改变司法警察隶属关系，将其归属公安机关领导，采取派驻制度，以实现司法审判、检察同司法警察的行政事务相分离。公安部与人民法院工作性质大不相同，过度行政化的权力可能对司法权形成掣肘，影响司法公正。而司法部作为行政权所设对于司法的辅助性部门，则能最大限度地发挥其对于妨害诉讼强制措施的支持作用。

## 经典案例

### 周某诉北京市东城区人民政府行政答复案

涉案房屋系北京市东城区房屋土地经营管理一中心东四分中心（以下简称东四分中心）管理的直管公房，原承租人为原告周某的丈夫段甲，段甲于2015年8月死亡。原告周某、段甲之子段乙与原承租人为同一户籍。原告于2016年2月3日向东四分中心邮寄提交变更承租人申请，东四分中心于2016年5月23日作出《关于周某申请变更承租人的答复》。原告不服该答复，提起行政诉讼。人民法院生效判决撤销了该答复，并责令被告重新作出处理。东四分中心对原告的申请重新进行调查核实工作，其间，段乙向东四分中心提交了离婚协议、离婚证、前妻房产证复印件等证据，以证明2016年3月11日其与其妻子离婚，其名下的一处房产在离婚后归其前妻所有。2017年3月9日，东四分中心依据补充调查的内容作出本案被诉的《关于周某申请变更承租人的答复》（以下简称被诉答复），主要内容为："经我单位工作人员调查核实，与原承租人同一户籍共有两人，原承租人之妻周某，原承租人之子段乙，两人先后分别向东四分中心提出更名申请，因家庭成员之间存在异议，不符合《北京市公有住宅租赁合同》第七条'其他家庭成员无异议的，可以办理更名手续'之规定，故不能为原告周某办理变更承租人的手续，待双方达成意见共识之后再行办理。"原告不服，起诉至北京市第四中级人民法院，请求判决撤销被诉答复，责令被告重新作出答复。[1]

---

[1] 北京四中院2017年度行政审判十大典型案例。

## 第三节　限定行政诉讼调解的适用范围

行政诉讼制度自确立以来，出于对行政权不得擅自处分以及控制行政权依法行使的考虑，行政诉讼不适用于调解就被当作一项原则确立下来。但是，实践中往往通过协调、和解促使行政相对人撤诉等“变相行政诉讼调解”案件屡见不鲜，虽然这种方式存在许多弊端，但却有弥补现有诉讼制度对行政相对人权益保护不到位、减少诉讼成本、降低法院工作强度、维护社会稳定等优势。国内外学术界都曾对行政诉讼中能否适用调解产生争论，但随着审判实践的深入，认为能够调解的观点成为主流，这一制度逐渐出现在各国立法中。这表明构建行政诉讼调解制度，规范行政诉讼当事人和解行为是满足司法实践需求和建设法治国家的必经之路。

我国《行政诉讼法》中延续了行政案件不能进行调解的原则，但却通过但书的形式明确规定有三类案件能够进行调解，这是对2014年修改前《行政诉讼法》的重大突破。基于行政权不得随意处分以及法院对行政权的制约和监督，行政诉讼调解作为一种结案方式只能是有限调解，是对以审判方式解决行政争议的重要补充。我国相关法律没有具体规定行政诉讼调解的含义，但学术界对其构成要素已达成共识。首先，行政诉讼调解制度产生于行政诉讼过程中，是由法院居中主持；其次，启动这一制度并订立调解协议是以双方自愿为前提；最后，这一制度作为法定的结案方式，严格意义上应当是行政机关与行政相对人达成调解协议，由法院审查制作调解书后完成整个程序。据此，可以将行政诉讼调解定义为：法官主持行政机关和行政相对人在行政诉讼中通过对案件中涉及的权利和义务进行协商，形成一致意见，进而解决相关争议，完成诉讼程序的活动。由此来看，行政诉讼调解适用范围是指可以采用调解方式解决行政争议的案件类型。适用行政诉讼调解必须满足当事人双方对涉案事项或行为享有实体处分权，且案件本身具备自由裁量的空间，适用调解应控制在法律、法规所规制的框架之中，行政机关应在法定权限内采取符合立法精神及目的的行为，调解所形成的结果应符合社会效益原则，不与社会公共利益相抵触，而行政机关在行政诉讼中对相关行政行为和事项并不都具有任意处置的权力。因此，并非所有行政案件均可进行调解。通常情形下，行政案件如果强制性相对较弱，则行政机关可使用的自由裁量权就较大，所受禁止性约束就较少，更适合采取调解的方式结案。因此，这一性质要求对可以进行调解的行政案件依据案件性质等因素进行科学、合理的分类，进而在诉讼中适当地采用调解。

在《行政诉讼法》2014 年修改之前，行政诉讼允许部分调解一直未被明确规定在法律法规中，实践中存在大量以协商和解方式等变相调解的情况，充分说明了行政诉讼调解制度的确立已成为迫切的现实需要。现行法律在设定行政诉讼调解适用范围时并没有统一的标准，现有的任何一种诉求背后都可能蕴含着特定主体的特定利益要求，这就需要综合考虑相关因素，而不是简单地通过案件性质和行为的类型就可以确定通过调解方式结案的案件范围。《行政诉讼法》规定行政诉讼不能适用调解的原则以及三类能够进行调解的案件，在理论和实践中针对行政赔偿和补偿类案件能够予以调解基本没有争议。但是，法条在规定涉及自由裁量权的案件能够进行调解时采用了兜底式条款，由于涉及自由裁量权的行政行为广泛存在，且难以细化、确定其类别，这就导致了这一制度在适用时具有不确定性，给实际操作带来了困难。行政诉讼的价值除了定分止争之外，更重要的是具有宪政意义上的权力制约功能，而这正是行政诉讼调解制度所欠缺的。这种权力制约主要体现在司法权对行政权的监督，如果大量的案件都以调解结案很容易导致司法审查的形式化，降低司法的公信力。行政诉讼调解范围的扩大会导致调解的滥用，可能使现有法律为解决纠纷而设计的各种制度虚置。当前，我国法院在物质基础上要受制于政府，在案件数量不断增加、法院工作强度不断加大的情况下，调解很有可能成为强制撤诉的手段，从而使国家和行政相对人的利益难以得到保障。行政权扩张主要体现在出现越来越多的行政自由裁量权，而权力从其产生起，就带有天然劣根性，容易被滥用。滥用行政权会侵害行政相对人的权益，践踏法律权威，产生腐败现象，破坏社会稳定和降低政府公信力。行政诉讼作为一种事后救济方式是对违法行政行为的补救，通过纠正行政决定的错误，来对行政权进行有效监督与制约，旨在促进政府依法行政。这就要求法院严格按照法定程序公正、独立地作出裁判。调解的实质在于双方互相迁就退让，这就容易减弱对行政行为应有的要求和法律本身的规制性，进而在某种程度上会放纵行政权的滥用，成为行政机关的保护伞，实践中容易出现行政机关给行政相对人施加压力，利用调解这一手段迫使行政相对人撤诉、妥协。

2014年修改后的《行政诉讼法》扩大调解的适用范围后，实践中选择调解的案件往往很少制作调解书，法院在征求双方的意见后准许原告撤诉的案件很多，但这种方式最大的受益者通常是行政机关。调解意味着妥协，调解书具有与判决书同等的效力，可以作为强制执行的依据，行政相对人在调解中极有可能被迫或者在法院的斡旋和疏导下选择撤诉，放弃诉权。法院在裁定准许行政相对人撤诉后，不会再次受理其以同一事实和理由提起的诉讼。[①] 因此，如果没有保证行政相对人是基于自愿接受调解而撤诉就很容易损害其合法权益。我国行政诉讼的审查内容主要包括：作出行政行为的证据；适用的法律法规；是否符合法定程序；涉及行使自由裁量权的行为，如滥用或超越职权和明显不当的行为。新《行政诉讼法》将“明显不当”增设为撤销判决的类型之一，适当展开对行政行为合理性的审查，延展了司法审查的深度。通过诉讼对行政行为予以审查，既能达到建设法治政府的目标，保证行政行为合法合理的运作，又能督促政府部门及其职员认真、能动地服务和满足社会进步的需求，是平衡司法权和立法权的出发点。没有经过法定程序对行政行为进行审查进而确认行政行为违法、变更、撤销或者宣告无效，仅通过调解结案很容易滋生腐败，出现地方保护主义等现象。为了适应法治发展和司法实践需要，修正后的《行政诉讼法》对行政诉讼可适用调解的案件范围进行了扩大，在可以进行调解的三类案件中，行政赔偿和补偿这两类通常有着明确的权利义务关系，比较容易调查清楚案件事实，将主要针对金额、方式等方面进行调解的案件纳入行政诉讼调解的适用范围符合司法公正和司法效率的法治理念。但是，随着社会发展和行政事项的增多，行政权面临着不断扩张的局面，自由裁量权已经渗透到社会服务和管理的各方面。行政诉讼调解作为一种结案方式，是对审判解决行政争议方式的补

---

① 《最高人民法院关于执行〈中华人民共和国行政诉讼法〉若干问题的解释》第36条。

充，不能无限度地扩大其适用范围，有限调解原则的确立有利于我们正确理解和适用行政诉讼调解制度。完善该项制度之前，首先要明确为什么不能将涉及自由裁量权的案件全部纳入调解中以及哪些行政案件可以纳入调解的范围。

行政自由裁量权是指行政机关在处理具体案件时如遇到法律没有进行详细规定的案件，可依据自己的思路采取适当的解决办法，是自由裁量的行政措施。这是我国最早的从广义上对行政自由裁量权制度作出的定义。从法学角度来看，行政自由裁量权是法律、法规赋予行政执法部门在行政管理过程中，依据法律所确定的原则、目的、精神、范围和幅度，基于客观实际情况，通过主观合理的分析，自主判断行为条件、选择行为方式和作出行政裁定的权力。它是行政机关和工作人员在行政执法活动中客观存在的，由法律、法规授予的，可以灵活裁决的职权。① 行政权包含的范围很广，其核心是自由裁量权。行政自由裁量权可以适应行政事务日益多样化、复杂化的需要，提高办事效率，弥补立法不足，维护法律稳定性，使行使权力的人充分运用其自主判断的能力并确保实体公正。但其自由性和灵活性可能被行政主体利用，进行权力寻租。在行政执法中，这一权力被滥用的行为主要包括：自由裁量畸轻畸重、前后不一致；拒绝或拖延履行职责；曲解法律法规等。法治追求的并非将自由裁量权消灭，而是要对其进行制约，行政诉讼便是利用司法手段来控制这种权力的一种方式。基于行政自由裁量权在外观上的任意性以及相对自由和灵活的性质，此类案件不能全部纳入调解范围，否则可能会造成行政机关在行使自由裁量权时脱离司法机关的制约而导致权力滥用以致侵害公民合法权益的后果。在我国有很多种类的案件都允许行政机关依法使用自由裁量权，采用正面列举的方式界定其范围可能会以偏概全，所以可采取负面清单的方式，即通过列举涉及自由裁量权的案件中不适用调解的案件类型来确定哪些案件可以适用调解。通过分析自由裁量权的性质和行政诉讼调解制度并结合我国的实际情况，现归纳以下几类不适用调解的案件。

第一，行政行为合法合理的案件。行政行为适用法律、法规正确，符合法

---

① 廖秋子：《行政自由裁量权的存在悖论与规范理路》，载《东南学术》2001 年第 2 期。

定程序，证据确凿的，法院应在查清事实后判决驳回相对人的诉求。这类行政行为没有可进行调解的余地，行政机关的公权力不能毫无原则地处分、退让，否则会扰乱社会秩序，损害国家利益和公共利益，降低行政机关的公信力。

第二，部分适用撤销判决的案件。撤销判决是指在审查案件后，法院认定被诉行政行为部分或全部违法，进而相应地撤销该行为，并可同时责令被告重新作出行政行为的判决。行政诉讼法将可以判决撤销行政行为的六类情形作出规定，其中包括：主要证据不足的；适用法律法规错误的；违反法定程序的；超越职权的；滥用职权的；行政行为明显不当的。同时也规定了可以针对这几种情形判决被告重新作出行政行为，除针对重新作出的行政行为可以进行调解外，撤销判决是对被诉行政行为效力的全部或部分否定，是法院对违法行政行为进行矫正的重要手段，是使行政相对人权益得到保护的重要方式。因此，在行政诉讼调解制度还不够完善的情况下，此类案件全部被纳入调解范围是不合理的，否则会失去对行政权的有效监督。

第三，确认之诉类案件。这类案件有确认行政行为违法或无效两种。因确认行政行为违法的案件结果具有唯一性，一般只有两种情况：被告承认行政行为违法或者原告放弃诉讼请求，如婚姻登记是牵涉到夫妻双方公民身份关系的行政行为，双方无法相互让步，因此无法通过调解的方式结案。确认行政行为无效的案件，一般是由于作出行政行为的主体没有资格或行为缺乏依据等重大且明显的违法情况存在，其结果是该行政行为从开始就没有任何法律效力，即使通过补救也无法使之有效，调解也无法矫正其违法后果，因此，此类案件不应当被纳入调解的适用范围。

第四，部分行政强制措施类案件。行政强制措施是行政机关为避免危害发生、防止证据损毁、控制危险扩大、制止违法行为等情形，在行政管理过程中依法暂时限制公民的人身自由，或者暂时控制行政相对人的财物等行为，具体包括限制人身自由；查封场所、设施或财物；扣押财物；冻结存款、汇款四类。此类行政行为是一种中间行为，具有强制性、法定性、紧急性、临时性和非处分性，是临时约束或处置行政相对人的人身、财产权利，而不是最终处分。因此，部分即时履行完毕后的行政强制措施类案件并不存在可以进行调解的空间。

行政诉讼作为一种控权制度，制约行政权、保护公民权是其核心价值。行政主体不能任意处分其享有的行政权力，由于行政行为的类型不同，能够处分的范围和形式也不相同，这就对与之相对应的行政案件能否适用调解产生了直接影响。因此，行政诉讼只可采用有限调解。要防止调解被滥用的情况发生，就应当对《行政诉讼法》进行修改或者细化，具体内容要在明确行政诉讼不可调解原则的基础上，允许行政赔偿、行政补偿以及除合法合理的行政行为、适用撤销判决、确认之诉和行政强制措施类案件外的行政机关行使法律法规规定的自由裁量权案件可以进行调解，进而将行政诉讼调解的适用范围做出严格的限定，确保立法宗旨的有效落实。

## 经典案例

### 王某诉北京市西城区人民政府行政复议案

2017年3月24日，北京市公安局西城分局（以下简称西城分局）对原告王某作出行政处罚决定，认定原告因与张某发生纠纷，伙同刘某将张某打伤；根据《中华人民共和国治安管理处罚法》（以下简称《治安管理处罚法》）第四十三条第一款之规定，决定给予原告行政拘留7日，并处罚款200元的处罚。原告不服，向被告北京市西城区人民政府申请行政复议。被告作出被诉行政复议决定认为：西城分局认定王某具有结伙殴打他人的情形，但未适用《治安管理处罚法》第四十三条第二款第（一）项“有下列情形之一的，处十日以上十五日以下拘留，并处五百元以上一千元以下罚款：（一）结伙殴打、伤害他人的”规定，属于适用法律错误，故该处罚决定应当予以撤销；依据《中华人民共和国行政复议法》（以下简称《行政复议法》）第二十八条第一款第（三）项的规定，决定撤销西城分局作出的上述行政处罚决定。王某不服，起诉至北京市第四中级人民法院，请求依法撤销被告作出的行政复议决定。①

① 北京四中院2017年度行政审判十大典型案例。

## 第四节　撤销判决的具体形式

我国行政诉讼法学界并未对撤销判决效力的相关理论问题进行深入细致的研究。撤销判决和所有判决形式一样所共同具有的效力即既判力。具体而言，撤销判决的效力有其自身的特殊性。

第一，产生溯及力。撤销判决性质上是属于形成判决的，当被诉行政行为的撤销判决一旦确定，不必等相关行政机关予以撤销，该被诉行政行为便当然得失去效力，并且其效力溯及行政行为作出时刻起，便视为自始没有存在。这是因为，撤销判决的功能之一就是消灭因被诉行政行为而产生的法律关系、事实关系。

第二，可以消灭与之相关的行政行为的效力，即被撤销的行政行为视为自始不存在，与被撤销行政行为相关联的其他行政行为也应当被完全取消。具体而言，相关行政行为在以下两种情形下可以被撤销：一是这类行政行为与被撤销行政行为密切相关，是由于被撤销行政行为而导致的结果；二是作为被撤销行政行为结果的相关行政行为，只在和被撤销行政行为一起受到攻击，或者在可以提起撤销之诉期间内受到追诉时才被撤销，而不是当然消灭。[①] 在撤销与被诉行政行为相关的行政行为时，其适用有着严格的法律限制，但其产生的连带效应却是极为广泛的，因为其不仅可以维护公法秩序的安定性，对于建立在公法秩序基础上的私法秩序的安定性也可以起到保障作用。

第三，撤销判决具有广泛的对世效力，即对法院、行政机关及其权利继受人都能产生影响。具体来说，当撤销判决作出之后，法院就不可以再任意对判决进行实质上的变更或废除；同时，若法院此后仍需对同一诉讼争议再次作出裁判时，也必须是在充分考虑之前作出的撤销判决的基础之上；另外，对于其他有管辖权的法院，若已经有法院就同一诉讼标的作出过撤销判决了，那么除非该诉讼标的的事实和法律状态均发生实质变化，否则无权再次作出新的判决。而

① 王名扬：《法国行政法》，中国政法大学出版社 1989 年版，第 705 页。

对于作为被告的行政机关而言，如果法院作出撤销判决的理由是基于被诉行政行为存在实体违法的情形，那么除非案件事实和法律状况均发生实质变化，否则行政机关不得再次作出内容相同的行政行为。

考虑撤销判决效力对其他诉讼参与人及其权利继受人的影响，则体现在法院最终作出撤销判决之后，一方面相对人不得再就同一事实再次向法院起诉，这是程序方面的影响；而在实体影响方面，包括原告及被告行政机关甚至第三人，所有与诉讼标的相关联的法律关系都归于消灭，这也将对其他诉讼参与人及第三人的信赖利益产生影响，因为若是相对人承担了行政机关违反行政行为的不利后果，则必然会对相对人合法权益的维护产生一定的影响。此外，根据现代行政法的立意，行政机关一般都是以社会公共利益为出发点而作出行政行为，由此可见，一个行政行为不仅仅只会对行政相对人产生影响，其他社会公众的利益也必然会受其影响，可以预见，法院作出撤销行政行为的判决，可能会引发“牵一发而动全局”的连锁效应，足见其效力波及的广泛性。综上所述，撤销判决对相对人的信赖利益、其他社会公众利益以及法律秩序的稳定性都将产生影响，因此必须综合衡量各种利益关系，规避撤销判决对世效力的消极方面的影响，进一步规范撤销判决的适用。实现行政诉讼撤销判决功能的需要。首先，可以完善行政诉讼的结构和程序。法院根据原告诉讼请求的内容、自身的审理规则及审理程序等诸方面的不同，对行政诉讼的案件予以区别对待，将不符合撤销诉讼类型的案件淘汰掉，这样既可以避免程序的混乱，更可以提高诉讼效率。其次，可以为公民合法权益提供完整、迅速且有效的保护。世界上先进法治国家大多广泛承认行政诉讼的类型，尽可能地赋予相对人救济机会；我国虽然还未建立行政诉讼类型，但一旦案件进入行政诉讼撤销之诉程序时，迅速、有效地将撤销之诉的案件区分，完美地契合了给予相对人充分的救济权利的核心理念之一，而对行政诉讼撤销判决的划分或司法选择，直接影响着人民权利受保护的程度是加强还是减弱。最后，可以推进我国行政诉讼类型制度和行政法治的发展。行政诉讼的功能在于保障行政法规的正确合法合理适用，并消灭行政行为的违法状态，最终达到充分保障人权的目的。因此，行政诉讼撤销之诉作为确保行政合法性，维护公共利益和维护客观法律秩序的最核心防线，行政诉讼撤销判决应当对行政诉讼撤销判决适用范围的发展及其类型进行合理设计，必能推动我国行政诉讼类型化和行政法治的发展。

实现司法权与行政权平衡的需要。法律条文有关撤销判决适用的司法审查确认判决的标准是不尽清晰的，这反映出司法权对行政权监督的宽容、软弱的缺陷。从一个国家的政治角度来看，司法权是整个社会管理体系中必不可少的组成部分，用司法权的力量来化解社会矛盾是解决政治合法性问题的一个有效途径。具体到行政诉讼，对象则是一对特殊的社会矛盾——“官与民”的矛盾，也即国家行政公权力与人民私权利之间的矛盾。而行政诉讼在化解行政公权与公民私权矛盾的过程中，必须时刻面对并谨慎处理司法权与行政权的关系。在我国的行政诉讼中，司法权与行政权呈现出一种特殊的对立关系，共同体现出我国行政诉讼制度的重要特点，并贯穿于行政诉讼程序的始终。即便是法治条件比较成熟的国家，司法权与行政权的关系也一直是敏感话题，由此看来，理性地处理好两者的关系，是司法机关在进行司法审查时必须注意的问题。我国的行政诉讼法并没有明确规定司法机关有权对行政机关采取强制措施，这会导致司法对行政的制约或者监督不够有力，并使诉讼秩序难以有效维持，破坏“法律面前人人平等”的原则；然而，这也不是说应当忽视行政权的特点，将行政机关置于与普通公民完全相同的地位，因为法治的真义并不在于所有人必须无一例外地接受法院审判。总的来说，行政机关作为公共利益的代表，具有其独特的典型个性，因此必须赋予其一定的“特权”来维系社会的正常运转，否则必将引起一系列的混乱。在撤销重作判决类型中我们也要看到司法权注重的自我抑制，尽量不干涉行政权的立法精神，这体现了二者的相互尊重，也体现出一种司法谦抑。此外，司法权与行政权的关系还体现在法院对违法行政行为撤销判决时自由裁量权的审查程度上。在相当长的一段时期内，行政自由裁量权被认为是司法权不可侵越的边界，因为其受限于政策考量、技术考量等诸多因素，而被看作行政机关的专有领域，司法机关无权干预，也不能用司法自由裁量权代替行政自由裁量权，否则就是司法权超越范围取代行政权。然而随着法治的进步，虽然大多数国家仍遵循合法性审查原则，坚持司法权不得干涉行政自由裁量权，但也不断强调必须干预甚至撤销滥用自由裁量权的违法行政行为。

无论行政诉讼制度朝着怎样的方向发展演进，行政诉讼制度运行的基础都始终是围绕着司法权制约或者监督行政权这一主题，撤销之诉也不例外，一国司法权与行政权在国家政治、社会生活中的地位对比直接制约着行政诉讼制度的运行，二者相得益彰，体现为良好的协调状态，不能孤立地看待法院通过行政诉讼化解行政争议，而应当以联系的视角来审视：司法权在行政诉讼中不应当、也不会是被动的，而应是能动的，要在行政诉讼中建立司法权与行政权的良性互动，实现司法权力与行政公权力的平衡与制约。从结果意义上看来，撤销判决指的是被诉行政行为经人民法院审查后，认为符合全部或者部分违法的法律规定，从而在认定违法性的基础上，全部或者部分撤销该行政行为并使之失去效力，或可以附带判令被诉行政机关重新作出新的行政行为的判决方式。撤销判决的具体形式可以分为全部撤销和部分撤销以及在判决全部或部分撤销的同时责令行政机关重新作出行政行为三种撤销判决形式。由于被告行政机关未及时作出而给国家利益、公共利益或者当事人利益造成重大利益损失，人民法院在作出撤销判决时，需限定被诉行政机关重作行政行为的期限。从上述对撤销判决的定义中，可以发现撤销判决所具有的鲜明的个性特征：第一，否定性。撤销判决应同时具备的两项不可或缺的功能：一是否定被诉行政行为合法性及其有效性；二是所导致的直接结果则是该行政行为被撤销。首先，在法治国家中，依法行政要求行政行为不仅要符合法律规定的形式要件，也要符合实质要件。无论是授益性行政行为还是负担性行政行为，只要该行为存在违法事由，就必然致使相对人的合法权益受损。尽管行政权的行使在很大程度上要依赖于权力主体自身的自律，但是外部合理的监督机制也极为重要，因为当自律失效时，还有外部监督来实施救济。为了加强对行政权的监督以及保护相对人的合法权益，可以通过行政诉讼审理被诉行政行为，用审理结果来判定行政行为的合法性。在这一基础上，通过外部监督的方式，最终用撤销判决在法律上确认被诉行政行为的违法性，并否定其有效性。其次，行政行为一经作出便被推定合法，具有法律赋予的公定力，这是出于对维护行政效率的考虑，但仅凭公定力还不能成为违法行政行为就具有法律效力的借口。行政行为的违法性一经确认，其效力的存续与否涉及很多因素，如相对人的信赖保护利益、社会公共利益的保护、行政效率的维护等，因此确认一个行政行为违法，并不等于必然消灭其法律效力。但是，一个被诉行政行为只有存在比较大的违法性才会被判决撤销，如果撤销后仍然让其效力存续，显然不利于监督行政机关依法行政，以及保护相对人的合法权益。撤销判决所具有的这一特征，也是与确认违法判决的一个主要区别。第二，溯及性。仅仅阻止一个违法行政行为作出后所造成的侵害是不够的，撤销判决的溯及性使其还具有恢复原状的功能，即违法行政行为的效力能追溯到其作出之时且效力归于消灭。也就是说，被撤销的行政行为视为自作出时便不具有法律效力，权利义务关系又恢复原状，仍处于违法行政行为作出之前的状态，撤销判决的这一特征与确认违法判决的功能具有相似之处。由此可见，在行政诉讼中，撤销判决具有绝对的溯及效力，即判决一经作出，违法行政行为即视为自始无效，今后也绝不会产生任何效力。但是，按行政程序法的规定，溯及性是有限制的，在某些情况下为了维护社会公共利益的需要或者为了避免相对人财产上的损失，行使撤销权的主体可以另行确定行政行为失效的日期。第三，可分性。一个被诉行政行为可能存在部分合法，部分违法的情形，这一原因造成了撤销判决与其他判决形式的显著不同。参考民法中因民事行为部分违法而导致整个民事行为被撤销这一原则，其适用的前提条件是民事行为具有可分性，且撤销的法律后果只局限于存在违法情形的那一部分。但是，在行政法领域中，借鉴我国台湾地区学者的观点，“基于法安定性与公法行为存续的公益，行政处分一部分瑕疵者，不宜如民事法的规定般，以全部无效或全部撤销为原则，而应倒过来，以部分无效或部分撤销为原则，全部无效或全部撤销为例外”。[①] 第四，附随性。在行政诉讼中，用撤销判决撤销一个违法的行政行为后，仍可能出现行政法律关系中的具体问题并未得到解决的情形，因此，法院在撤销违法的行政行为后，还可以附加判决被告重作。但撤销判决是作出重作判决的前提条件，重作判决依附于撤销判决而存在，在性质上是附随于撤销判决的一个从判决。然而这并不等于是说所有撤销判决都必然附随判决重作行政行为。例如，一个被诉违法行政行为是要求相对人履行某种义务的，

---

① 许宗力:《行政处分》，载翁岳生编:《行政法》，中国法制出版社 2002 年版，第 723 页。

在判决撤销该违法行政行为后，自然也就没有必要再要求行政机关重作。

具体划分为撤销判决三类型。第一，全部撤销判决类型。即对行政行为的整体内容进行否定。全部撤销以后，被诉行政行为不论是向前还是向后的延伸，都同时因被撤销而失去效力，被诉行政机关不得依据同一事实或理由再作出与原行政行为相同的行政行为。第二，部分撤销判决类型。即只撤销行政行为违法的那一部分，前提条件是行政行为具有可分性。此外，“部分判决根据具体情况，又可以分为可重新作出决定的部分判决和不可重新作出决定的部分判决”。[①]在实践中，根据被诉行政机关、原告以及法律关系的数量是否具有可分性，可以选择适用部分撤销判决。例如，两个以上的行政主体共同作出某一行政行为的情形，被诉行政主体对两个以上的原告设定了权利和义务，法律关系的客体具有可分性，等等。由此，部分撤销判决是指经人民法院审查，被诉行政行为的某一部分被认定违法，据此作出判决仅撤销被诉行政行为违法部分的一种判决方式。部分撤销判决形式的独特性在于，仅是人民法院对被诉行政行为违法的那一部分明确界定后，对行政行为部分效力的否定。尽管统计数据表明人民法院在审判实践中对部分撤销判决适用率不高，但不容否定的是部分撤销判决与全部撤销判决具有同等效力，都在人民法院审查被诉行政行为合法性及最终作出司法裁判时处于重要的地位。第三，判决撤销的同时判决重新作出具体行政行为的附属判决类型。这种情况下的判决带有一定的惩罚性，在人民法院判决撤销后，根据判决意旨要求行政机关重新就该事项再作出行政行为。学术界对撤销重作判决的定性众说纷纭，有人认为，“重作判决是撤销判决的一种补充”[②]，也有人认为，“重作判决不是一个独立的判决，而是依附于撤销判决的一个从判决”。[③]从法律条文来看，在我国《行政诉讼法》和相关规定中，行政诉讼的判决形式共有六种，但并没有作为独立判决形式的重作判决。因此，在性质上撤销重作判决并非一种独立的判决形式，而应该是撤销判决中的一种类型，

① 张尚鷟主编：《走出低谷的中国行政法学》，中国政法大学出版社1991年版，第529页。

② 马原主编：《中国行政诉讼法讲义》，人民法院出版社1990年版，第186—187页。

③ 杨海坤编著：《行政诉讼法学》，中央广播电视大学出版社1994年版，第199页。

责令重作则是撤销判决附带的一项判决主文，本质上来说是依附于撤销判决而存在的。

一般而言，法院应在充分考虑案件具体情况的前提下，来确定重新作出行政行为的条件和期限。如果是涉及事实不清的问题，选择作出附条件的判决；如果事实已经清楚，只关涉案件定性或者适用法律方面的问题，则可以作出附期限的判决，这样就可以规避行政机关以久拖不决来消极对抗或者造成循环诉讼。此外还有学者认为，人民法院应当在一定范围内直接判令行政机关重新作出行政行为，即当行政机关的自由裁量权缩减为零时，法院应当判决行政机关在一定期限内作出某种特定的行政行为；如果行政机关还有一定的自由裁量权，法院可以在原告符合特定实质性要件的基础上，判令被告重新作出行政行为。①

判决撤销的同时判决重新作出行政行为应当作为撤销判决的一种基本类型。虽然违法的行政行为被撤销了，但争议仍没有得到彻底解决，行政机关仍然需要对相对人重新作出处理决定，则在此种情况下可以判决被告重新作出行政行为，必要时还可以限定被告重新作出行政行为的期限。但是，关于重作判决的性质，有学者认为其是一种附属判决，必须依附于撤销判决而存在。②适用撤销重作判决的条件主要有：行政机关作出的行政行为已经被法院确认为违法，且人民法院已经作出撤销判决，这体现了重作判决的依附性质，仍然需要重新处理被诉行政行为，原因在于原告的违法行为需要通过行政机关予以行政制裁，或者被告违法行政行为在判决撤销后，其法律关系仍然处于不确定或不稳定状态，需要通过行政机关来进行修复；如果某项行政事务专属于行政机关，则法院不宜直接作出具有行政行为性质的判决，如果法院认定行政机关超越职权，不能直接判决行政机关重作；具有重作行政行为的可能性与现实性，即重作事项必须是现实能够重作的，如果在行政行为行权程序中出现相对人已经死亡或宣告死亡等情形，则不宜再作出重作判决；判决重作的行政行为不应给相对人带来新的侵权或损害，法院在这一过程中必须充分考虑判决重作对国家利益、社会公共利

① 马怀德：《行政法制度建构与判例研究》，中国政法大学出版社2000年版，第319页。
② 江必新主编：《中国行政诉讼制度的完善》，法律出版社2005年版，第275页。

益、相对人合法权益可能会造成的损害。根据我国相关法律和司法解释的规定，重作判决是指人民法院经审理认为被诉行政行为依法应该予以撤销，在作出全部或部分撤销判决的同时，依据案件判决的情况一并判令被告行政机关附加重新作出行政行为。法院在判决撤销行政行为之后，还可以责令被告依据其法定职权，对其所管辖的事项再重新作出行政行为。之所以这样判决的原因在于，实践中行政行为被判决撤销的情形是多种多样的，但某些情形下，简单地撤销一项行政行为并不必然等于争议事项得到完全解决；而为了充分维护行政相对人的合法权益，就必须有效杜绝被告行政机关放弃履行其法定职责的可能性，所以法院才会在撤销行政行为的同时判令被告行政机关对争议事项重新处理。另外，如果法院未作出被告重作行政行为的判决，也并不是意味着被告一律不可以主动重作。

总之，被告应当严格遵照法律规定的职权，如果是应当由被告在查清事实的基础上依法再进行处理的，则被告应当根据案件事实并合法地重新做出行政行为。

**经典案例**

### 王某诉北京市朝阳区人民政府房屋行政征收案

2013年9月24日，北京市重大项目建设指挥部办公室（以下简称市重大项目办）下发《关于下达2013年中心城区棚户区改造和环境整治项目任务的通知》，本案涉及的永安里项目被列入《北京市2013年中心城区棚户区改造和环境整治项目册》。北京市朝阳区发展和改革委员会（以下简称朝阳区发改委）将永安里项目列入《关于朝阳区2013年国民经济和社会发展计划执行情况与2014年国民经济和社会发展计划草案的报告》。2013年12月11日至12月30日，北京市朝阳区市政市容管理委员会（以下简称朝阳区市政市容委）会同相关单位对永安里旧城区改建范围内的产权人、公房承租人进行了意愿征询，同意改建率为88.2%。2014年1月10日，朝阳区第十五届人民代表大会第四次会议作出《决议》，决定批准《关于朝阳区2013年国民经济和社会发展计划执行情况与2014年国民经济和社会发展计划草案的报告》及朝阳区2014年国民经济和社会发展计划。2014 年 1 月 17 日，北京国际商务中心区开发建设有限公司向北京市朝阳区人民政府房屋征收办公室（以下简称朝阳区征收办）提交《关于永安里旧城区改建项目纳入征收的申请》，并附有《关于朝阳区 2013 年国民经济和社会发展计划上半年执行情况的报告》、朝阳区发改委作出的朝发改〔2013〕714 号《关于永安里旧城区改建项目征收投资任务书的批复》、北京市规划委员会朝阳分局（以下简称市规委朝阳分局）作出的规朝文〔2013〕116 号《关于朝阳区永安里旧城区改建项目规划意见的复函》、原北京市国土资源局作出的京国土朝预〔2013〕0051 号《建设项目用地预审意见》、市重大项目办作出的京重大办〔2013〕95 号《关于下达 2013 年中心城区棚户区改造和环境整治项目任务的通知》《2013 年中心城区棚户区改造和环境整治项目册》和《关于朝阳区 2013 年国民经济和社会发展计划执行情况与 2014 年国民经济和社会发展计划草案的报告》。2014 年 3 月 14 日，被告北京市朝阳区人民政府（以下简称朝阳区政府）作出批复，同意将该项目确认为房屋征收项目。2014 年 3 月 19 日，朝阳区征收办作出京朝房征审〔2014〕32 号《北京市朝阳区房征收暂停办理事项的公告》（以下简称《暂停公告》），并予以发布。2014 年 3 月 24 日，朝阳区征收办发布京朝房征审〔2014〕45 号《关于公开选择永安里旧城区改建项目房地产价格评估机构的通知》，主要写明了项目基本情况、评估机构确定程序、评估机构应具备的条件、评估机构报名方式和时间安排等内容。2014 年 4 月 16 日，朝阳区征收办发布京朝房征审〔2014〕51 号《关于永安里旧城区改建项目选定房地产价格评估机构的通知》。2014 年 4 月 23 日，朝阳区征收办作出京朝房征审〔2014〕53 号《关于公布永安里旧城区改建项目住宅房屋房地产价格评估机构协商情况及摇号选定评估机构的通知》，告知因住宅房屋评估机构经被征收人协商未能形成多数意见，朝阳区房屋征收事务中心将组织住宅房屋被征收人代表通过公开摇号的方式选定 5 家评估机构承担该项目住宅房屋评估工作。2014 年 5 月 5 日，朝阳区征收办作出〔2014〕54 号《关于公布永安里旧城区改建项目住宅房屋征收选定房地产价格评估机构摇号结果的通知》，公布经公开摇号最终确定北京北方房地产咨询评估有限责任公司等 5 家评估机构承担该项目住宅房屋征收补偿评估工作。2014 年 5 月 6 日和同年 5 月 23 日，朝阳区征收办分别作出〔2014〕56 号

《关于永安里旧城区改建项目选定非住宅房屋房地产价格评估机构的通知》和〔2014〕66号《关于永安里旧城区改建项目非住宅房屋征收工作选定房地产价格评估机构结果的公告》，公布非住宅房屋被征收人经协商，选定北京大地盛业房地产土地评估有限公司作为永安里项目非住宅房屋房地产价格评估机构。以上通知、公告以及房地产价格评估机构名单均在市住建委的网站予以公告并在拆迁范围内张贴公示。2014年5月5日和同年5月26日，朝阳区征收办作出通知，分别委托朝阳区房屋征收事务中心和评估机构对永安里项目住宅房屋和非住宅房屋开展入户调查登记和实地查勘工作，并于2016年5月5日公示住宅房屋情况调查结果。2015年8月22日，朝阳区政府经研究，批复同意了朝阳区征收办制定的《永安里旧城区改建项目住宅房屋征收补偿方案（征求意见稿）》和《永安里旧城区改建项目非住宅房屋征收补偿方案（征求意见稿）》。2015年10月8日，朝阳区征收办发布了京朝房征审〔2015〕43号《关于永安里旧城区改建项目房屋征收补偿方案征求意见的通知》，并在北京市住房和城乡建设委员会（以下简称市住建委）的网站以及本项目范围内予以公告和张贴，征求意见期限自2015年10月9日至2015年11月7日。2016年5月18日，朝阳区市政市容委组织召开永安里项目房屋征收补偿方案听证会。朝阳区征收办根据征求意见情况和听证会结果对补偿方案进行修改和完善，于同年7月27日向朝阳区政府提交京朝房征审〔2016〕73号《关于再次上报永安里旧城区改建项目房屋征收补偿方案的请示》。2016年8月4日，朝阳区政府经会议讨论原则同意该征收补偿方案。2016年10月12日，朝阳区征收办作出《朝阳区永安里旧城区改建项目征收补偿工作社会稳定风险评估报告》（以下简称《社会稳定风险评估报告》）。2016年10月18日，朝阳区征收办作出京朝房征审〔2016〕115号《关于永安里旧城区改建项目预签征收补偿协议的通知》，该通知在市住建委的网站以及本项目范围内予以公告和张贴。另，银行本转业务回单显示，2016年10月14日，北京国际商务中心区开发建设有限公司向朝阳区房屋征收事务中心在中国民生银行北京国贸支行设立的专用账户分别转账人民币十二亿五千三百万元和人民币九亿零二百九十四万六千五百元，用于房屋征收和补偿。2017年2月20日，朝阳区政府召开常务会议，讨论同意朝阳区征收办提交的《关于请区政府对永安里旧城区改建项目作出房屋征收决定的请示》，该请示附《社会稳定风险评估报告》。2017年2月24日，朝阳区政府作出本案被诉的房屋征收决定，并在房屋征收范围内及市住建委的网站予以公告。原告王某的房屋位于被诉征收决定所载征收范围内，其因不服该征收决定，起诉至北京市第四中级人民法院，请求判决确认该征收决定违法、无效并予以撤销。[①]

## 第五节　行政处罚明显不当的处理

行政裁量权的司法控制，一直以来就属于行政诉讼法研究的重点。“对裁量的司法审查，已成为现代法治的基本标志。”[②]《行政诉讼法》规定了“明显不当”的条款，从而实现了司法规制行政裁量权的质的突破[③]。然而，一项制度的设计和其发挥的实效并不能完全对等。一项法律条款设定目标的实现，不仅依赖于良好的法律制度本身设计，也倚重于该项条款与现行法律适用路径和审判实践的有效衔接。因此，对明显不当诸种问题进行界定，了解明显不当的判断标准、救济方式，对现行行政自由裁量权控制和司法活动做出客观评价，是坚持依法行政、贯彻落实法治国家的关键。

例如，有这样一起案例。2014年2月，出租车分公司与公司50名出租车司机签订《手机使用协议书》，约定手机及附件归司机使用，该公司支付手机购买费用，司机向公司缴纳500元财产保证金。2014年10月，美兰区劳动保障监察大队作出《劳动保障监察限期责令改正决定书》，责令出租车分公司依法退还收取的对讲机押金，拒不履行决定的，处以2000元以上20000元以下的罚款，后该公司依法退还。2014年11月，美兰区劳动保障监察大队作出《劳动保障监察行政处罚事先告知书》，告知对出租车分公司以每人1000元的标准，处以50000元罚款。2014年12月，美兰区社保局作出《劳动保障监察行政处罚决定书》，

---

① 北京四中院2017年度行政审判十大典型案例。

② 周佑勇:《依法行政与裁量权治理》，载《法学论坛》2011年第2期。

③ 《行政诉讼法》第77条：行政处罚明显不当，或者其他行政行为涉及对款额的确定、认定确有错误的，人民法院可以判决变更。

确认了对出租车分公司罚款50000元的行政行为。随后，出租车分公司向海口市人力资源与社会保障局提起行政复议，该复议机关维持了上述处罚决定书。于是，出租车分公司遂向法院提起行政诉讼。一审法院认为：处罚决定程序合法，认定事实清楚，适用法律正确，但处罚过重，明显不当，依据《行政诉讼法》第70条第6项的规定，应当撤销。

上诉人市社保局提起上诉称：一、上诉人的处罚是在法律规定的500元以上2000元以下罚款范围内，数额适当，并无明显不当。二、原审法院适用法律错误。如果上诉人行政处罚明显不当，应适用《行政诉讼法》规定，适用变更判决。三、原审判决违背合法性审查原则。在合法性原则的标准下，除非后果确是畸轻或畸重，否则司法权不能过于干预行政主体的自由裁量活动。四、原审判决只是撤销处罚行为，并没有同时判决重做行政行为，也没有变更处罚，实质上毫无意义。被上诉人出租车分公司答辩称：只要是行政行为被认定为明显不当，即可按照《行政诉讼法》予以撤销。行政处罚行为也属于行政行为，依法可以撤销。法院经审理判决如下：撤销原一审法院判决；被上诉人处罚明显过重，依法变更50000元处罚为25000元处罚；上诉人关于原审违反合法性原则的主张，被上诉人关于变更导致司法权干预行政权的主张，于法无据，不予支持。

实践中，法院一直存在能不能审查行政行为合理性的疑问。一些学者认为，我国行政诉讼法采用“合法性审查为原则，合理性审查为例外”的审查原则，合理性审查的例外情形仅限于滥用职权和显失公正。[①] 另外有学者认为，我国法院对行政行为的审查只限于合法性审查，但合法性审查的背后仍包含对严重不合理行政行为的审查，即不合理达到一定程度亦可构成违法。[②] 两种不同观点的背后，反映的是对待合法性概念的分歧。随着“明显不当”纳入司法审查的范围，对于一些裁量性的行政行为可以用“明显不当”予以撤销，行政诉讼显然进入了合理性审查的时代。和合法性起初以法律规定是否明晰作为界定两者的标准，

---

① 应松年主编：《行政诉讼法学》，中国政法大学出版社1999年版，第59页。

② 相关研究参见崔卓兰：《论显失公正行政处罚的不合法》，载《法学研究》1990年第6期；姜明安：《行政诉讼法学》，北京大学出版社1993年版，第70页。

但随着行政法一般原则、行政惯例在审判实践的运用，两者之间的界限就越来越模糊。在这个演变的过程中，一些学者便开始考虑两者的关联。有学者认为合理性原则实际上是合法性原则的引申，是合法性原则在自由裁量问题上的进一步要求。①也有一些学者坚持认为裁量行为是指其要件和内容并不受法律规范的严格约束，承认行政机关一定裁量余地的行为。②这两种观点的根本分歧在于司法审查中，合理性审查的问题是否可以转化成合法性审查的问题。《行政诉讼法》的规定，显然没有将合法性与合理性相对立，而是将合理性审查纳入合法性审查的范畴，明显不当作为极端不合理而不合法的行为予以审查，暗含的则是合法性审查的扩张，合理性审查的限缩，并且在很大程度上合理性被合法性覆盖。关于明显不当的法律性质界定，我国学者主要表现为两种观点。

第一，根据一般观点，明显不当属于不合理的范畴。“明显不当”违背了合理性行政原则，其本质在于滥用裁量权，而且裁量权的行使背离了社会公民普通的正义观以及是非标准的价值判断，导致一般社会民众都无法忍受。③明显不当行为大多数发生在行政裁量领域，裁量权使用的大小直接关涉到不当行为的程度，对于在事实认定、法定事实要件、程序和结果裁量权较大的领域，应加强明显不当的审查标准。明显不当在现有的学理框架内应当属于违法的范畴，而非不当的范畴。④这一观点主要是从文义解释学和实务操作等方向进行论证，而且《行政复议法》中的明显不当也是属于违法范畴。同时，认定明显不当行政行为违法性的过程中，要采取要件裁量说，这不仅符合行政权力的强制属性，还符合我国的司法实践。在“唐慧案”中，湖南省高级人民法院推翻了一审永州市人民法院的判决，将“具体行政行为明显不当”进行赔偿，从而间接确认了明显不当行政行为的违法性。全国人大法工委在行政诉讼司法解释读本中也

① 罗豪才主编：《行政法学》，中国政法大学出版社1989年版，第42页。

② 杨建顺：《论行政裁量与司法审查——兼及行政自我拘束原则的理论根据》，载《法商研究》2003年第1期。

③ 滕亚为、康勇：《论行政诉讼变更判决的适用范围——兼评新“行政诉讼法”第70条》，载《重庆理工大学学报》2015年第10期。

④ 黄锴：《论行政行为“明显不当”之定位——源于“唐慧案”的思考》，载《云南大学学报（法学版）》2013年第5期。

称：“行政诉讼法修改在坚持合法性审查原则的前提下，对合法性原则的内涵作了扩大解释”，其根本上是将明显不当的行政行为作为违法行为看待。[①] 总之，明显不当应当属于极端不合理导致不合法的情形，其性质应属于实质违法。在采取要件裁量和效果裁量的行政裁量范畴下，明显不当更适用于判断余地理论，只有对极端违法的情形才予以追究行政机关的过错。

第二，《行政诉讼法》虽然将明显不当行为纳入审查的范围，但“明显不当”的含义仍模糊不清。首先，“明显”一词意指清楚地显露出来，容易让人看出或感觉到；“不当”是“不合适、不恰当”。[②] 总的来说，明显不当就是指让人容易看出的不适当，但“容易看出”“不适当”这些词语仍是模棱两可、无法准确界定的。其次，关于明显不当的定义，学术界和实务界对此看法不一。由于此前《行政复议法》中规定了明显不当条款，有学者将明显不当界定为行政机关在自由裁量权的范围内，作出了非常不合理的行政行为。[③] 也有实务界专家对明显不当下定义，指行政行为严重违反行政合理性原则而不合适、不妥当或者不具有合理性。明显不当的情形主要包括：第一，对违法行为的处理显失公正的，同类违法行为程度、后果相似而处理决定明显不同，畸轻畸重。第二，明显违背国家基本方针政策。第三，为地方利益而影响大局工作的行政行为。第四，其他应当认定为明显不当的情形。[④] 基于上述文义、理论和实践解释，在对明显不当下定义的过程中，应当建立在行政裁量权的前提之下，对不合理行政行为进行界定，应当体现出其极端不合理的属性。

随着《行政诉讼法》新增明显不当撤销事由，就出现了明显不当和滥用职权并列存在的情形。一种观点认为明显不当实际上是滥用职权的一种表现形式。但由于在《刑法》上存在“滥用职权罪”，人民法院判决认定行政行为滥用职权的，就存在是否追究刑事责任的问题。因此，司法实践中法官极少适用该项

---

① 信春鹰主编：《中华人民共和国行政诉讼法释义》，法律出版社 2014 年版，第 20 页。

② 中国社会科学院语言研究所词典编辑室编：《现代汉语词典》，商务印书馆 2002 年版，第 890 页、第 160 页。

③ 石佑启、杨勇萍编著：《行政复议法新论》，北京大学出版社 2011 年版，第 202 页。

④ 江必新、邵长茂：《新行政诉讼法修改条文理解与适用》，中国法制出版社 2015 年版，第 265 页。

规定作出裁判，一定程度上抑制了行政诉讼的功能。为此，本次修改增加了明显不当的情形来解决这个矛盾。[①]另一种观点认为，“明显不当和滥用职权是两种截然不同的行为方式。两者在主观过错、行为不合理的程度都有很大的不同。同时，还可以从三个方面对两者进行区分：比较行政相对人得到的权利和承担的义务是否相称、比较被告对同类情况案件的处理结果、与同案人进行比较”。[②]后一种观点更为合理一些：首先，两者之间是一种并列的关系。其次，两者之间在不合理程度上和主观过错方面存在许多差异，应当将两者分别看待。而且，滥用职权的行政行为一般可以申请法院确认其无效，同时不再判决行政机关重做。最后，对于滥用职权的行政行为还应当追究主管机关或行政负责任人的法律责任。因此，在现有的立法体系和审判体制下，“明显不当”的标准应着重于对行政裁量合理性的审查，更为注重客观方面的审查；“滥用职权”则应当着力于行政机关主观恶意行使权力情形的规制，侧重主观的标准审查体系。在审判实务中，很多法官直接将主要证据不足、违反法定程序、适用法律法规错误、超越职权的情形归为“明显不当”，虽然能降低行政机关抵触的负面情绪，但却和法院的审查初衷相背离。在英国法律史上，就曾经把“超越职权”拉伸为统括一切的司法审查原则，但这些都只是特定情势下的策略行为，是以牺牲法律的整体和谐为代价的，不足为训。[③]在实际的案件审判过程中，一些法官还将错误援引或者没有援引法律条文，将本应归入“适用法律、法规错误”的情形，转而归入明显不当的范畴。不足显然不是属于行政裁量的范围。因此，明显不当与其他行政行为之间不是包含与被包含的关系，而应当是各有侧重，各有其适用的独特领域。主要证据不足适用于没有证据或证据不充分的情况。适用法律、法规错误适用于没有法律依据或适用法律、法规文本或条款错误的情形。违反法定程序适用于违反法律、法规和规章明确规定的程序，抑或是违反正当程序的情形。超越职权的情形是行政机关超越法定的管辖权限和处理方式。

① 江必新、邵长茂：《新行政诉讼法修改条文理解与适用》，中国法制出版社 2015 年版，第 265 页。
② 蔡小雪：《浅谈滥用职权和明显不当的区别》，载《人民法院报》2001 年 2 月 4 日。
③ 何海波：《论行政行为“明显不当”》，载《法学研究》2016 年第 3 期。

我国行政法学界对明显不当的判断标准争论的焦点主要集中在明显不当的内容与范围方面，大体上有以下几种观点：第一种观点从立法者的角度出发，立法过程中曾经想确定违反平等对待原则、畸轻畸重等判断标准，但确立这些标准恐怕会限制审判实践的发展。[①]第二种观点认为裁量明显不当的标准，只需判断裁量是否考虑相关因素，是否与立法目的和精神一致，是否遵守正当程序，是否符合比例要求，是否保障信赖利益，是否平等对待各方利益主体，等等。甚至，在规范性文件的附带审查过程中，明显不当标准也更适宜进行一定的司法制约。它是一个包容性、实用性更强的标准。裁量明显不当标准与其他标准之间，既可以分开适用，也可以混合适用。[②]第三种观点认为，对明显不当的判断标准应当从客观存在的法律规定和行政惯例出发。行政机关制定的行政规则，是在法律、法规层面之外，法院据以判断是否构成“明显不当”的最佳规范性依据，除此之外，还可通过“无正当事由不得偏离之前的裁量理由”规则的确立，形成关于裁量行使的行政惯例。[③]第四种观点从审判实务的角度出发，明显不当的情形包括：违反比例原则、平等原则和正当程序原则。虽然明显不当的判断标准众说纷纭，但最根本的是不能与滥用职权相重合、与法律实践相脱离。综合来看，可从以下几个方面进行考量：一是相关因素考虑不正当。主要包括两种情形：考虑不相关因素或未考虑相关因素。二是行政行为是否符合行政惯例之要求。行政机关应当遵守“无正当事由不得偏离之前的裁量理由”的裁判基准，对于已形成的行政惯例，行政机关应当保持裁判理由及裁判尺度的前后统一，强化行政惯例的约束力。虽然行政违法行为千差万别，但行政机关应当根据案件之间的相似性，使得前后行政“判例”保持一致性。三是行政行为是否与行政裁量基准相背离。“行政机关基于行政经验、行政技术与管制背景考虑制定的裁量基准，是在法律、法规层面之外，法院据以判断是否构成‘显失公正’和‘明

---

① 童卫东：《进步与妥协：〈行政诉讼法〉修改回顾》，载《行政法学研究》2015 年第 4 期。

② 沈岿：《行政诉讼确立“裁量明显不当”标准之议》，载《法商研究》2004 年第 4 期。

③ 郑春燕：《论“行政裁量理由明显不当”标准——走出行政裁量主观性审查的困境》，载《国家行政学院学报》2007 年第 4 期。

显不当'的最佳规范性依据。"[①]行政裁量基准作为行政机关内部具有约束力的行政规则，法院在审判相关案件时，可以参照适用，以此来评判行政行为的合理性幅度范围，增强法院审查的说服力和科学性。四是判断行政行为是否违背行政法的一般原则，行政行为的作出是否遵循符合比例原则、保障信赖利益、平等原则等。如果行政机关对于同一案件的当事人或者是同类案件的当事人，有的给予奖励，有的不给予奖励，那么就有违公平对待原则。对上述三个标准进行逐一判断的过程中，要坚持主客观相结合的判断原则，综合考虑，对明显不当的行政行为进行合理界定。

《行政诉讼法》中的"可以"一词，本身就意味着对于"明显不当"的行政行为可以进行变更判决，也可以做出撤销判决。立法语言的模糊性，可能就会导致法官在实践中会引用撤销判决一步一步扩大撤销判决的适用范围，蚕食变更判决的适用情形。同时，如果对行政处罚的案件一律适用变更判决，那么便会相应扩大法官的裁量权力，削减了行政机关的独立判断权。首先，撤销判决是指消灭被诉行政行为全部或者部分法律上效力的一种否定性裁判[②]。变更判决是指法院代替行政机关变更被诉行政行为内容的判决。[③]后者相对于前者更加注重对行政相对人保护的实效性，强调行政权和司法权的分工和专业要求。其次，变更判决适用于"行政处罚明显不当或者是对款额认定错误的情形"。撤销判决从字面上理解适用于所有的明显不当行政行为。再次，根据诉讼经济性的要求，变更判决相对于撤销判决更能减少诉讼成本，符合诉讼时效，在行政处罚的案件中，理应优先适用。但必须具有一定的限度条件：第一，只有当有证据表明，被告行政机关有意对抗司法权，在法院宣判撤销行政行为之后，仍然会再次作出基本相同的行政决定。第二，法官对如何变更才更加公正，有着较为客观、

① 郑春燕：《论"行政裁量理由明显不当"标准——走出行政裁量主观性审查的困境》，载《国家行政学院学报》2007年第4期。

② 章剑生主编：《行政诉讼判决研究》，浙江大学出版社2010年版，第539—602页。

③ 章剑生主编：《行政诉讼判决研究》，浙江大学出版社2010年版，第640—683页。

有说服力的依据。[①] 对于第二项依据的判断，可以从三个方面考虑：事实可以认定清楚、运用撤销判决难以实现诉请目的、不抵触原告的意愿。[②] 最后，对于案情复杂、专业性强、技术性高的行政处罚行为，应当适用撤销判决，责令行政机关重新做出行政行为。这样既能发挥司法权和行政权的优势，又能体现司法权和行政权之间的分工合作，做到司法权对行政权的尊重。“明显不当”条款设置的背后便隐含着法院对审判监督行政行为的克制。明显不当意味着行政行为是不当的，而且这种不当具有明显性。实质是变相地要求法院在监督行政行为的过程中应当对行政机关的裁量行为给予必要的尊重。由于行政裁量是由行政机关根据自己的主观意志活动做出的，而且这种主观活动通常很难转化为固定的证据，因此在审判的过程中法官可能会倾向于把自己的内心确信与具体考量，误认为行政机关在做出此行为时的目的与考虑。“明显不当”这种主观评价特别强的标准，就在一定程度上决定了法官在运用此标准展开审查时，会背离立法预设的监督行政行为的目的，转而寻求突破司法与行政的权力边界，代替行政机关做出适当的行政行为。

“司法审查本身带有许多固有的职能限制，设定司法审查的意图仅仅在于维持最低的标准而非确保最适宜的或最理想的行政决定。”[③] 为此，法官在审判的过程中，要注意不要逾越司法权力的边界，在合情合法的情境下判断行政行为的不当与否，从而保证司法判决的公正有效。在审查行政行为时，只要行政机关所考虑、斟酌的因素、情形没有明显的偏差，便应尊重行政机关的决定。即使行政机关做出的行政行为没有考虑到法院认为的最关键的情形，法官也不能轻易下结论否定行政机关，而应当“根据行政机关的陈述，对行政机关以何种方式考虑何种事项作出行政行为进行重构”。[④] 在适用“明显不当”标准过程中，

---

① 余凌云：《行政诉讼上的显失公正与变更判决——对〈中华人民共和国行政诉讼法〉第 54 条第（4）项的批判性思考》，载《法商研究》2005 年第 5 期。

② 张静：《论行政诉讼变更判决》，载《行政法学研究》2015 年第 2 期。

③ ［美］欧内斯特·盖尔霍恩、罗纳德·M. 利文：《行政法和行政程序法概要》，黄列译，中国社会科学出版社 1996 年版，第 18 页。

④ 王天华：《行政裁量与判断过程审查方式》，载《清华法学》2009 年第 3 期。

可以将一些一般化不复杂的事务交由普通民众来判断不当与否，针对高科技或重经验的核能、医药、环境等领域，法官就应当遵从行政机关的专业评价。同时，法官也可以将其审查的重心从对行政行为结果的判断转向对行政行为过程合法性和合理性的判断上面，从专业结果判断转向专业过程判断中。

**经典案例**

### 某研究所诉北京市门头沟区人民政府行政强制案

2006 年 8 月，原告某研究所与北京市门头沟区国有资产监督管理委员会签订《房产及土地使用权转让协议》，购买了涉案房屋，此后又取得了房屋所有权证及国有土地使用证。2012 年 5 月 28 日、2012 年 8 月 15 日，被告北京市门头沟区人民政府分别作出房屋征收决定和补充决定，原告的上述房屋被纳入征收范围。2014 年 5 月，原告的上述房屋及机器设备被强制拆除。原告认为被告实施了强制拆除行为，提起行政诉讼，请求人民法院确认该强制拆除行为违法。原告在诉讼中提交了强拆的视频录像资料及照片等证据，以证明强拆行为系由被告组织实施的。被告提出其并未实施原告所称的强拆行为等答辩意见，但没有提交原告所称强拆行为系由其他行政机关或组织实施的证据。[①]

## 第六节 依法审查规范性文件

“红头文件”已经有 1400 余年的历史，始于南北朝的西魏时期，当时有位出色的政治家苏绰，他博览群书，精通天文地理，尤其擅长算术。据《周书·苏绰传》记载：“绰始制文案程式，朱出墨入，及计账户籍之法。”“朱出墨入”，指的是朝廷发出的文书是用朱（红色）标，下面上呈的文书是用墨（黑色）标，界限严明。“红头文件”并非法律用语，是公众对“各级政府机关（多指中央一级）下发的带有大红字标题和红色印章的文件”的俗称。而一般“红头文件”，

① 北京四中院 2017 年度行政审判十大典型案例。

有行政管理权的行政机关在行政管理工作需要时就可以制定。可见，“红头文件”实际上有广义与狭义之分。广义的“红头文件”就是从字面理解的带红头和红色印章的，既包括行政机关直接针对特定公民和组织而制发的文件，也包括行政机关不直接针对特定公民和组织而制发的文件，以及行政机关内部因明确一些工作事项而制发的文件。狭义的“红头文件”是专指行政机关针对不特定的公民和组织而制发的文件，这类文件对公众有约束力，涉及他们的权利和义务，也就是法律用语所称的行政法规、规章以外的其他具有普遍约束力的规范性文件。公众所关心关注的，应该是指狭义上的“红头文件”。现在大多公司将其作为机密文件、任职文件、紧急文件的别称。

“红头文件”的制定需要严格的法定程序。为了规范规章、法规的制定程序，国务院颁布了《规章制定程序条例》，许多部门也制定了本部门的规章制定办法，对于规范性文件的制定也应符合一定的操作规程，经历必要的程序和合理的步骤，使行政机关这种抽象行政行为做到针对性强，更加科学合理。在制定规范性文件时应广泛听取各方面的意见，涉及对外有普遍约束力的规范性文件还应当听取管理相对人的意见，增加规范性文件的透明度。规范性文件形成后还应及时公布，便于贯彻执行，更有利于群众的参与和监督。对不属本级管理的事务不得越权制定文件，对需要部门协调的应及时相互沟通，对属于上级权限的应及时请示，对本部门需要创立规章的不应以规范性文件代替，同时在制定规范性文件时应当加强内部职能部门的协调，建立严格的会签制度，对涉及法规性内容应当有法制工作部门的意见。对于规范性文件的监督有行政监督、司法监督和社会监督。上级行政机关应经常检查所属部门制定的规范性文件，对不合法的文件应当撤销或变更。行政机关内部法制工作机构应当定期对本部门的文件进行清理，建立规范性文件报送备案制度。

在司法监督中，人民法院对审理案件中行政行为依据的规范性文件应当严格鉴别和判断，对于不合法的规范性文件不予采信，同时可以采用司法建议方式向规范性文件制定单位及其上级机关提出修改建议，促进行政机关及时纠正。在贯彻规范性文件时，要经常听取下级、社会各界对执行规范性文件的意见，发现有违法或者有不合理问题时应当及时修正。规范性文件修改、制定的及时性正是加强行政管理所需要的。因此行政机关应当在搞好调查研究的同时，进一步完善规范性文件的制定，为贯彻法律、法规、行政规章服务。规范性文件是行政管理中的重要依据，制定和完善规范性文件的创制制度有利于我国行政法制规范化的建设，因此制定规范性文件应当纳入法制的轨道。

“行政诉讼法规定了对于‘红头文件’，即规范性文件的一并审查制度。即公民、法人或者其他组织认为行政行为所依据的国务院部门和地方人民政府及其部门制定的规范性文件不合法，在对行政行为提起诉讼时，可以一并请求对该规范性文件进行审查。《行诉解释》进一步明确审查的程序、内容、方式等问题。主要是：一是一并审查规范性文件的程序问题。《行诉解释》规定，公民、法人或者其他组织请求人民法院一并审查《行政诉讼法》第53条规定的规范性文件，应当在第一审开庭审理前提出；有正当理由的，也可以在法庭调查中提出。对于单独提起规范性文件审查之诉的，根据《行政诉讼法》第49条规定，提起诉讼应当属于人民法院受案范围，公民、法人或者其他组织直接就规范性文件提起诉讼的，不符合行政诉讼的起诉条件。根据《行政诉讼法》第51条的规定，人民法院可以裁定不予立案。域外也有类似做法。例如，在我国台湾地区，人民均不得直接对行政命令提起诉愿或者行政诉讼，法院并无法源依据的直接审查行政命令，只能在个案中附带对所适用的行政命令加以审查。此外，如果公民、法人或者其他组织对行政不作为提起诉讼，并对规范性文件提出附带审查请求的，因该不作为行为并未‘依据’任何规范性文件。因此，公民、法人或者其他组织在对不作为提起诉讼时一并请求审查规范性文件的，人民法院可以作出不予准许的决定。二是人民法院对规范性文件的审查是条款审查、个案审查和客观审查。人民法院对行政行为所适用的具体条款进行合法性审查；审查结论只适用于本案；对规范性文件的审查是一种客观性审查，一般没有质辩程序。三是关于规范性文件审查的管辖法院问题。公民、法人或者其他组织在对行政行为提起诉讼时一并请求对所依据的规范性文件审查的，由行政行为案件管辖法院一并审查，并不按照制定机关确定管辖级别。四是关于行政机关提供相应证据的权利。《行诉解释》规定，行政机关（包括被告和制定机关）可以提供相应证据，但该权利不属于诉讼保障的权利。行政机关（包括被告和制定机关）未陈述意见或者未提供相关证明材料的，不影响人民法院对规范性文件进行审查。五是关于制定机关是否出庭进行说明和人民法院是否告知的问题。《行诉解释》明确，人民法院可以决定是否听取制定机关的意见。人民法院在对规范性文件进行审查的过程中，可以听取规范性文件制定机关的意见。必要时，也可以要求制定机关提供相关说明材料。制定机关申请出庭陈述意见的，人民法院应当准许。六是规范性文件不合法的处理方式。《行诉解释》规定，规范性文件不合法的，不作为认定行政行为合法的依据。规范性文件不作为认定行政行为合法的依据具有预决效力。人民法院在裁判理由中应当阐明相关规范性文件的合法性。该审查一般不是全面的审查，主要是法律适用方面的审查。对于规范性文件审查后的处理问题，《行诉解释》明确，作出生效裁判的人民法院应当向规范性文件的制定机关提出处理建议，并可以抄送制定机关的同级人民政府、上一级行政机关、监察机关以及规范性文件的备案机关。规范性文件不合法的，人民法院可以在裁判生效之日起 3 个月内，向规范性文件制定机关提出修改或者废止该规范性文件的司法建议。规范性文件由多个部门联合制定的，人民法院可以向该规范性文件的主办机关或者共同上一级行政机关发送司法建议。接收司法建议的行政机关应当在收到司法建议之日起 60 日内予以书面答复。人民法院认为规范性文件不合法的，应当在裁判生效后报送上一级人民法院进行备案。涉及国务院部门、省级行政机关制定的规范性文件，司法建议还应当分别层报最高人民法院、高级人民法院进行备案。需要注意的是，人民法院对行政诉讼案件裁定驳回起诉的，由于该案并未进入实体审查，而且对规范性文件的审查为附带性审查，因此裁定驳回起诉的在裁定书中不需要对规范性文件的合法性表态。此外，行政诉讼案件进入第二审程序的，上级法院发现下级法院对规范性文件的审查意见错误，可以进行纠正。上级法院应在裁判文书中予以说明。但下级法院对行政行为的处理结果正确，规范性文件审查存在错误的，因其属于附带审查，对行政诉讼案件无须改判。为了强化对规范性文件合法性审查的监督，《行诉解释》对于规范性文件审查明确了审判监督程序，即各级人民法院院长发现本院已经发生法律效力的判决、裁定对规范性文件合法性认定错误，认为需要再审的，应当提交审判委员会讨论。最高人民法院对地方各级人民法院已经发生法律效力的判决、裁定，上级人民法院认为下级人民法院已经发生法律效力的判决、裁定，发现对规范性文件合法性认定错误的，有权提审或者指令下级人民法院再审。”①

## 经典案例

### 郑某诉北京市海淀区人民政府行政赔偿案

2012 年 12 月 30 日，被告北京市海淀区人民政府发布腾退公告，并制定了《玲珑巷项目腾退搬迁补偿安置方案》，参照《北京市集体土地房屋拆迁管理办法》等相关文件精神，组织实施玲珑巷、五路居地区综合整治腾退拆迁补偿安置工作。郑某自 1987 年至 2013 年在涉案的八里庄东居民区 29 号院（以下简称 29 号院）内居住，其居住的房屋位于上述腾退范围内。在腾退过程中，腾退指挥部与同住在 29 号院内的马某等四名被腾退人签订协议并进行了补偿安置后，于 2013 年拆除了 29 号院内的房屋。2015 年郑某针对被告强制拆除行为提起行政诉讼，人民法院生效判决确认被告对原告居住的房屋实施的拆除行为违法。2016 年，郑某向被告申请行政赔偿，请求将被拆除的涉案房屋恢复原状，赔偿因强拆造成的财物损失 125489 元、房屋租金 62000 元以及各项诉讼费用 62200 元。2016 年 6 月 15 日，被告作出《不予赔偿决定书》。原告不服，提起行政赔偿诉讼。②

---

① 梁凤云:《〈行诉解释〉重点条文理解与适用》，载《法律适用》2018 年 11 期。

② 北京四中院 2017 年度行政审判十大典型案例。

# 第五章

## 行政裁判执行的技术

从执行主体看，我国行政判决执行的主体在一般情况下为人民法院；但在法律规定的情况下，也可以是行政机关。从执行依据看，行政判决执行的依据是行政处理决定，即使在由司法机关强制执行的情况下，其执行依据也是行政处理决定。从执行对象看，行政判决执行的对象比较广泛，可以是物，也可以是行为和人身。从执行结果看，行政判决执行不存在执行和解，只能强迫义务人履行义务。

## 第一节　行政执行

行政执行是行政诉讼制度体系的重要组成部分，在立法上分为行政诉讼执行制度和非诉行政执行制度，为行政诉讼案件裁判及行政行为的有效实现提供了法律依据和制度保障。行政诉讼执行也称为行政裁判执行，它是指“执行机关对已生效的行政案件的法律文书，在义务人逾期拒不履行时，依法采取强制措施，从而使生效法律文书的内容得以实现的活动”。[①] 行政诉讼程序的最后一个阶段就是行政诉讼执行，对行政诉讼整个阶段予以保障，有学者这样表述，“法院的强制执行权威高于行政机关的执行权威，司法最终权、司法强制力是维护行政机关依法行使职权的坚强后盾”。行政诉讼执行程序是在审判程序之后进行的，以保障生效裁判的实现。“强制执行虽是行政诉讼的最后环节，但对当事人获得救济十分重要。当公民、法人或者其他组织胜诉后，

① 胡建淼主编：《行政诉讼法学》，复旦大学出版社 2003 年版，第 200 页。

行政机关拒绝履行法院的裁判时，如何促使它履行，直接关系到行政诉讼的成效。”[①]

就行政诉讼执行来说，2014年修改后的《行政诉讼法》以法律的形式确定了“调解书”作为行政诉讼执行的依据，申请强制执行的主体增加了第三人。同时，增加了法院可采取的强制措施的种类，并且在适用对象上也有所变化。行政诉讼执行程序是解决行政争议不可或缺的重要环节，任何司法裁判没有得到有效的执行，都将严重损害司法的权威和公信力。行政诉讼执行一直是我国行政诉讼程序中的薄弱环节，虽然随着我国法治的发展以及司法改革的不断推进，行政诉讼执行程序中存在的某些问题的确会有所改善，但是仍然有影响行政诉讼发展的因素存在，也会对执行程序产生消极影响。从理论意义上来说，行政执行分为行政诉讼执行和非诉行政执行。长期以来，学界大多是针对后者进行研究，提出了很多关于完善我国非诉行政执行的观点。但对于诉讼执行领域来说，民事诉讼执行一直受到广泛关注，而对于行政诉讼执行的研究却很缺乏。行政诉讼案件有别于刑事诉讼和民事诉讼，具有其特殊性，在行政诉讼执行上也不例外。而学界往往忽视了它的特殊性，对于行政诉讼执行存在的缺陷和具体的完善意见也有分歧。对行政诉讼执行程序的进一步研究，将会使得行政诉讼执行在理论上更为丰富和成熟，从而引导其进一步发展。从实践意义上来说。一切的理论研究终将服务于实践，对行政诉讼执行程序的研究也不例外。“起诉难、审理难、执行难”一直都存在于行政诉讼之中，一个生效的法律裁判得不到有效执行，这将使得当事人的权益得不到保护，尤其是会损害行政相对人的权益，不利于实现公平正义，更会严重损害司法的权威和公信力。通过对行政诉讼执行程序的研究，根据现实存在的问题，通过进一步完善执行的方法、范围和时间，以及拒绝履行时的强制措施等，使得行政诉讼生效裁判能够得到有效执行，让当事人的合法权益有所保障，也会促进我国行政诉讼的发展。

---

① 应松年：《完善行政诉讼制度——行政诉讼法修改核心问题探讨》，载《广东社会科学》2013年第1期。

首先，就“执行”来说，在法律用语上有两种含义，第一种指对法律规定的实施，即通常所说的执法；第二种指对生效法律文书的实施。作为行政诉讼执行的上位概念，本书所关注的“执行”明显是第二种，即依照相关法律所规定的程序，以国家的强制力为后盾，使得生效的裁判所确定的内容得以实现的活动。这就与当事人主动履行有着明显的区别。当事人履行是一种主动的行为，不需要任何外力的推动，而执行是以国家强制力为后盾，在当事人没有主动去履行生效裁判所确定的义务时，享有强制执行权的机关就会采取相应的强制执行措施，使义务得以实现。

行政执行从广义上来说分为行政诉讼执行和非诉行政执行。非诉行政执行是指对于行政机关作出的行政行为，有关义务人在法定的期限内拒不履行，不提出复议，也不就该行为向法院提起诉讼，由行政机关向法院提出申请，采取强制执行。而在行政诉讼中，也会产生诉讼执行。行政诉讼执行，是行政案件中的法律文书已生效，而义务人逾期拒不履行，有执行权的机关依法采取强制措施，从而使生效法律文书的内容得以实现的活动。行政诉讼执行的特点有三个：第一，执行的主体具有特定性。行政诉讼执行主体仅指人民法院，行政机关不应被纳入行政诉讼的执行主体。虽然《行政诉讼法》规定“公民、法人或者其他组织拒绝履行判决、裁定、调解书的，行政机关或者第三人可以向第一审人民法院申请强制执行，或者由行政机关依法强制执行”，但这并不意味承认了行政机关可以作为执行主体的地位。因为就执行的依据来看，法院的生效裁判是诉讼执行的依据，享有强制执行权的行政机关，其执行的依据从本质上来说是涉案的行政行为，这属于行政强制执行的范畴，因此行政机关不能划分到诉讼执行的主体中去。第二，执行的依据具有法定性，包括行政判决书、行政裁定书和调解书。2014 年修改后的《行政诉讼法》同样明确了人民法院在审理行政案件时不适用调解原则，但新增规定“行政赔偿、补偿以及行政机关行使法律、法规规定的自由裁量权的案件可以调解”。调解要制作调解书，它与其他法律文书具有同等的效力，也就能够作为行政诉讼的执行依据之一。并且，2014 年修改后的《行政诉讼法》也首次将调解书作为行政诉讼执行的依据以法律的形式确定下来。第三，行政诉讼执行是由《行政诉讼法》及其有关的司法解释来加以规定，对于执行工作各方面的内容都是法定的，执行行为是司法行为，与行政行为相区别，它会受到司法程序的制约。

行政诉讼执行与非诉行政执行不同。非诉行政执行是指对于行政机关作出的具体行政行为，有关义务人在法定的期限内拒不履行，也不就该行为向法院提起诉讼，由行政机关向法院提出申请，采取强制执行。与行政诉讼执行相比，它的执行依据从本质上来说还是具体行政行为，而不是人民法院所作出的生效裁判，如果要以书面文件为依据的话，就是以原具体行政行为为内容的行政决定书。同时，行政诉讼执行是独立于法院的审判程序而存在的，适用于单独的诉讼执行程序，而在非诉行政执行中，并不仅单指执行程序，还包括了执行申请，而后法院审查，审查合法后进行执行的整个过程。在行政诉讼执行程序中，执行依据是胜诉方据以申请执行以及法院采取行政诉讼强制执行措施所依据的相关法律文书。《行政诉讼法》规定当事人必须履行生效的裁判及调解书，2018年《最高人民法院关于适用〈中华人民共和国行政诉讼法〉的解释》规定：“对发生法律效力的行政判决书、行政裁定书、行政赔偿判决书和行政调解书，负有义务的一方当事人拒绝履行的，对方当事人可以依法申请人民法院强制执行。”由此可以看出，行政判决书、行政裁定书、行政赔偿判决书和行政调解书是作为我国行政诉讼执行依据的四类法律文书。

这四类法律文书应当满足以下条件才能作为执行依据：一是法律文书作为执行依据，已经产生了法律效力，具有确定力、拘束力和执行力。二是生效裁判具有可执行的内容。一般来说，撤销判决、确认判决、驳回诉讼请求判决是不产生诉讼执行的问题的。还有如驳回起诉的裁定、终结诉讼的裁定都是不具有可执行的内容，也就不能作为执行依据。三是生效裁判必须在法律规定的期限内申请执行，否则也不能作为执行依据。只有这三个条件同时具备，以上法律文书才能作为行政诉讼执行的执行依据。申请执行是《行政诉讼法》规定的执行程序开始的方式。《行政诉讼法》规定了申请执行或由行政机关依法强制执行。当行政相对人作为义务人时，申请执行的主体为行政机关或者第三人。第三人是新增的行政诉讼执行申请主体，指同争议的行政法律关系或者行政诉讼结果有利害关系，依法申请或经人民法院通知，参加到已开始的诉讼进程中来的个人或组织。《行政诉讼法》规定了两个执行机关，即人民法院和行政机关。当然，这里的行政机关仅指具有强制执行权的行政机关，而它是否具有权力，要根据法律法规的特别规定，当其没有强制执行权而又需要进行强制执行时，行政机关或者第三人应当申请人民法院强制执行。

关于申请执行的期间，《行政诉讼法》规定了在其没有作出规定时要适用我国《民事诉讼法》的规定。《民事诉讼法》规定："申请执行的期间为二年。申请执行时效的中止、中断，适用法律有关诉讼时效中止、中断的规定。"由此可以看出，我国行政诉讼申请执行期间为两年，也是法律对于权利人申请执行权的保护。行政诉讼执行程序中也会产生执行中止的问题。执行中止是指有法定事由出现，暂时中断执行，待中止执行的法定事由消失之后，继续进行执行程序。法定事由一般包括申请执行的当事人表示可以延期；案外人对执行标的提出了异议，并且该异议确有理由，这也就是执行过程中的执行异议，若执行异议成立，将中止执行；公民死亡，法人或其他组织终止，没有权利义务承受者时；或者有其他法院认为应当中止执行的情形出现，如被执行人无财产可供执行。当中止的情形消失，法院可以依照当事人的申请或是依职权恢复执行。根据有关的司法解释，执行和解也有可能出现在行政诉讼执行程序中，行政诉讼执行和解仅适用于行政判决书的行政赔偿部分和行政赔偿判决书，而不能涉及行政行为，这是由行政赔偿诉讼可调解性决定的。2014年修改后的《行政诉讼法》增加了调解书作为执行依据，在调解书的执行过程中，也有执行和解的可能。当然，执行和解不得违反法律的规定，也不能损害公共利益，双方应该在平等协商的基础上达成和解协议，促使行政纠纷能够得到合法有效的解决。

## 经典案例

### 袁某诉北京市西城区人民政府非物质文化遗产名录案

2013年4月15日，北京市西城区广安门外街道社区公共服务协会（以下简称广外服务协会）出具《授权书》，同意将中国古建筑模型扎小样项目申报第四批西城区级非物质文化遗产保护名录，向西城区非物质文化遗产保护中心递交申报书、论证报告及相关资料，并授权西城区通过多种渠道、多种方式对本项目进行宣传和推广，同意将提交的该项目所涉及的相关材料用于非物质文化遗产的宣传和保护工作。同年4月24日，广外服务协会作为中国古建筑模型扎小样项目的申报单位填写了《西城区第四批非物质文化遗产项目申报表》，本案原告袁某系申报工作负责人。此后，北京市西城区文化委员会组织了专家评审、网上公示等工作。经被告北京市西城区人民政府（以下简称被告）研究，同意将中国古建筑模型扎小样等28个项目列入第四批区级非物质文化遗产名录，并予以公布。原告袁某认为被告将古建筑模型扎小样列入第四批区级非物质文化遗产名录的行为不具有合法性，提起行政诉讼，请求人民法院判令被告将中国古建筑模型扎小样项目从第四批西城区级非物质文化遗产名录中撤销。[①]

## 第二节　对行政机关拒绝履行的执行措施

在完整的行政诉讼过程中，行政诉讼执行作为最后以及最重要的环节如果得不到保障，那么法院的判决就得不到落实，法律程序和制度就会形同虚设。行政诉讼执行难是指行政机关作为被执行人时的执行难，多表现为行政诉讼机关在败诉后对法院裁决置若罔闻，故意拖延裁判文书的履行，甚至公然对抗司法权威拒不履行判决。判决没有被执行，权利就会落空，人民群众则会动摇对我国司法权威的信心。行政机关公然不执行最终判决，不但会让政府失去公信，更严重的是会破坏社会和谐稳定。尤其当行政相对人胜诉后不能得到执行，他们的思想将慢慢变成“信访不信法”。

在我国，行政诉讼执行难问题分可为如下三种情况：第一，行政机关对待法院最终裁决置之不理。总体而言，行政诉讼执行难大部分表现在行政机关败诉

① 北京四中院2017年度行政审判十大典型案例。

后，面对法院的裁决不以为然，以藐视法院审判裁决的方式无视司法权威。[①]第二，行政机关对法院裁决阳奉阴违。行政诉讼执行难也表现为败诉的行政机关对生效裁判阳奉阴违，表面接受法律判决，承担相应法律责任，而实际在执行判决过程中，拒绝履行判决、裁定、调解书。[②]第三，行政机关对法院裁决公开抗拒。行政诉讼执行中，行政机关和法院存在特殊关系，有时候法院不得不屈从于行政机关。当行政机关败诉进入执行程序中时，行政机关利用行政权公然

① 例如，2000年，李女士和丈夫取得了华阴市一块土地使用权，有政府颁发的土地使用权证；2010年8月，夫妻俩将地块交给次子李某有偿使用，虽签有赠与协议，但实际为租赁关系；2012年9月，华阴市政府在李女士夫妇不知情的情况下，将土地使用权变更到李某名下，还给李某颁发了土地使用证。2015年6月5日，李女士状告华阴市政府和李某（李女士次子）。李女士认为，自己的土地使用证被华阴市政府的土地权属登记机关变更登记在了李某名下，被告违反程序，未尽到审查责任和义务，侵犯了她的合法权益。李女士请求法院撤销政府颁发给第三人的土地使用证，恢复自己的土地使用证。渭南中院立案后，于2015年6月29日向华阴市政府送达应诉通知书及相关诉讼材料，但在规定的15日内，甚至直到开庭的半年时间里，华阴市政府一直未提交相关应诉材料和答辩状。2015年12月28日，渭南中院行政庭开庭审理此案，但被告华阴市政府及第三人李某经合法传唤均未到庭。法庭按照规定，缺席审理了李女士状告华阴市政府、第三人李某土地行政登记一案。法院审理认为，被告华阴市政府当庭不提供证据，视为没有相应证据，第三人李某也未提交证据；被告对土地使用权证变更登记事实不清，主要证据不足，又没有提供变更登记程序的相关依据，违反法定程序。2016年1月18日，渭南中院行政庭依法判决：撤销被告华阴市政府为第三人颁发的国有土地使用证。案件受理费50元由华阴市政府负担。败诉后华阴市政府对法院裁决仍旧置之不理，不履行法院判决。由此案例可以看出，李女士发现行政机关将自己的土地使用权更改到别人名下后，状告行政机关的违法行为，并且要求恢复属于自己的使用权。然而行政机关在败诉的半年内，非但没有应诉，更拒绝出庭调解。

② 例如，1995年，所属密山市幸福工贸总公司董事长马易君，在密山市作为开发商，拥有对批发市场的合法开发权。与此同时也办理了《投资许可证》和《建设用地使用许可证》以及《建设用地规划许可证》。1996年，因为工程施工，马易君和施工方产生民事纠纷，进而提起诉讼。在审判期间，政府人员插手影响法院判决，在法院下达最终判决时，密山市当地政府同时也下发了《关于轻工批发市场开发建设权的决定》第29号文件。文件中强调了马易君继续开发的前提条件，一旦违背，则会收回其所拥有的开发权，并且重新由政府组织重新招标。29号文件刚刚递交给马易君后的一个小时，当地政府又召开了“招标会”，判定与马易君发生民事纠纷的建筑商重新获得对批发市场的开发权。政府以“参照法院裁决”强行剥夺了马易君对这块土地的合法开发使用权利，是违法的。于是马易君控告密山市政府。1998年，中级人民法院一审判决撤销密山市政府的29号文件。原因是密山市政府在未告知原告听证权利的情况下，没有通过正常的法定程序，作出了行政处罚类的决定，没有通过正常的法定程序。密山市政府不服法院一审判决，随即又上诉至黑龙江省高级法院。黑龙江省高级法院于1998年年底下达终审判决，维持原判，驳回上诉请求。

否定法院判决的事件，也只是行政审判执行难的一角。[①]

在对行政机关败诉案件执行时，如果行政机关进行干预，法院往往由于缺乏独立性而导致权威不足，行政权不尊重司法权，也会使得法院受到行政机关的干预，这些问题是造成行政诉讼中对行政机关执行难的根源所在。目前，我国行政诉讼主要交由法院内设的执行庭或执行局进行执行，虽然宪法和相关法律有明确规定，法院在独立办案、包括在进行执行工作时，行政机关不得对其工作施加影响和干预。但是由于法院人事任免和财政支出都由行政机关决定，法院实质上难以做到真正的独立。在法院经费来源上，地方政府掌握着财政大权，地方法院的正常运行，离不开行政机关的支持和保障。[②]汉密尔顿曾经说过："就人类一般天性而言，对某人的生活有控制权，就等于对其意志有控制权。"[③]目前我国法院的日常经费主要来源于两个渠道：一个是同级财政拨款，其额度多寡由法院所在地区的政府所决定；另一个是法院通过受理案件，对当事人收取的各种诉讼费用，这其中民商事案件的诉讼费用构成了绝大部分。这里需要指出的是，来自同级财政拨款在绝大多数地区仍然是法院经费的主要组成部分。由于地方政府控制法院至关重要的财权，因此，很难保证地方政府不会借此要挟法院，更加难以保证法院能够真正无视地方政府的干扰而忠诚于法律。

法院在人事任免上，受制于地方党委或者政府人事部门。一方面，法官招聘是由人事部门负责；另一方面，各级人民法院中院长、副院长等的任命必须先经过同级党委的考核和同意后，才能提交到人民代表大会或人民代表大会常务委员会表决任命。而法院在地方党委又没有足够的发言权，与此对应，政府部门负责

---

① 例如，陕西省榆林市横山县波罗镇山东煤矿和波罗镇樊河村发生了群体性械斗。这起案件的根源是陕西省国土资源厅拒不执行陕西省高级法院及陕西省榆林市中级法院的生效判决。这起看似并不复杂的矿权纠纷案，经榆林市中级人民法院 2005 年 12 月判决、省高级人民法院 2007 年 4 月裁定，至今仍得不到执行，致使价值数亿元的集体财产归于个人名下。令人匪夷所思的是，面对生效的判决，省国土厅却召开了"判决"性质的协调会，以"会议决定"的形式否定了法院的生效判决，最终导致矛盾激化。

② 佟昕雨：《浅析我国行政诉讼执行难及其对策》，载《法制与社会》2014 年第 7 期。

③ [美] 汉密尔顿、杰伊、麦迪逊：《联邦党人文集》，程逢如等译，商务印书馆 1980 年版，第 391 页。

人往往是地方党委副书记或常委。因此，这种由党委考核、人大任免的方式，使得地方法官在职务任免上对地方政府有一种依赖心理，在司法活动中，就不得不考虑地方党政领导各种各样的“意见”，无法真正做到裁判与执行的独立和公正。在机构的设置上，受制于地方。在法院的组织体系上，除去专门法院和军事法院外，均按照行政区划进行设置，实行“块块”领导，司法管辖范围从属于行政管辖区，这就弱化了上级人民法院对下级人民法院的监督，地方各种机构的设置更加容易致使地方法院为行政利益服务，从而影响司法的统一和司法的公正。这种法院机构设置的模式特别容易使法院成为地方保护的工具。例如，当外地当事人申请本地法院协助执行时，地方法院有可能接受行政机关的指示，对应予协助执行的案件不予以协助。正是在这种人事、财权等都受制于行政机关的体制下，法院和法官很难不听命于同级政府或者其财政部门，无法做到真正独立，行政执行难上加难。行政机关在审判环节便通过给法院给当事人施加各种压力，这使得绝大多数的行政案件都不能进入执行程序。即便是执行法院裁决的过程中，也会不断受到行政机关的抗拒和干扰，人民法院和基层法官对此也是无可奈何。人民法院的不独立使得地方行政机关可以对法院施加各种影响，从而难以获得相应的权威，导致法院在面对行政机关的种种“恶行”时，只能表示无奈和无助，这也是行政诉讼执行难的最主要的深层次原因。

行政诉讼中执行难有时并不是因为行政机关不愿履行法院的判决，而是由于行政机关缺乏履行的能力。如《国家赔偿法》中规定：政府在财政预算中应列出赔偿费用，但有的地方政府财政就十分困难，在政府财政预算中没有这一项，在这样的条件下，政府机关很难拿出赔偿金，也就很难执行。此外，政府机关之间存在不同的资金实力。有的机关如财政、国土、海关、工商等部门资金力量雄厚，有的机关则资金缺乏，难以执行。有的行政机关处于偏远地区，地区经济条件十分困难，面对这些行政机关时，如果法院要求其履行判决中确定的支付金钱义务时，执行难的问题便日益突出。为了缓解行政诉讼“执行难”的局面，促使行政机关依法履行法院判决书、裁定书、调解书上所确定的义务，《行政诉讼法》中对行政机关拒绝履行法院生效裁判时的强制执行措施进行了补充和修正。对于“执行难”问题的解决，该条修改的力度最大，可以说是2014年行政诉讼法修改的亮点之一。主要包括以下几个方面。

第一，将划拨对象由原《行政诉讼法》确定的“赔偿金”改为“款额”。法院的生效裁判文书能够确定行政机关向行政相对人支付的对象并不仅仅限于赔偿金，还包括奖金、补偿金、抚恤金、最低生活保障金、工伤、医疗社会保险金、津贴等。原《行政诉讼法》中“赔偿金”的范围过于狭窄，不能涵盖法院生效裁判中可能涉及的所有金钱给付的种类，如在行政补偿案件中，所涉及的款项并不具有“赔偿金”的性质，若根据原《行政诉讼法》的规定，就不能对其进行划拨。2014 年修改后的《行政诉讼法》将“赔偿金”改为“款额”，扩大了行政机关给付的范围和种类，不仅有利于在实质上解决行政争议，而且有利于对行政补偿案件等所涉的非赔偿金性质的款额进行强制执行，对化解行政诉讼“执行难”提供了有益的帮助。

第二，行政机关超过期限不履行生效裁判，从对“行政机关”进行罚款改为对“行政机关的负责人”进行罚款。2014 年修改后的《行政诉讼法》对行政机关的负责人按日处五十元到一百元不等的罚款。将罚款的对象改为行政机关的负责人，将责任落实到具体的个人身上，明确了行政机关负责人的法定义务，即必须履行人民法院的生效裁判，否则将会受到处罚。新法对行政机关负责人进行罚款的规定对实行行政首长负责制的行政机关来说，无疑是一种强有力的规定，不仅能够更好地督促行政机关及时依法履行生效裁判确定的义务，增强强制执行的力度，缓解目前行政诉讼“执行难”的困境，而且还能够使行政机关负责人更好地树立法律意识、法治观念，尊重人民和法律，恪守本分，认真履行好自身的法定义务与职责。

第三，增加“对行政机关拒绝履行的情况予以公告”的规定。这是 2014 年修改后的《行政诉讼法》专门增加的一项强制执行措施，这项规定借鉴了民事强制执行的经验，顺应了时代发展的要求。公告行政机关拒绝履行的情况可能要比直接对其进行罚款的处罚力度更大，效果更为明显。在信息高度发达的互联网时代，随着传播速度的加快和接受范围的广泛，公告将会对行政机关及其负责人的声誉造成严重的负面影响，不论是其上级机关、本级人民政府，还是人民群众都会很容易在短时间内知道这一情况，不仅会给行政机关带来舆论压力，而且很有可能对行政机关负责人的职务升迁产生直接的影响，进而促使行政机关负责人必须认真对待与履行人民法院生效裁判中所确定的义务。这一措施在督促行政机关及时依法履行义务与缓解行政诉讼“执行难”现状方面发挥着巨大的作用，在行政机关拒绝履行义务时，通过公告这一方式充分发挥社会监督作用，促使行政机关积极履行相应的法律义务。

第四，增加“拘留”这一强制执行措施。2014年修改后的《行政诉讼法》增加了“拘留”这一行政强制措施。对行政机关拒不履行判决、裁定、调解书，社会影响恶劣但尚未构成犯罪的，人民法院可以对该行政机关直接负责的主管人员和其他责任人员进行拘留。相对于罚款来说，拘留是对行政机关责任人员人身采取的强制措施，强制力和威慑力显著增强，行政机关直接负责的主管人员和其他责任人员因害怕此种强制措施的适用，就会自觉、主动地及时履行人民法院所作的生效判决、裁定和调解书。“拘留”适用的前提条件是行政机关拒绝履行法院生效裁判的行为达到了社会影响恶劣的程度。首先行政机关必须要有拒绝履行生效裁判中所确定的义务的行为，其次行政机关拒绝履行义务的行为将会对社会造成严重的影响或其他严重的后果，如对执行人员进行诽谤、侮辱、围攻、殴打或者有其他妨害执行的行为等。“拘留”这一强制执行措施不仅可以对行政机关拒不履行生效裁判的、对社会造成恶劣影响的行为进行严厉的惩处，而且可以对行政机关的负责人员和责任人员形成威慑，促使其积极主动地及时履行生效裁判所确定的义务，进一步缓解我国行政诉讼“执行难”的现状。

综上所述，《行政诉讼法》加大了对行政机关强制执行的力度，加强了对行政机关负责人和相关责任人员的处罚和威慑作用。无论是对行政机关负责人进行按日罚款，对行政机关直接的主管人员和其他责任人员进行拘留，还是增加公告措施，以公告的形式对行政机关进行社会舆论监督，都会督促行政机关更好地、自觉地依法履行判决、裁定、调解书中所确定的义务，切实化解行政纠纷，解决我国目前形势比较严峻的行政诉讼“执行难”的问题。

### 经典案例

**从某诉北京市怀柔区人民政府履行法定职责案**

1998年8月11日，北京市怀柔区长哨营满族乡人民政府向长哨营满族乡七道河村村民周某核发了《村民宅院地使用许可证》。被告北京市怀柔区人民政府（以下简称怀柔区政府）于2016年1月3日收到原告丛某的申请书。2016年3月15日，被告怀柔区政府作出《关于撤销长哨营满族乡七道河村周某〈村民宅院地使用许可证〉的通知》，并送达周某和长哨营满族乡七道河村村民委员会。原告丛某认为被告怀柔区政府在2005年至2016年间一直不作为，致使撤销这一违法行政行为拖延了11年之久，故提起诉讼，请求法院确认被告未及时撤销长哨营满族乡政府1998年8月11日违法核发的村民宅院地使用许可证，没有履行应尽职责和法定义务的行政行为违法。[①]

## 第三节　行政诉讼中司法赔偿的适用

根据《国家赔偿法》规定，人民法院在民事、行政诉讼过程中，违法采取对妨害诉讼的强制措施、保全措施或者对判决、裁定及其他生效法律文书执行错误，造成损害的，适用刑事赔偿程序的规定。除行政赔偿、刑事赔偿案件外，国家赔偿案件还包括仅以人民法院作为赔偿义务机关的，与人民法院在民事、行政诉讼程序和执行程序中行使职权相关的赔偿案件。

依法审理行政诉讼中司法赔偿案件，是国家赔偿工作的重要组成部分，也是让人民群众在一个司法案件中都感受到公平正义的必然要求。近年来，人民法院审理行政诉讼中司法赔偿案件的数量不断增加，妥善处理相关矛盾纠纷的难度不断加大。2010年，全国人大常委会对国家赔偿法进行了重要修改，畅通了赔偿程序，细化了损害赔偿规则，明确了精神损害赔偿，加大了权利救济力度。

---

① 北京四中院2017年度行政审判十大典型案例。

此外，全国人大常委会于2014年对行政诉讼法进行了修订，增加了保全、先予执行等内容。2016年，最高人民法院发布了法释〔2016〕20号《关于审理民事、行政诉讼中司法赔偿案件适用法律若干问题的解释》(以下简称《解释》)，充分保障公民、法人和其他组织的权利救济，严格规范人民法院的行政审判和执行行为，有效统一行政诉讼中司法赔偿案件的裁量标准。2018年2月，最高人民法院新的行政诉讼法司法解释也开始施行。以上修法释法的情况，与行政诉讼中司法赔偿密切相关。

第一，赔偿请求人。在行政诉讼司法赔偿案件中，因人民法院及其工作人员行使职权而遭受损害的公民、法人和其他组织，有取得国家赔偿的权利。赔偿请求人必须是作为人民法院职权行为相对一方，其合法权益受到侵害，以自己的名义请求赔偿的公民、法人和其他组织。通常只有作为人民法院职权行为直接实施对象的直接受害人才享有赔偿请求权，但在受害公民死亡、受害法人或者其他组织终止等特别情况下，赔偿请求人资格发生转移，间接受害人也可以成为请求权人。另外，《解释》还明确了用益物权人、担保物权人、承租人或者其他合法占有使用财产的人，可以依据《国家赔偿法》规定申请赔偿。在行政诉讼赔偿司法实践中，除财产所有权人外，财产的抵押权人、质权人、留置权人、使用人、承租人，以及其他合法占有财产的权利人的合法权益也可能因人民法院违法、错误行使职权等受到损害。对于上述主体能否成为赔偿请求人，以往法律、司法解释未有明确规定，实践中存在分歧。《国家赔偿法》规定，侵犯公民、法人和其他组织的财产权造成损害的，应当予以赔偿。该财产权的含义不仅指所有权，还包括他物权、债权、知识产权以及其他具有金钱价值的合法权益类型。因此，原则上无论公民、法人还是其他组织是否为被侵犯财产的所有权人，凡因人民法院违法、错误行使职权侵害其合法财产权益的，国家均应当承担相应的赔偿责任。

第二，赔偿义务机关。同为司法赔偿，刑事赔偿的赔偿义务机关包括公安机关、安全机关、检察机关、审判机关、监狱管理机关，而行政诉讼中司法赔偿的赔偿义务机关仅限于审判机关。一般情况下，行政诉讼司法赔偿中的赔偿义务机关是实施司法行为的人民法院。但在实践中，人民法院司法行为经上级人民法院复议改变后给当事人造成损害的情形也时有发生，该类案件应以作出原司法行为的人民法院为赔偿义务机关，还是以复议机关作为赔偿义务机关，需要统一认识。上级人民法院未能正确查明事实，或者错误适用法律，作出的复议损害复议申请人、相对人或者其他利害关系人的合法权益的。例如，仍由实施司法行为的人民法院作为赔偿义务机关，与权力与责任相一致的法治原则、国家赔偿法规范公权行使的立法宗旨难以相洽。因此，《解释》规定，违法采取强制措施、保全措施、先予执行措施或者执行错误，系因上一级人民法院复议改变原裁决所致的，由该上一级人民法院作为赔偿义务机关。也就是说，司法行为经上级人民法院复议维持的，由作出原司法行为的人民法院为赔偿义务机关。如下级人民法院原司法行为正确，复议机关改变错误并导致损害的，复议机关应作为赔偿义务机关。

第三，行政诉讼中司法赔偿侵权行为的类型与范围。《解释》规定了行政诉讼中司法赔偿的一般条款，确立了所有行政诉讼司法赔偿的责任构成基础和请求权规范基础，明确了司法赔偿适用违法归责、过错归责为主的多元归责原则以外，还涵括作为与不作为的行为形态，包括违法采取司法强制措施、保全措施、先予执行措施、错误执行等侵权类型。《解释》对行政诉讼中司法赔偿侵权行为的类型与范围进行了具体列举，丰富并体系化了可赔偿的行为范围，为人民法院及其工作人员划下了不当为、不该做的红线。对违法采取先予执行措施。通过采取先予执行完成特定金钱义务的给付、特定行为的紧急制止和行政行为的实施，审判实践中，人民法院长期受理并审查违法先予执行的案件，既审查具体的先予执行措施，也审查裁量先予执行的职权行为。侵权行为的范围、侵权行为主要包括违法采取司法强制措施、违法采取保全措施、违法采取先予执行措施、错误执行这四类侵权行为。

第四，行政诉讼司法赔偿案件主要涉及财产的返还、修复和赔偿，财产损害赔偿的计算规则一直以来都是行政司法赔偿审判的热点和难点，特别是在财产不能恢复原状或者灭失的情形下如何确定损失，在实践中有较大争议。明确财产损害赔偿的一般原则和特殊规则。《解释》规定凡涉及财产损害赔偿的，能返还的返还、能恢复的恢复，不能返还或者恢复原状的予以赔偿。财产不能恢复原状或者灭失的，原则上按照侵权行为发生时市场价格计算直接损失。对于一些特定财产如不动产、稀缺物品或者大宗商品等，受到侵权损害的时间较长且受损财产价值发生较大波动的，无法确定或者该市场价格不足以弥补受害人所受损失的，可以采取其他合理方式计算损失，以更加公允地计算财产损失，更加充分地救济权利。其他方式可以是指资产重置的方法，可以根据财产所在地价格统计数据来计算，还可以委托有关专业机构评估等。可赔偿的财产损害范围。在财产损害中，直接损失是现有财产的减少，间接损失是可得利益的丧失。例如，对于拍卖、变卖财产的损失，如果应当返还的财产已经依照法定程序拍卖或者变卖的，视为依法拍卖或者变卖的价值为财产直接损失的体现，按照《国家赔偿法》的规定给付拍卖或者变卖款。如果人民法院违反法定程序拍卖的，或者变卖的价款明显低于财产价值的，应当支付相应的赔偿金。确定了银行同期存款利息的计算基准。《解释》明确以作出生效赔偿决定时中国人民银行公布的一年期人民币整存整取定期存款基准利率作为银行同期存款利息的固定计算基准，不计算复利。例如，应当返还的财产属于金融机构合法存款的，在存款合同存续期间，按照合同约定利率计算利息。这意味着，对于应当返还的合法存款，其存款利率高于一年期人民币整存整取定期存款基准利率的，存款合同存续期间的利息赔偿就高不就低，以更好地保护存款人的合法权益。

第五，行政诉讼中司法赔偿以财产损害赔偿为主，但人民法院及其工作人员在行政诉讼过程中侵犯公民人身权的，也应当对人身损害予以赔偿。人民法院及其工作人员在行政诉讼过程中侵犯人身权的行为包括法律行为和事实行为。法律行为主要是指违法采取拘留措施等行为；事实行为包括作为和不作为行为，主要是指殴打、虐待或者唆使、放纵他人殴打、虐待，以及违法使用武器、警械等行为。无论是法律行为还是事实行为、作为还是不作为行为，如果侵犯了相对人的人身权，国家都应当承担赔偿责任。需要注意的是，人民法院工作人员的行为如殴打、虐待等，不属于行使职权的行为，但只要与行使职权有关，或者是作为行使职权的一种手段，或者是假借行使职权之便实施的，或者是在行使职权的时间或场所实施的，国家就应当对由此造成相对人的身体伤害或死亡的结果承担赔偿责任。即使人民法院工作人员因上述行为已被追究刑事责任，国家也应当承担赔偿责任。对于精神损害赔偿，根据国家赔偿法规定，适用于行政赔偿、刑事赔偿中侵犯人身权造成严重后果的情形，未明文规定适用于行政诉讼中司法赔偿。根据《解释》的规定，行政诉讼司法赔偿案件中，人民法院及其工作人员侵犯公民人身权造成精神损害的，应当依照《国家赔偿法》的规定，在侵权行为影响的范围内，为受害人消除影响、恢复名誉、赔礼道歉；造成严重后果的，还应当支付相应的精神损害抚慰金。其依据在于，人民法院及其工作人员行政诉讼过程中实施违法拘留、殴打、虐待等行为，侵犯公民人身权，造成的损害后果有可能不亚于行政赔偿、刑事赔偿中的损害后果。如将行政诉讼中司法赔偿排除在精神损害赔偿条款的适用范围之外，就会背离国家赔偿法尊重和保障人权的立法初衷。需要注意的是，在侵犯人身权致人精神损害造成严重后果的情形下，消除影响、恢复名誉、赔礼道歉与精神损害抚慰金者两种责任方式应当同时适用。

第六，国家不承担赔偿责任和减轻国家赔偿责任的情形。国家不承担赔偿责任的情形。正确适用国家不承担赔偿责任的条款，需要从两个方面把握：一方面，人民法院在行政诉讼过程中，处于居中裁判的地位，人民法院在行使职权过程中因违法侵权而产生的赔偿义务关系与当事人双方之间原有的债权债务关系是两种不同性质的法律关系，二者不能相互替代，不能因人民法院有违法侵权行为而使原债权债务关系归于无形，用全体纳税人的钱为个别民事主体“埋单”。另一方面，防止以民事责任逃避国家赔偿责任。在申请保全错误、申请先予执行后败诉、申请执行人提供执行标的物错误、保管人侵权等情形中，同时还存在人民法院及其工作人员违法或者过错行使职权行为的，人民法院对自身的违法或者过错侵权行为承担相应的国家赔偿责任，不能因申请保全人、申请先予执行人、申请执行人、保管人等承担民事责任而逃避依法应当承担的国家赔偿责任。减轻国家赔偿责任的情形。正确适用减轻国家赔偿责任的条款，要准确把握行政诉讼司法赔偿中违法归责、过错归责为主的归责原则，穷尽其他救济途径的归责前提。因多个原因或有过失造成的损害，国家赔偿限于人民法院自身违法侵权行为造成损害的部分，而不能替代当事人、第三人、案外人等其他责任人的民事责任。损失已经通过法定程序获得赔偿、补偿的，人民法院对该部分损失不承担国家赔偿责任。具体而言：对于数个原因造成同一损害结果的行政诉讼司法赔偿案件，主要根据作用力来确定国家赔偿责任的份额。实践中，此类案件经常发生。例如，人民法院对公民违法采取拘留措施，在拘留期间，同仓人侵犯公民人身权，而人民法院工作人员未及时制止，导致公民人身伤害的。受害人对损害结果的发生或者扩大也有过错的，可以减轻赔偿义务机关的责任。例如，人民法院违法保全财产并导致损害，但被保全人对属于自己所有且就地保全的财产不尽注意义务，放任财产被他人或者自然原因损害，甚至自己故意弃毁财产的，对于因自身过错导致损害的部分，可以减轻人民法院的责任。损失通过已经法定程序获得赔偿、补偿的，人民法院对该部分损失不承担国家赔偿责任。在行政诉讼过程中，当事人或者第三人主张人民法院的职权行为侵害其合法权益的，法律、司法解释提供了权利救济渠道。例如，司法强制措施的复议、保全和先予执行的复议、执行程序中的复议和异议以及执行监督制度等。在诉讼程序或者执行程序尚未终结时，当事人或者第三人通过上述救济途径主张权利，人民法院查证属实并对其所遭受损害通过回转、返还、修复或者赔偿予以救济的，应视为损失已经获得弥补。对于该部分损害，当事人或者第三人在诉讼、执行程序终结后又请求国家赔偿的，人民法院不应承担赔偿责任。

《国家赔偿法》取消了单独的确认前置程序，否定了赔偿义务机关的终局确认权，明确了司法终局的原则，确立人民法院赔偿委员会的终局司法审查权，实现了国家赔偿程序的“确赔合一”。防范以内部监督阻隔外部监督，畅通了请求赔偿的渠道，体现人权保障的法治进步。对于实行违法归责、过错归责，但又没有在既定程序中予以确认的致害行为，人民法院赔偿委员会在国家赔偿程序中一并判断其违法性或者过错以及造成损害的大小。但是，司法实践中仍存在诸如程序违法是否要赔偿、违法但没有损失是否要赔偿的疑惑，反映出来的是未能摆脱以往陈旧思路，分裂、机械地看待职权行为的违法性与损害后果，不能从国家赔偿责任构成诸要素之间的联系来看待案件，缺乏对责任构成的整体把握的问题。

人民法院赔偿委员会审理行政所诉讼司法赔偿案件，应当按照国家赔偿责任的构成要件，即对人民法院及其工作人员行使职权的行为是否符合法律规定，赔偿请求人主张的损害事实是否存在，以及该职权行为与损害事实之间是否存在因果关系等事项一并予以审查。具体而言，人民法院赔偿委员会审理行政诉讼司法赔偿案件过程中，按照责任构成要件进行损害赔偿审查，是判断国家赔偿责任是否成立的应有之义，而违法性审查是其中的主要环节，且为司法审查的重点行政诉讼有些情形也应当视为有法定性，如果已通过执行异议、复议或者监督纠正错误执行行为，但未能在原执行程序中获得补救的，人民法院赔偿委员会在司法审查中即可省却违法性审查的环节。与刑事诉讼不同的是，行政诉讼实践中多数情况在程序终结后无法定性，应当由人民法院赔偿委员会在审理行政诉讼司法赔偿案件过程中将违法性、损害后果以及因果关系合并审查，即“确赔合一”司法审查。

## 经典案例

### 朱某诉北京市朝阳区人民政府行政复议案

原告朱某作为乙方与甲方某停车管理公司签订《停车场车位租用协议书》，约定原告因车辆停放需要租用甲方车位，停车位场地使用服务费为 1785 元 / 年。合同签订当日，原告向合同甲方缴纳了上述服务费。2016 年 7 月，原告向北京市朝阳区城市管理综合执法监察局（以下简称朝阳城管监察局）投诉，称其所在小区地下停车场存在未经备案非法收费问题，要求进行查处。2016 年 9 月 12 日，朝阳城管监察局针对朱某的投诉作出《行政答复意见书》，认为因其反映的机动车停车场不向社会开放收费，故其反映的问题不在该机关职责范围内。2016 年 9 月 28 日，原告朱某向被告北京市朝阳区人民政府提出行政复议申请，请求确认朝阳城管监察局对其针对违法行为的投诉控告不立案、不处理、不查处的行为违法，并责令朝阳城管监察局履行法定职责。同年 12 月 9 日，被告作出被诉复议决定书认为，朝阳城管监察局提交的证据能够证明其在原告朱某来访后，对某小区地下停车场进行了调查、取证，但朝阳城管监察局作出的《告知书》及《行政答复意见书》未向原告朱某有效送达，未尽到告知义务。依据《中华人民共和国行政复议法》(以下简称《行政复议法》)第二十八条第一款第(二)项的规定，决定责令朝阳城管监察局在法定期限内对原告朱某反映的事项履行相应的法定职责。朱某不服，提起行政诉讼，请求确认被诉复议决定违法，并要求被告责令朝阳城管监察局对违法收费行为予以查处并予取缔。①

## 第四节　行政机关守法实践检验

行政机关是指依法行使国家行政权力、执行国家行政职能的机关。从广义上讲，行政机关是一级政府机关的总称，即国家政权组织中执行国家法律，从事国家政务、机关内部事务和社会公共事务管理的政府机关及其工作部门。从狭义上讲，行政机关仅指政府机关内部的综合办事机构，即办公厅（室），它是在行政首长直接领导下处理各种事务、辅助进行全面管理工作的机构。要加强各级公务员的法治意识，加强各级公务员的法律知识，切实落实依法办事的工作作风，是提高公务人员执政水平的重要途径，也是减少人为矛盾之所在，一个繁荣文明的社会必然是一个法治有序的社会。依法行政，简言之，就是行政机关自身的设立、行政机关的运行都必须依据宪法和法律的规定并遵守相应程序，一切行政行为都要接受监督，违法行政应承担法定责任。依法行政要求行政机关坚持法律至上，行使行政权力履行管理国家职能、保护公民合法权益。

为加快建设法治政府，进一步规范行政权力的使用，提高政府工作效能，遏制权力滥用、行政乱为等违法乱纪现象发生，行政机关主动作为，找准定位，率先垂范，积极推行依法行政。领导就要主动行动，带头学法、守法。建立长效机制、约束干部自觉守法，为向相关人员敲响法治警钟，培养其自觉守法意识，行政机关应不断完善依法行政工作目标考核内容，建立量化考核体系。将依法行政考核结果与机关工作人员考核、奖惩相挂钩的考核制度，以奖惩严明为手

① 北京四中院2017年度行政审判十大典型案例。

段，实现全体干部自觉守法的目的。理论指导实践、实践检验理论，为实现法治对行政权力的规范约束作用，行政机关主动建立行政公开、权力公开透明运行机制。采取定期与不定期相结合的方式对各项行政公开，并及时对公开情况进行抽查和通报；定期对各业务窗口及相关人员的依法行政情况进行调查，要求各项业务的办理必须有理可依、有据可循，通过严格的操守要求，培养全体干部牢固树立法治意识、坚持以法律为准绳开展工作。

依法治国是我国基本治国方略，习近平总书记特别强调指出，要“加快建设社会主义法治国家，不断推进科学立法、严格执法、公正司法、全民守法进程。要深入推进依法行政，加快建设法治政府”。也就是说，在科学立法、严格执法、公正司法和全民守法中，完善政府执法、打造法治政府是最关键的环节。因为国家的法律法规需要各级政府来贯彻实施，与社会、与群众关系最密切的正是各级人民政府，所以政府的决策与执法活动是否合法、是否适当，不仅关系人民福祉和社会稳定，也关系依法治国这一基本方略能否落实。由此可见，政府守法是法治建设的第一要义，是建设法治国家、法治社会的基本前提。所谓政府守法有以下三层含义。其一，政府守法是对公民最大的教化，关乎民众对法律的信任。其二，政府守法是权力有效运作以及公民权利得以实现的根本保障。其三,一切权力属于人民，政府守法既是权力的基本伦理要求，也是政府获取公信力与合法性的重要途径。

贯彻依法治国基本方略，推进依法行政，建设法治政府，是政府真正履行服务职能的前提。建设法治政府要努力做到以下要求：第一，要树立依法办事意识。执行法律是政府及其所有工作人员的首要职责。政府工作人员特别是领导干部要带头学法、守法、用法，切实提高运用法治思维和法律手段解决经济社会发展中突出矛盾和问题的能力。增强法律意识的主要渠道是学法。要完善行政机关领导干部学法制度、行政工作人员和执法人员法律培训制度、任职晋升人员法律知识考试和考核制度等，促进法律知识学习，强化法律意识培育。第二，要加强制度建设。要重点加强有关法规和制度建设，加强法规的科学化、民主化、程序化，确保法规体现人民群众的意志，谨防单方面体现部门意志，谨防小范围体现专家意见；还要健全规范性文件的制定程序，强化规章和规范性文件备案审查。第三，要坚持科学决策。各级政府及其行政部门要健全重大行政决策规则，把公众参与、专家论证、风险评估、合法性审查和集体讨论决定作为重大决策的必经程序。还要建立和完善行政决策风险评估机制，加强重大决策跟踪反馈和责任追究。对违反决策规定、出现重大决策失误、造成重大损失的，要按照“谁决策、谁负责”的原则严格追究责任。第四，要规范公正文明执法。各级行政机关要严格依照法定权限和程序行使权力、履行职责，加大行政执法力度，严厉查处危害安全生产、食品药品安全、自然资源和环境保护、社会治安等方面的违法案件，维护公共利益和经济社会秩序。地方各级政府要排除地方保护主义，杜绝选择性执法；排除人情干扰，杜绝不公正执法；排除权力意识，杜绝粗暴执法。各级政府要着力加强行政执法队伍建设，严格执法人员持证上岗和资格管理制度，狠抓执法纪律和职业道德教育，全面提高执法人员素质。第五，要全面推进政务公开。政务公开首先是信息公开。各级政府要认真贯彻实施政府信息公开条例，凡是不涉及国家秘密、商业秘密和个人隐私的政府信息，都要向社会公开；要重点推进财政预算、公共资源配置、重大建设项目批准和实施、社会公益事业建设等领域的政府信息公开。政务公开包括办事公开。所有面向社会服务的政府部门、政府下属的事业单位、由政府购买公共服务的社会组织都要依法公开办事依据、条件、要求、过程和结果，确保政府提供的服务公正。第六，要强化行政监督和问责。上级行政机关要切实加强对下级行政机关的监督，及时纠正违法或者不当行政行为。审计部门、监察部门要全面履行法定职责，加强财政、预算、投资审计和各种专项审计，加强对行政不作为、失职渎职、违法行政等行为的监察和问责，严肃追究违法违纪人员的责任，促进行政机关廉政勤政建设。

## 经典案例

### 董某诉北京市大兴区人民政府行政不作为案

2017年1月3日，原告董某向被告北京市大兴区人民政府（以下简称大兴区政府）邮寄了《责令北京市大兴区黄村镇狼垡二村村委会履行法定义务申请书》，请求被告大兴区政府履行行政职责，依法责令狼垡二村村民委员会依法实行村务公开。大兴区政府收到后，于2017年2月28日作出《关于董某来信的回复》，主要内容为：经调查核实，关于狼垡地区规划范围内集体土地使用权入股加入北京兴业利民置业有限公司实行集体经营性建设用地统筹入市交易的决议，狼垡二村股份经济合作社严格按照民主程序召开了会议，通过了相关决议，通报了相关工作，但未在村务公开栏中对上述内容进行公开。根据《中华人民共和国村民委员会组织法》第三十条、第三十一条等规定，大兴区政府将责令狼垡二村村民委员会（股份经济合作社）对原告董某要求公开的村务内容中实际存有的进行公开。原告董某于2017年3月1日收到该回复。2017年3月6日，被告大兴区政府作出《关于黄村镇狼垡二村村民委员会（股份经济合作社）村务公开的通知》，责令狼垡二村村民委员会（股份经济合作社）在收到该通知书之日起60日内依法对原告董某来信中要求村务公开内容中实际存有的进行公开。2017年3月9日，狼垡二村村民委员会收到该通知。同日，原告董某认为被告大兴区政府行政不作为，起诉至北京市第四中级人民法院，请求依法判令被告大兴区政府对原告董某2017年1月3日提交的申请履行法定职责。①

## 某水泥公司、某矿业公司诉北京市房山区人民政府企业停产关闭通知案

原告北京某水泥公司及配套关联企业北京某矿业公司是被列入北京市去产能、去库存以及大气污染治理防治目录的企业。因对企业关闭等问题未能达成一致意见，原告向法院提起行政诉讼。原告诉称，被告北京市房山区人民政府于2015年7月8日向其发送《关于企业停产关闭的通知》，要求原告于2015年8月20日前停产关闭。原告认为，被告作出通知前没有对原告进行补偿和安置，致使企业运营陷入困难，故诉请法院撤销上述通知并要求被告安置企业职工。被告辩称，双方就企业停产关闭相关问题已经进行了协商，原告同意关停企业，

① 北京四中院2017年度行政审判十大典型案例。

被告依法就原告主张的安置问题予以补偿，后因原告在协商关停企业方案时要求过高而未能达成一致意见；应由原告对企业职工依法进行安置，被告并无相应职责。[①]

① 北京四中院 2017 年度行政审判十大典型案例。

# 附录1：

# 最高人民法院2017年度行政审判十大典型案例

## 案例一：林某诉济南市住房保障和房产管理局房屋行政管理案

**【基本案情】**

济南市退休工人林某肢体重度残疾，行走存在严重障碍。2007年9月，其向济南市住房保障和房产管理局（以下简称市房管局）提出廉租房实物配租申请，通过摇号取得了该市槐荫区世纪中华城一套廉租房，签订了租赁合同。2010年5月，市房管局接他人实名举报后调查认定其存在取得廉租房后连续六个月未实际居住等情形。林某主张因其肢体二级残疾，该住房位置偏远、地处山坡、交通不便，故居住不久后即搬出。同年7月13日，市房管局收回该房，并于同年9月给其办理了廉租房租金补贴。林某又于2011年重新申请并取得廉租房实物配租资格，后以房源不适合自己居住为由放弃摇号选房。2011年4月，林某将市房管局诉至法院，请求依法确认该局取消其实物配租资格的行政行为违法，判令该局赔偿其退房次日起至重新取得实物配租房之日止的相应租金损失。

**【裁判结果】**

济南市市中区人民法院一审认为，根据《济南市城市低收入家庭廉租住房管理办法》有关规定，房产行政主管部门应在作出取消当事人实物配租资格的书面处理决定生效情况下才能收回房屋。本案中，市房管局未作出书面处理决定而直接收回，造成林某该次廉租住房实物配租资格被取消，影响其相关权利。遂判决确认市房管局收回房屋、取消林某实物配租资格的行为违法，由该局按廉租房租金标准赔偿林某从2010年7月13日次日起至2010年8月31日的租房损失，驳回林某其他诉讼请求。双方当事人均提出上诉。

济南市中级人民法院二审认为，林某存在连续六个月以上未实际居住情形，且在退房证明上签字履行了手续，市房管局依照有关规定取消其实物配租资格并收回廉租房的行为并无不当。同时，城市低收入家庭只能在租金补贴、实物配租等保障方式中享受一种，林某已在当年9月取得租金补贴保障待遇，市房管局取消其实物配租资格结果正确，未作书面决定属程序瑕疵。遂撤销一审判决，改判驳回林某的诉讼请求。

最高人民法院提审本案后，贺小荣庭长亲自担任审判长于2016年4月赴当地开庭审理并主持调解，市房管局局长到庭参加诉讼。双方当事人本着互谅互让原则达成协议，林某获得按新政策调配的公租房及救助金7万元。本案最终通过行政调解书方式结案。

**【典型意义】**

本案典型意义在于，为残疾人提供公正、高效、便捷的司法服务，不仅是人民法院践行司法为民的内在要求，也是我国加入《残疾人权利公约》后的庄严承诺。本案系最高人民法院首次赴基层法院开庭审理残疾人权益案件，也是新行政诉讼法实施后首次依法以行政调解书方式结案。不仅充分照顾到残疾人权利行使方式与实现途径，也通过行政负责人积极出庭应诉配合调解等举措，凸显对依法行政的重视，是共同贯彻落实立法新精神的生动实践。包括媒体在内的社会各界对本案一致好评，现场旁听的全国人大代表、政协委员和残疾人联合会的代表对庭审活动给予高度评价，中国残联为此也向最高人民法院致信感谢。本案对健全残疾人权益司法保障制度，推进残疾人事业健康发展具有重要示范意义。

## 案例二：广州某房产建设有限公司诉广州市地方税务局第一稽查局税务处理决定案

**【基本案情】**

2005年1月，广州德发房产建设有限公司（以下简称德发公司）委托拍卖行将其自有的位于广州市人民中路555号“美国银行中心”的房产拍卖后，按1.38255亿元的拍卖成交价格，向税务部门缴付了营业税6912750元及堤围防护费124429.5元，并取得了相应的完税凭证。2006年间，广州市地方税务局第一稽查局（以下简称广州税稽一局）在检查德发公司2004年至2005年地方税费的缴纳情况时，认为德发公司的上述房产拍卖成交单价格2300元/㎡，不及市场价的一半，价格严重偏低，遂于2009年9月，作出穗地税稽一处〔2009〕66号税务处理决定，核定德发公司委托拍卖的上述房产的交易价格为311678775元，并以311678775元为标准核定应缴纳营业税及堤围防护费，决定追缴德发公司未缴纳的营业税8671188.75元，加收营业税滞纳金2805129.56元；决定追缴堤围防护费156081.40元，加收滞纳金堤围防护费48619.36元。德发公司不服该决定，提起行政诉讼。

**【裁判结果】**

本案一审判决驳回德发公司诉讼请求；二审维持一审判决，驳回德发公司上诉。再审判决撤销一、二审判决，并撤销被诉处理决定中加收营业税滞纳金和堤围防护费滞纳金的部分。

最高人民法院再审认为：1. 不违反法律原则和精神的行政惯例应当予以尊重。广州税稽一局在查处涉嫌税务违法行为时，依据税收征管法第三十五条规定核定纳税义务人的应纳税额是其职权的内在要求和必要延伸，符合税务稽查的业务特点和执法规律，符合《国家税务总局关于稽查局职责问题的通知》关于税务局和稽查局的职权范围划分的精神，不构成超越职权。2. 税务机关确定应纳税额时，应当尊重市场行为形成的市场价格；其基于国家税收利益的考虑否定拍卖价格作为计税价格时，行使税收征管法第三十五条第一款第六项应纳税额核定权时，应当受到严格限制。纳税义务人以拍卖不动产的拍卖价格作为计税依据依法纳税后，在该拍卖行为未被有权机关依法认定为无效或者认定存在违反拍卖法的行为并影响拍卖价格的情况下，税务机关原则上不能根据税收征管法第三十五条第一款第六项的规定行使应纳税额核定权，但如果拍卖行为中存在影响充分竞价的因素导致拍卖价格过低，如本案中的一人竞拍时，税务机关基于国家税收利益的考虑，有权行使应纳税额核定权。3. 没有法律、法规和规章的规定，行政机关不得作出影响行政相对人合法权益或者增加行政相对人义务的决定。税务机关根据税收征管法第三十五条第一款第六项的规定行使应纳税额核定权，应当受到税收征管法第五十二条关于追缴税款和滞纳金的条件和期限的限制；因不能归责于纳税义务人的原因时，新确定的应纳税额，缴纳义务应当自核定之日发生，征收该应纳税额确定之前的税收滞纳金没有法律依据。

**【典型意义】**

本案是最高人民法院提审改判的第一起税务行政案件，案件多个焦点问题的裁判理由均具有较强的典型意义：1. 尊重行政机关长期执法活动中形成的专业判断和行政惯例。通过司法确认的方式，认可省级以下税务局及其税务稽查局在具体执法过程中形成的不违反法律原则和精神且符合具体执法规律和特点的惯例，对今后人民法院处理类似问题提供借鉴方法。2. 体现法院在促进依法行政方面的司法能动性，既保障国家利益不受损，也要防止税收权力的任性。进一步明确拍卖价格作为计税依据的合法性，限定税务机关行使应纳税额核定权行使条件，厘清特定税收专业领域行政机关职权和市场主体自治的界限。3. 贯彻“法无明文规定不可为”的法治理念，确保当事人合法权益不受行政机关无法律依据的剥夺。行政权的行使应当严格限定在法律明确规定的范围内，在法律没有规定的情况下，行政机关不得作出影响行政相对人合法权益或者增加行政相对人义务的决定。

## 案例三：某物业管理有限公司诉上海市工商行政管理局黄浦分局无主财产上缴财政案

**【简要案情】**

1998 年 7 月，柏德贸易有限公司（以下简称柏德公司）以存放于上海市宝山区宗福仓库的250吨进口羊毛为厦门凯天贸易有限公司（以下简称凯天公司）向厦门建行的两笔借款提供质押。（后该质权于2006年转移给本案再审申请人居泰安物业管理有限公司〔以下简称居泰安公司〕)。1999年，该批羊毛因涉嫌走私，被公安机关移交海关处理。因海关在调查过程中无法找到柏德公司的法定代表人，遂于同年将涉案羊毛移交本案再审被申请人上海市工商行政管理局黄浦分局（以下简称黄浦工商分局）处理。嗣后，因发现涉案羊毛已出现脱脂变质现象，黄浦工商分局遂将其先行拍卖，得款人民币7196545.66元，并于1999年10月16日在《文汇报》上刊载公告，载明：限有关该批羊毛的所有人于公告发布之日起3个月内，携带有关合法证明前往黄浦工商分局下属的支队接受调查，如逾期，黄浦工商分局将依照《工商行政管理机关行政处罚程序暂行规定》(以下简称《暂行规定》) 第六十一条规定予以处理。由于逾期货物所有人仍未出现，黄浦工商分局于2000年3月7日作出“视涉案被扣羊毛为无主财产，上缴财政”的决定。厦门建行称，在黄浦工商分局处理本案期间，该行及厦门中院的办案人员曾找到黄浦工商分局查询涉案羊毛的处理情况。据此，再审申请人认为涉案羊毛并非无主财产，遂对拍卖上缴行为不服，提起诉讼，请求撤销黄浦工商分局作出的没收涉案羊毛的决定，并判决该局给付拍卖上述财产所得全部款项。

**【裁判结果】**

一、二审法院认为，黄浦工商分局在无法找到并确认走私、贩私行为人，进而无法处罚违法行为人的情况下，按照《暂行规定》作出无主财产上缴财政的行政处理决定，执法程序并无不当，并据此驳回了居泰安公司的诉讼请求。居泰安公司不服，向最高人民法院申请再审。

最高人民法院经审查认为，判断行政行为合法性一般应当以行政行为作出时的事实为准。即使行政行为与客观事实不符，只要行政机关在作出行为当时无法发现该事实，也不应以此简单地否定行政行为的合法性。但是，本案中，黄浦工商分局在事后经权利人主张，发现涉案羊毛设有质权的情况下，应当认识到其作出的被诉行政行为与客观事实不符，并及时采取相应的措施，包括：就涉案羊毛可能涉及的违法问题，依照法律规定的处理权限作出判断，并在此基础上对再审申请人提出的返还请求作出处理。据此，本案最终判决撤销原审判决，责令上海市黄浦区市场监督管理局在本判决生效之日起 15 日内将涉案羊毛涉嫌违法的问题交由有权机关处理，或者在本判决生效之日起 15 日内依职权启动调查并在其后 120 日内对再审申请人厦门居泰安物业管理有限公司提出的返还涉案羊毛拍卖款的请求作出处理，驳回厦门居泰安物业管理有限公司的其他诉讼请求。

【典型意义】

本案的典型意义在于，法治政府要求行政机关法定职责必须为，勇于负责，敢于担当，行政机关在发现行政行为存在瑕疵的情况下，有义务加以改正。在以撤销诉讼为主的诉讼制度和理念的影响下，人民法院一般只有在被诉行为被撤销或者确认违法后，才会处理相关损失的补偿或赔偿问题，从而将行政行为的违法性与行政机关的给付义务挂钩，形成了无违法即无给付的诉讼格局。本案明确了即便在撤销诉讼中，行政机关的给付义务也并非仅仅取决于被诉行政行为的违法性。根据被诉行政行为作出时的基础事实，该行为无法被撤销或确认违法，但只要行政机关嗣后发现行政行为有瑕疵，且该瑕疵损害或者可能损害公民、法人或者其他组织的合法权益，行政机关就负有及时加以改正的义务，人民法院就应当视情况判决行政机关为一定的给付。

## 案例四：张某、陶某诉四川省简阳市人民政府侵犯客运人力三轮车经营权案

【基本案情】

1996 年 8 月，四川省简阳市人民政府（以下简称市政府）对 240 辆人力客运老年车改型为人力客运三轮车的经营者每人收取了有偿使用费 3500 元。1996 年 11 月，对原有的 161 辆客运人力三轮车经营者每人收取了有偿使用费 2000 元。从 1996 年 11 月开始，市政府开始实行经营权有偿使用，有关部门对限额的 401 辆客运人力三轮车收取了相关的规费。1999 年 7 月 15 日、7 月 28 日，市政府针对有偿使用期限已届满两年的客运人力三轮车，发布《关于整顿城区小型车

辆营运秩序的公告》（以下简称《公告》）和《关于整顿城区小型车辆营运秩序的补充公告》（以下简称《补充公告》）。其中，《公告》要求“原已具有合法证照的客运人力三轮车经营者必须在1999年7月19日至7月20日到市交警大队办公室重新登记”，《补充公告》要求“经审查，取得经营权的登记者，每辆车按8000元的标准（符合《公告》第六条规定的每辆车按7200元的标准）交纳经营权有偿使用费”。张某等182名经营者认为市政府作出的《公告》和《补充公告》侵犯其经营自主权，向简阳市人民法院提起行政诉讼。

**【裁判结果】**

简阳市人民法院经审理认为，市政府在行政法规、地方性法规、规章对经营权有偿使用期限未作明确规定的情况下，执行上级行政主管部门四川省交通厅《四川省小型车辆营运管理规定》中“有偿使用期限一次不得超过两年”的规定，对已实行经营权有偿使用期限超过两年的原告，以公告形式决定其重新登记并支付有偿使用费的行为，并无不当。判决维持市政府作出的《公告》和《补充公告》。张某等不服，向四川省资阳地区（现为资阳市）中级人民法院提起上诉。四川省资阳地区中级人民法院以与一审基本相同的理由判决驳回上诉，维持原判。

后本案经最高人民法院裁定提审。最高人民法院认为，行政机关作出行政许可等授益性行政行为时，应当明确告知行政许可的期限。行政机关在作出行政许可时，行政相对人也有权知晓行政许可的期限。明确行政许可的期限，既是为了保障公共利益的需要，也是为了保障许可申请人的选择权利。市政府1996年的经营权许可在程序上存在明显不当，直接导致与其存在前后承继关系的本案被诉行政程序明显不当。本案中，四川省交通厅制定的规范性文件明确了许可期限。申请人关于本案行政许可没有期限限制的主张不能成立。虑及本案被诉行政行为作出之后，简阳市城区交通秩序得到好转，城市道路运行能力得到提高，城区市容市貌持续改善，以及通过两次“惠民”行动，绝大多数三轮车主已经分批次完成置换，如果判决撤销被诉行政行为，将会给行政管理秩序和社会公共利益带来不利影响。判决确认简阳市人民政府作出的《公告》和《补充公告》违法。

【典型意义】

本案的典型意义在于，进一步明确行政机关应当遵循正当行政程序和人民法院审理行政案件要注意公私利益平衡的问题。一方面，程序正义是看得见的正义，行政机关在作出行政行为时应当履行正当的行政程序，履行特定的告知义务。程序正当是法治政府建设的核心要义之一。行政机关履行告知行政许可期限的义务，既有利于行政机关对许可事项实行监督管理，也有利于保障行政相对人的选择权，从源头上避免和减少行政纠纷的发生。本案中，正是由于行政机关怠于履行告知义务，导致行政相对人误以为行政许可没有期限，进而在二十年的时间内聚讼不息，引发多次群体性上访。本案通过对行政执法程序的司法监督，推动了严格规范公正文明执法，强化了对行政权力的制约和监督。另一方面，化解行政争议是行政诉讼的重要目标。本案中，法院为化解多年来形成的“官”民矛盾做了大量的协调工作，为本案妥善解决奠定了良好基础。市区环境和交通秩序明显改善，当事人实体权益亦得到弥补。本案中，市政府副市长出庭应诉，明确表示坚持依法行政，尊重法院裁判，凸显了责任政府意识。法院运用法律关于“情势”判决的规定，既对被诉行政行为的合法性进行了审查和确认，同时也注意到了业已形成的社会公共利益，确保了公共利益和个人利益的平衡，近二十年的行政纠纷得以彻底化解。本案在办理过程中实现了法律效果和社会效果的两相统一，也为解决历史形成的类似案件提供了良好范本。

## 案例五：郑州市中原区某调味品厂诉郑州市人民政府行政处理决定案

【基本案情】

1995 年 11 月，郑州市中原区某调味品厂（以下简称某调味品厂，个体工商户）与闫垌村三组以该厂系村办企业名义向主管部门提交《关于违章用地的检查及补办征地手续的申请》。郑州市土地管理局同意补办并下达批复，该厂其后所提交的相关申请表中经济性质栏填写了“个体”。1996 年 12 月，郑州市政府给该厂颁发国有土地使用证，载明土地性质为划拨，面积 12612.7 平方米。后该厂于 2005 年以征地补偿安置费名义给闫垌村三组汇款 33 万余元被拒。2006 年

12 月，郑州市政府针对闫垌村三组的撤证申请作出注销上述国有土地使用证的决定（以下简称 4 号决定），理由是该厂与闫垌村三组采取欺骗手段，未如实登记。该厂进而向省政府申请复议未果，遂提起本案诉讼，请求法院撤销 4 号决定。涉案土地现已被用于房地产开发。

**【裁判结果】**

郑州市中级人民法院一审认为，某调味品厂当时不属于可补办用地手续的范围，郑州市政府作出被诉注销决定符合《河南省实施〈土地管理法〉办法》相关规定，遂判决维持 4 号决定。某调味品厂上诉后，河南省高级人民法院在二审及其后的两次再审中，均以基本相同的理由分别作出驳回上诉、维持原判和维持二审判决、维持初次再审判决的处理结果。

最高人民法院提审后认为，某调味品厂在工商机关登记的经济性质为个体工商户，从当时有关文件看，该厂不属于“农村集体经济组织兴办的经济实体”，客观上不具备补办违法占地用地手续的资格。但是，被诉 4 号决定将错误登记和颁证完全归因于该厂和闫垌村三组采取“欺骗手段”，而当时有关申请表中曾将经济性质填写为“个体”。虽然存在表述前后不一，但尚不构成对真实经济性质的刻意隐瞒，故 4 号决定认定采取欺骗手段的证据并不充分。而对于行政机关审查不严问题隐而不提，事实认定有误。同时，4 号决定剥夺了某调味品厂继续使用涉案土地的权利，对其重大财产权益产生不利影响，郑州市政府既未事前告知该厂，亦未给予其陈述和申辩的机会，所做的针对法定代表人的调查笔录既未告知调查目的，也未告知可能因涉嫌欺骗未如实登记、行政机关拟注销涉案土地使用证等情况，不足以使该厂在 4 号决定作出前进行充分的、有针对性的陈述和申辩，程序明显不当。此外，4 号决定未充分考量涉案土地在政府收取出让金之后用于房地产开发等因素，一注了之，客观上不利于某调味品厂主张信赖利益保护（如需查清是否存在发证到注销期间合理投入），遂于 2016 年判决撤销一、二审及两次再审判决，确认郑州市政府作出的被诉 4 号决定违法。

**【典型意义】**

本案典型意义在于，加强对各类非公有制经济市场主体的产权保护，是当前人民法院的一项迫切任务，行政审判在监督行政机关依法行政方面意义重大。

本案中，郑州市政府针对其十年前的错误颁证行为，仅以申请人采取“欺骗手段”为由一注了之，没有考虑当事人曾在申请表中据实填写“个体”而行政机关未尽到审慎审查义务，亦未核实当事人多年来对行政机关的信赖利益、房地产开发因素以及注销程序的规范性、正当性，被最高人民法院指出事实认定有误，程序明显不当。最高人民法院同时指出，对于信赖利益及如何弥补问题，可由郑州市政府在判后组织调查并作相应处理。本案的终审判决纠正了下级法院前后作出的四次判决，对于保障非公有制经济主体的实体权益、彰显正当程序价值和体现司法权威性，具有重要的审判监督价值。

## 案例六：刘某诉山西省太原市公安局交通警察支队晋源一大队道路交通管理行政强制案

**【基本案情】**

2001 年 7 月，刘某购买东风运输汽车一辆。2006 年 12 月 12 日，刘某雇佣的司机驾驶该车行驶至太原市和平路西峪乡路口时，山西省太原市公安局交通警察支队晋源一大队（以下简称晋源交警一大队）执勤民警以该车未经年审为由将该车扣留。2006 年 12 月 14 日，刘某携带审验手续前往处理。晋源交警一大队执勤民警在核实过程中又发现无法查验该车的发动机号码和车架号码，遂以涉嫌套牌为由继续扣留，并口头告知刘某提供其他合法有效手续。刘某虽多次托人交涉并提供更换发动机缸体、更换发动机缸体造成不显示发动机号码、车架用钢板铆钉加固致使车架号码被遮盖等证明材料，但晋源交警一大队一直以其不能提供车辆合法来历证明为由扣留。刘某不服，提起行政诉讼。法院审理期间，组织当事人对加固车架的钢板铆钉进行了切割查验，显示该车车架号码为 GAGJBDK0110××××2219，而该车行驶证载明的车架号码为 LGAGJBDK0110××××2219。

**【裁判结果】**

山西省太原市中级人民法院一审判决驳回刘某的诉讼请求。山西省高级人民法院二审判决撤销一审判决，责令晋源交警一大队在判决生效后三十日内对扣留涉案车辆依法作出处理并答复刘某，驳回刘某的其他诉讼请求。

最高人民法院认为，在刘某提交合法年审手续后，晋源交警一大队又发现涉案车辆涉嫌套牌时，可依法继续扣留，但其违反法定程序，且始终未出具任何形式的书面扣留决定。涉案车辆确系我国生产的东风运输汽车，特定汽车生产厂家生产的特定汽车的车架号码最后8位字符组成的字符串具有唯一性，切割查验后显示的车架号码和行驶证所载车架号码的最后8位字符完全一致，可以认定被扣留车辆即为行驶证载明的车辆。晋源交警一大队认定涉案车辆涉嫌套牌而持续扣留，构成主要证据不足。在刘某提交相关材料后，晋源交警一大队既不返还，又不积极调查核实，反复要求刘某提供客观上已无法提供的其他合法来历证明，长期扣留涉案车辆不予处理，构成滥用职权。据此判决撤销一、二审判决，确认晋源交警一大队扣留涉案车辆违法，判令晋源交警一大队在判决生效后三十日内将涉案车辆返还刘某。

**【典型意义】**

本案典型意义在于：深入推进依法行政，加快建设法治政府，要求必须坚持严格规范公正文明执法。行政机关既要严格执法以维护社会管理秩序，也要公正把握执法尺度，兼顾相对人合法权益的保护。为维护道路交通秩序，预防和减少交通事故，保护人身、财产安全，公安机关交通管理部门有权依法扣留违法车辆。存在裁量余地时，对违法车辆的扣留应以实现行政目的为限，尽可能选择对相对人合法权益损害最小的方式。违反法定程序，无正当理由长期扣留车辆，过度推诿卸责，严重突破实现行政目的的限度，且对相对人合法权益造成重大损害，显已违背严格规范公正文明的执法要求。人民法院依法予以纠正，救济相对人合法权益，监督行政机关依法行使职权，助推依法行政，促进法治政府如期建成。

## 案例七：某基金会诉杭州市西湖区国家税务局税务征收案

**【基本案情】**

2003年11月，某基金会在开曼群岛注册成立。2004年3月，香港国汇公司与浙江国叶公司签订合同设立国益路桥公司，香港国汇公司占国益路桥公司 95% 的股份。国益路桥公司于 2005 年 10 月获准受让杭州绕城高速公路收费经营权，同月，CFC 公司在开曼群岛注册成立，该公司持有香港国汇公司 100% 股权。2005 年 11 月，儿童投资主基金通过股权转让和认购新股方式取得了 CFC 公司 26.32% 的股权，该份股权又于 2011 年 9 月转让给 MDL 公司，转让价格为 2.8 亿美元，另收取利息约 380 万美元。其后，杭州市西湖区国家税务局（以下简称西湖区国税局）对上述交易展开调查并层报国家税务总局审核。国家税务总局于 2013 年 7 月明确批复：本案存在有关公司仅在避税地或低税率地区注册，不从事制造、经销、管理等实质性经营活动，股权转让价主要取决于国益路桥公司估值，股权受让方对外披露收购的实际标的为国益路桥公司股权等事实，税务机关有较充分的理由认定相关交易不具有合理商业目的，属于以减少我国企业所得税为主要目的的安排。据此，西湖区国税局在与儿童投资主基金沟通后于 2013 年 11 月作出《税务事项通知书》，要求其就上述交易申报缴纳企业所得税人民币 1 亿余元。儿童投资主基金不服，向杭州市国税局申请复议未果后诉至法院，请求判决撤销上述《税务事项通知书》。

**【裁判结果】**

浙江省杭州市中级人民法院一审认为：我国有关税收法律法规已规定非居民企业须就其来源于中国境内的所得缴纳企业所得税，并规定了确定所得发生地的规则。其中，《中华人民共和国企业所得税法》第四十七条规定了企业实施其他不具有合理商业目的的安排而减少其应纳税收入或者所得额的，税务机关有权按照合理方法调整。《国家税务总局关于加强非居民企业股权转让所得税管理的通知》第六条亦明确规定了“境外投资方（实际控制方）通过滥用组织形式等安排间接转让中国居民企业股权，且不具有合理的商业目的，规避企业所得税纳税义务的，主管税务机关层报税务总局审核后可以按照经济实质对该股权转让交易重新定性，否定被用作税收安排的境外控股公司的存在”。本案中，税务机关适用上述规定具有正当性和必要性，遂判决驳回儿童投资主基金的诉讼请求。其提出上诉后，浙江省高级人民法院二审以基本相同的理由判决驳回上诉、维持原判。

儿童投资主基金申请再审，最高人民法院经审查认为：原审认定事实来源于税务机关通过调查所得出的结论，围绕涉案公司的注册地点、股权转让的具体数额与方式、股权收购的实际标的、转让所得的实际来源、转让价格的决定因素以及股权交易的动机与目的等要素，均有充分证据予以证明。有关征税对象、标准的确定亦符合中国相关法律规定和税收政策的具体要求。本案事关税收法律法规和政策的把握，事关如何看待中华人民共和国税务机关处理类似问题的基本规则和标准，事关中国政府涉外经贸管理声誉和外国公司与中国公司合法权益的平等保护，在经过人民法院严格的司法审查且再审申请人缺乏充分证据证明被诉行政行为违法的情形下，原审生效裁判效力应予维持。故裁定驳回儿童投资主基金的再审申请。

**【典型意义】**

本案的典型意义在于，人民法院针对借境外公司注册成立公司实施资产交易，而实际所得来源为境内的刻意避税情形，以裁判方式彰显了中国税收主权和通行的国际征税规则，保护了涉外经贸领域的国家合法权益。随着对外经贸规模日益扩大和交往方式不断增多，明确对各类市场主体股权转让、融资等行为的征税准则，与国家重大经济安全和经贸利益息息相关，具有迫切的现实意义和长远的战略意义。本案中，西湖区国税局对于有关公司借在中国境外的低税率（或免税）国家与地区注册并转让股权事项，如何认定是否存在逃避中国税收问题，经请示国家税务总局并与再审申请人充分沟通后，作出了涉案《税务事项通知书》，一、二审法院和最高人民法院充分肯定了被诉征税行为的合法性，明确了相关法律适用规则和政策把握标准，对于遏制类似避税、逃税情形，具有鲜明的示范和警示作用。办案过程也得到关注本案的全国人大代表和多个部门的充分肯定。

## 案例八：李某诉上海市静安区人民政府、上海市人民政府房屋征收补偿决定及行政复议决定案

**【基本案情】**

上海市静安区人民政府（以下简称静安区政府）于2012年10月19日作出房屋征收决定，李某户承租的公房在征收范围内。安置补偿协商过程中，静安

区住房保障和房屋管理局（以下简称静安房管局）向李某户提供货币补偿和房屋产权调换两种方式选择，因李某不认可《补偿方案》，双方在签约期限内未达成补偿协议。静安房管局于 2015 年 1 月 19 日报请静安区政府作房屋征收补偿决定。静安区政府受理后，组织双方进行调查和调解，李某出席但调解未成。静安区政府经审查，认定静安房管局提出的以结算差价的房屋产权调换方式补偿李某户的方案合法、适当，遂于 2015 年 2 月 5 日作出房屋征收补偿决定，并将决定书依法送达李某及静安房管局，同时在基地张贴公示。李某不服，于 2015 年 4 月 3 日向上海市人民政府（以下简称上海市政府）提出行政复议。上海市政府受理后，经审查作出行政复议决定，维持静安区政府所作征收补偿决定。李某仍不服，遂提起本案诉讼。

**【裁判结果】**

上海市第二中级人民法院认为，根据《国有土地上房屋征收与补偿条例》（以下简称《征补条例》）和《上海市国有土地上房屋征收与补偿实施细则》（以下简称《实施细则》）的规定，静安区政府具有作出房屋征收补偿决定的行政职权。其于法定期限内作出被诉房屋征收补偿决定，行政程序并无不当。被诉房屋征收补偿决定认定事实清楚，法律适用准确。上海市政府在规定的期限内作出行政复议决定，程序合法。遂判决驳回李某的诉讼请求。上海市高级人民法院以与一审基本相同的理由判决驳回上诉，维持原判。

最高人民法院认为，静安房管局因与李某在征收补偿方案确定的签约期限内达不成补偿协议，报请静安区政府作出补偿决定。静安区政府受理后，核实相关材料，组织召开调解会，并在调解未成的情况下，在法定期限内作出被诉房屋征收补偿决定，程序合法。静安区政府依据租用公房凭证记载的居住面积乘以相应系数计算被征收房屋建筑面积，结合房屋评估单价等确定货币补偿金额及补贴款等，并以上海市土地储备中心安排的用于征收地块安置的房源安置给李某户，未侵犯李某户的合法利益，安置方案并无不当。此外，经上海房地产估价师事务所有限公司评估，被征收房屋于征收决定公告之日的房地产市场评估单价为 29233 元 / 平方米，该地块评估均价为 29200 元。李某在规定的期限内未申请复核。后静安房管局向李某征询是否需要专家鉴定，李某明确表示拒绝。在协商过程中，静安房管局向李某户提供货币补偿和房屋产权调换两种方式选择，因李某不认可《补偿方案》，双方在签约期限内未达成补偿协议。据此，李某提出的评估报告违法及剥夺其安置补偿方式选择权的异议缺乏依据。上海市政府在规定的期限内作出行政复议决定，适用法律正确，程序合法。遂裁定驳回李某的再审申请。

**【典型意义】**

本案的典型意义在于：一方面，人民法院在行政审判中要按照严格司法的要求，坚持被诉行政行为合法性审查的标准，监督和促进行政机关全面履行政府职能，助力法治政府尽快建成。另一方面，在被诉行政行为达到合法性要求的情况下，人民法院应当作出明确的认定，既彰显依法行政的规则，使后续的行政执法活动有所遵循，又明晰权利保护的界限，为人民群众依法维权提供规范和指引。本案中，人民法院通过对被诉征收补偿决定和行政复议决定的全面审查，特别是从被诉行政行为职权合法性、程序合法性、实体认定合法性等多个方面进行了审查，同时对相对人的实体权益保护问题作了认定，在确认行政行为合法和相对人权益得到保障的前提下，裁定驳回相对人的再审申请。

## 案例九：冯某诉河北省衡水市人民政府撤销国有土地使用证案

**【基本案情】**

1995年6月3日，河北省景县商业局食品加工厂为了解决职工住房问题，申请征收涉案土地。1995年10月，原景县土地管理局将该土地征收，并出让给景县商业局食品加工厂，并在办理土地登记过程中将土地使用者变为冯玉章（冯某之父）。1995年11月，河北省景县人民政府（以下简称景县政府）为冯玉章颁发了国有土地使用证。冯玉章办证后一直未建房。2003年3月1日，第三人张天安以3000元的价格将该地卖给赵文彬，双方签订转让协议。2004年赵文彬在该地上建房并居住至今，但一直未办理土地使用证。2009年6月，冯玉章将赵文彬诉至景县人民法院，赵文彬得知冯玉章已办证，遂提起行政复议。复议机关以程序违法为由撤销景县政府为冯玉章颁发的国有土地使用证，并注销其土地登记。冯玉章不服该复议决定，诉至法院。

【裁判结果】

河北省冀州市人民法院一审认为，第三人赵文彬在本案争议土地上建房，并居住多年，赵文彬与景县政府为冯玉章发放土地使用证的行政行为存在利害关系，因而被告受理赵文彬提起的行政复议申请并无不当。被告认定景县土地管理局未依法办理土地权属变更，直接为冯玉章办理土地登记程序违法，并认定依据该土地登记办理的土地使用证程序违法，事实清楚，判决维持被诉行政行为。冯玉章不服，提起上诉。

河北省衡水市中级人民法院二审认为，虽然赵文彬在涉案土地上建有房屋，但是景县政府的颁证行为在先，赵文彬的利益在后，以后来的利益否定在先的行政行为，不符合客观实际情况，也没有法律依据。二审法院判决撤销一审判决和被诉的行政复议决定。本案经再审，判决撤销二审判决，维持一审判决。

后本案经最高人民法院裁定提审。最高人民法院认为，本案的焦点问题是，赵文彬对于 1995 年 11 月景县政府颁发国有土地使用证的行政行为是否具有申请行政复议的主体资格。赵文彬对涉案土地的占有源于张天安 2003 年的转让行为，而颁证行为则发生在此次转让之前的 1995 年。因此，赵文彬要获得申请复议的资格只有通过转让承继的方式。而转让承继的前提则是颁证行为作出时张天安具有申请复议的资格。1995 年 10 月，原景县土地管理局将该土地征收后，该幅土地的性质已经转变为国有。张天安未对土地征收行为提起行政复议或者行政诉讼。此后，原景县土地管理局在办理土地登记过程中将土地使用者变为冯玉章，景县政府也为冯玉章颁发了国有土地使用证。该颁证行为是在该幅土地通过征收转为国有土地的基础上作出的。即，在颁证行为作出之前，即使不考虑张天安在 1990 年就已经将涉案土地使用权有价转让给冯玉章一节，其亦因该土地被征收而不享有土地使用权，故其与该颁证行为之间并无法律意义上的利害关系，不足以获得申请复议的资格。据此，赵文彬不具备申请行政复议的权利基础。判决撤销再审判决，维持二审判决。

【典型意义】

本案的典型意义在于进一步确定行政复议资格和权利的承继问题。行政复议制度是我国重要的行政救济制度。行政救济制度的核心理念在于“有权利必有救济”。根据行政复议法的规定，行政相对人认为行政行为侵犯其合法权益的，可以向行政机关提出行政复议申请。根据行政复议法实施条例的规定，申请需与被申请的行政行为有利害关系，复议申请才予以受理。本案中，赵文彬对涉案土地的占有来源于张天安在2003年的转让。本案中被申请复议的颁证行为发生在1995年。行政机关作出颁证行为时，张天安已经丧失对涉案土地的使用权，与该颁证行为之间已无法律意义上的利害关系，亦无申请行政复议的资格。罗马法谚“后手的权利不得优于前手”也体现了权利继受规则。本案中，作为前手的张天安已经丧失行政复议的资格，作为后手的赵文彬则丧失了权利继受的基础。本案颁证之后，行政机关与行政相对人之间业已形成稳定的行政法律关系，除非存在法定事由，法院和行政复议机关亦有义务维持行政法律关系的有序存在。公民、法人或者其他组织只有在符合行政复议法和行政诉讼法的关于利害关系人的规定的前提下，才能对既存法律关系发起复议或者诉讼“挑战”，这也正是维护法律安定性和行政秩序稳定性的需要。该案对于明确行政复议资格条件及其承继具有一定的示范意义。

## 案例十：杨某诉山东省人民政府行政复议案

**【基本案情】**

杨某不服山东省青岛市市南区法律援助中心作出的不予法律援助决定，向青岛市市南区司法局提出异议。该局作出答复意见，认为该不予法律援助决定内容适当。杨某对该答复意见不服，向青岛市司法局申请行政复议。该局于2013年10月23日告知其所提复议申请已超过法定申请期限。杨某不服，向青岛市人民政府申请行政复议。该府于2013年10月30日告知其所提行政复议申请不符合行政复议受案条件。杨某不服，向山东省人民政府申请行政复议。山东省人民政府于2013年11月18日对其作出不予受理行政复议申请决定。杨某不服，提起行政诉讼，请求撤销该不予受理决定，判令山东省人民政府赔偿损失。

【裁判结果】

山东省济南市中级人民法院一审判决驳回杨某的诉讼请求。山东省高级人民法院二审判决驳回上诉，维持一审判决。杨某向最高人民法院申请再审，最高人民法院裁定予以驳回。

最高人民法院认为，申请行政复议和提起行政诉讼是法律赋予公民、法人或者其他组织的权利，其可以在申请行政复议之后再行提起行政诉讼。但杨某在提起行政诉讼之前，针对同一事由连续申请了三级行政复议，明显且一再违反一级行政复议制度。对于明显违反复议制度的复议申请，行政复议机关不予受理后，申请人对此不服提起行政诉讼的，人民法院可以不予立案，或者在立案之后裁定驳回起诉。鉴于本案已经实际走完诉讼程序，原审法院经实体审理后亦未支持杨某的诉讼请求，故无必要通过审判监督程序提起再审后再行裁定驳回起诉。

【典型意义】

本案典型意义在于：当事人申请行政复议和提起行政诉讼应当具有利用复议制度和诉讼制度解决行政争议的正当性。行政诉讼是解决行政争议，保护公民、法人和其他组织合法权益，监督行政机关依法行使职权的法律救济途径。人民法院既要充分保障当事人正当诉权的行使，又要引导、规范当事人行使诉权。人民法院有义务识别、判断当事人的请求是否具有足以利用行政复议制度和行政诉讼制度加以解决的必要性，避免因缺乏诉的利益而不当行使诉权的情形发生，坚决抵制滥用诉权的行为。对于明显违背行政复议制度、明显具有任性恣意色彩的反复申请，即使行政复议机关予以拒绝，当事人不服提起诉讼的，人民法院也可以不予立案，或者在立案之后裁定驳回起诉。

# 附录2：

# 北京四中院2017年度行政审判十大典型案例

## 案例一：周某诉北京市东城区人民政府行政答复案

**【基本案情】**

涉案房屋系北京市东城区房屋土地经营管理一中心东四分中心（以下简称东四分中心）管理的直管公房，原承租人为原告周某的丈夫段甲，段甲于2015年8月死亡。原告周某、段甲之子段乙与原承租人为同一户籍。原告于2016年2月3日向东四分中心邮寄提交变更承租人申请，东四分中心于2016年5月23日作出《关于周某申请变更承租人的答复》。原告不服该答复，提起行政诉讼。人民法院生效判决撤销了该答复，并责令被告重新作出处理。东四分中心对原告的申请重新进行调查核实工作，其间，段乙向东四分中心提交了离婚协议、离婚证、前妻房产证复印件等证据，以证明2016年3月11日其与其妻子离婚，其名下的一处房产在离婚后归其前妻所有。2017年3月9日，东四分中心依据补充调查的内容作出本案被诉的《关于周某申请变更承租人的答复》（以下简称被诉答复），主要内容为："经我单位工作人员调查核实，与原承租人同一户籍共有两人，原承租人之妻周某，原承租人之子段乙，两人先后分别向东四分中心提出更名申请，因家庭成员之间存在异议，不符合《北京市公有住宅租赁合同》第七条'其他家庭成员无异议的，可以办理更名手续'之规定，故不能为原告周某办理变更承租人的手续，待双方达成意见共识之后再行办理。"原告不服，起诉至北京市第四中级人民法院，请求判决撤销被诉答复，责令被告重新作出答复。

【裁判结果】

北京市第四中级人民法院经审理认为：《北京市公有住宅租赁合同》第七条规定，租赁期限内，乙方外迁或死亡，乙方同一户籍共同居住两年以上，又无其他住房的家庭成员愿意继续履行原合同，其他家庭成员又无异议的，可以办理更名手续。此规定是公房管理部门审核申请人是否符合更名条件的依据。根据公房管理的原则和精神，征求其他家庭成员对变更承租人的意见，系保护与公有住宅原承租人形成共居关系且在外无其他住房的家庭成员的居住权和承租权，故在前引规定中需征求其意见的“家庭成员”与符合承租条件的“家庭成员”是具有同一性的概念，即只有符合与原承租人同一户籍、共同居住两年以上、无其他住房的条件的家庭成员，才是需要征求其意见的家庭成员。段乙是否符合其他家庭成员的条件是本案的争议焦点。在此问题上，无论是申请变更的“家庭成员”还是需要征求意见的“家庭成员”，就其是否有其他住房这一条件认定的时间节点，根据不同情况，至迟应为一方提出变更承租人申请之时。东四分中心在庭审中亦认可这一标准。结合本案的具体案情，原告于 2016 年 2 月 3 日向东四分中心提出变更承租人申请，东四分中心收到后即启动原告是否符合《北京市公有住宅租赁合同》第七条规定的四项条件的调查工作，段乙于 2016 年 2 月 22 日书写了一份不同意原告变更申请的情况说明，说明其此时已经知晓原告申请变更承租人的情况。而段乙于 2016 年 3 月 11 日在离婚协议中才将其名下的房屋让与其前妻。综上，段乙在原告申请变更承租人时名下有房，甚至其在提交有异议的情况说明时还属于享有其他住房的情况，之后段乙对房屋的处理行为不影响认定其享有其他住房。因此，东四分中心认定段乙没有其他住房，继而结合其他三项条件认定段乙是需要征求意见的其他家庭成员，属于认定事实不清，主要证据不足，其所作的被诉答复应予撤销。据此，北京市第四中级人民法院判决撤销被诉答复，责令东四分中心在判决生效之日起六十日对原告的更名申请重新作出处理。一审宣判后，双方当事人均未提起上诉。

【典型意义】

本案明确了公房承租人变更类案件中对于其他家庭成员是否拥有其他住房

的认定时点，对统一公房承租人变更类案件的审查标准具有参考意义。根据公房管理的原则和精神，征求其他家庭成员对变更公房承租人的意见，系保护与公有住宅原承租人形成共居关系且在外无其他住房的家庭成员的居住权和承租权。公房管理部门在审查公房承租人变更申请时，对与公有住宅原承租人形成共居关系的家庭成员在外有无其他住房的认定时间节点至迟应为一方提出变更公房承租人申请之时。若在申请人提出变更申请后，其他家庭成员再以协议离婚等方式将其名下房屋进行处置并借此规避公房管理规定，既违反了公房管理的原则和精神，又违反了诚信的社会主义核心价值观，因此应当认定其无权对公房变更申请提出异议。“融德于法”是人民法院弘扬社会主义核心价值观的重要使命，法官在坚持依法依程序办案的基础上，应当形成鲜明的道德导向，既要准确作出价值判断，发挥价值引领作用；又要明辨是非，将模糊的道德规范上升为明确的法律规则，发挥规范社会秩序的作用。

## 案例二：王某诉北京市西城区人民政府行政复议案

**【基本案情】**

2017年3月24日，北京市公安局西城分局（以下简称西城分局）对原告王某作出行政处罚决定，认定原告因与张某发生纠纷，伙同刘某将张某打伤；根据《中华人民共和国治安管理处罚法》（以下简称《治安管理处罚法》）第四十三条第一款之规定，决定给予原告行政拘留7日，并处罚款200元的处罚。原告不服，向被告北京市西城区人民政府申请行政复议。被告作出被诉行政复议决定认为：西城分局认定王某具有结伙殴打他人的情形，但未适用《治安管理处罚法》第四十三条第二款第（一）项“有下列情形之一的，处十日以上十五日以下拘留，并处五百元以上一千元以下罚款：（一）结伙殴打、伤害他人的”规定，属于适用法律错误，故该处罚决定应当予以撤销；依据《中华人民共和国行政复议法》（以下简称《行政复议法》）第二十八条第一款第（三）项的规定，决定撤销西城分局作出的上述行政处罚决定。王某不服，起诉至北京市第四中级人民法院，请求依法撤销被告作出的行政复议决定。

【裁判结果】

北京市第四中级人民法院经审理认为：被告作为西城分局的本级人民政府，具有对原告所提行政复议申请进行审查并依法作出处理的法定职责。根据《行政复议法》第二十八条第一款第（三）项第 2 目的规定，具体行政行为适用依据错误的，行政复议机关决定撤销、变更或者确认该具体行政行为违法；决定撤销或者确认该具体行政行为违法的，可以责令被申请人在一定期限内重新作出具体行政行为。本案中，被告以适用法律错误为由撤销西城分局作出的行政处罚决定，本符合上述规定，但《中华人民共和国行政复议法实施条例》（以下简称《复议法实施条例》）第五十一条同时规定，行政复议机关在申请人的行政复议请求范围内，不得作出对申请人更为不利的行政复议决定。西城分局作出的行政处罚决定适用了《治安管理处罚法》第四十三条第一款，依据该条款处罚，拘留的上限为 10 日，罚款的上限为 500 元，行政处罚决定最终给予原告的处罚为拘留 7 日，并处罚款 200 元。而被告认为原告具有结伙殴打他人情节，应适用《治安管理处罚法》第四十三条第二款第（一）项，依据该条款处罚，拘留的下限为 10 日，上限为 15 日；罚款的下限为 500 元，上限为 1000 元。原行政处罚决定适用法律确有错误，但是依据被诉行政复议决定所指向的应适用法律条款对原告进行处罚，将导致原告在申请行政复议之后，处罚结果有所加重。《复议法实施条例》第五十一条是禁止不利变更原则在复议程序中的体现。该条款既包括复议机关不得直接作出对申请人更为不利的复议决定，也包括复议机关不得以撤销等方式间接导致对申请人更为不利的结果。尽管被告没有在被诉决定书中直接变更原行政行为，也没有在作出撤销决定的同时要求西城分局重新作出行政处罚决定，然而该行政处罚系殴打他人事件引起，西城分局必然会重新作出行政处罚决定，而重作的决定必将导致对原告更为不利的后果。综上，被告作出的被诉行政复议决定违反了《复议法实施条例》第五十一条的规定，属于适用法律法规错误，应当予以撤销。根据《中华人民共和国行政诉讼法》第七十条第（二）项之规定，判决撤销被告作出的被诉行政复议决定，责令被告在法定期限内对原告的行政复议申请重新作出处理。一审宣判后，双方当事人均未提起上诉。

【典型意义】

本案体现了行政复议程序中的禁止不利变更原则，对于法院在审理行政复议案件中如何理解该原则具有借鉴意义。《复议法实施条例》第五十一条规定，行政复议机关在申请人的行政复议请求范围内，不得作出对申请人更为不利的行政复议决定。行政复议程序中之所以要确立禁止不利变更原则，一方面是为了充分发挥行政复议权利救济的功能作用，避免出现复议申请人经复议后获得更加不利的后果，以引导行政相对人通过行政复议程序寻求救济和解决争议。如果允许行政复议机关在复议申请人的请求范围内作出对复议申请人更加不利的决定，就可能导致行政相对人不敢、不愿申请复议，复议制度的权利救济功能和解纷主渠道的作用就难以得到充分发挥。另一方面，复议程序中禁止不利变更原则的确立也是基于国家权力对于公民权利的谦抑，一般不允许行政复议机关以对复议申请人造成更为不利后果为代价来修正原行政行为。本案中，申请人提出行政复议申请的本意是希望行政复议机关以其没有殴打他人为由撤销行政处罚决定，但复议的最终结果没有从轻、减轻或者免于处罚，而是给申请人造成了更为不利的后果。该复议决定与立法本意是相悖的，违反了《复议法实施条例》第五十一条的规定，对该复议决定依法应予撤销。

## 案例三：王某诉北京市朝阳区人民政府房屋行政征收案

【基本案情】

2013年9月24日，北京市重大项目建设指挥部办公室（以下简称市重大项目办）下发《关于下达2013年中心城区棚户区改造和环境整治项目任务的通知》，本案涉及的永安里项目被列入《北京市2013年中心城区棚户区改造和环境整治项目册》。北京市朝阳区发展和改革委员会（以下简称朝阳区发改委）将永安里项目列入《关于朝阳区2013年国民经济和社会发展计划执行情况与2014年国民经济和社会发展计划草案的报告》。2013年12月11日至12月30日，北京市朝阳区市政市容管理委员会（以下简称朝阳区市政市容委）会同相关单位对永安里旧城区改建范围内的产权人、公房承租人进行了意愿征询，同意改建率为 88.2%。2014 年 1 月 10 日，朝阳区第十五届人民代表大会第四次会议作出《决议》，决定批准《关于朝阳区 2013 年国民经济和社会发展计划执行情况与 2014 年国民经济和社会发展计划草案的报告》及朝阳区 2014 年国民经济和社会发展计划。2014 年 1 月 17 日，北京国际商务中心区开发建设有限公司向北京市朝阳区人民政府房屋征收办公室（以下简称朝阳区征收办）提交《关于永安里旧城区改建项目纳入征收的申请》，并附有《关于朝阳区 2013 年国民经济和社会发展计划上半年执行情况的报告》、朝阳区发改委作出的朝发改〔2013〕714 号《关于永安里旧城区改建项目征收投资任务书的批复》、北京市规划委员会朝阳分局（以下简称市规委朝阳分局）作出的规朝文〔2013〕116 号《关于朝阳区永安里旧城区改建项目规划意见的复函》、原北京市国土资源局作出的京国土朝预〔2013〕0051 号《建设项目用地预审意见》、市重大项目办作出的京重大办〔2013〕95 号《关于下达 2013 年中心城区棚户区改造和环境整治项目任务的通知》、《2013 年中心城区棚户区改造和环境整治项目册》和《关于朝阳区 2013 年国民经济和社会发展计划执行情况与 2014 年国民经济和社会发展计划草案的报告》。2014 年 3 月 14 日，被告北京市朝阳区人民政府（以下简称朝阳区政府）作出批复，同意将该项目确认为房屋征收项目。2014 年 3 月 19 日，朝阳区征收办作出京朝房征审〔2014〕32 号《北京市朝阳区房征收暂停办理事项的公告》（以下简称《暂停公告》），并予以发布。2014 年 3 月 24 日，朝阳区征收办发布京朝房征审〔2014〕45 号《关于公开选择永安里旧城区改建项目房地产价格评估机构的通知》，主要写明了项目基本情况、评估机构确定程序、评估机构应具备的条件、评估机构报名方式和时间安排等内容。2014 年 4 月 16 日，朝阳区征收办发布京朝房征审〔2014〕51 号《关于永安里旧城区改建项目选定房地产价格评估机构的通知》。2014 年 4 月 23 日，朝阳区征收办作出京朝房征审〔2014〕53 号《关于公布永安里旧城区改建项目住宅房屋房地产价格评估机构协商情况及摇号选定评估机构的通知》，告知因住宅房屋评估机构经被征收人协商未能形成多数意见，朝阳区房屋征收事务中心将组织住宅房屋被征收人代表通过公开摇号的方式选定 5 家评估机构承担该项目住宅房屋评估工作。2014 年 5 月 5 日，朝阳区征收办作出〔2014〕54 号《关于公布永安里旧城区改建项目住宅房屋征收选定房地产价格评估机构摇号结果的通知》，公布经公开摇号最终确定北京北方房地产咨询评估有限责任公司等5家评估机构承担该项目住宅房屋征收补偿评估工作。2014年5月6日和同年5月23日，朝阳区征收办分别作出〔2014〕56号《关于永安里旧城区改建项目选定非住宅房屋房地产价格评估机构的通知》和〔2014〕66号《关于永安里旧城区改建项目非住宅房屋征收工作选定房地产价格评估机构结果的公告》，公布非住宅房屋被征收人经协商，选定北京大地盛业房地产土地评估有限公司作为永安里项目非住宅房屋房地产价格评估机构。以上通知、公告以及房地产价格评估机构名单均在市住建委的网站予以公告并在拆迁范围内张贴公示。2014年5月5日和同年5月26日，朝阳区征收办作出通知，分别委托朝阳区房屋征收事务中心和评估机构对永安里项目住宅房屋和非住宅房屋开展入户调查登记和实地查勘工作，并于2016年5月5日公示住宅房屋情况调查结果。2015年8月22日，朝阳区政府经研究，批复同意了朝阳区征收办制定的《永安里旧城区改建项目住宅房屋征收补偿方案（征求意见稿）》和《永安里旧城区改建项目非住宅房屋征收补偿方案（征求意见稿）》。2015年10月8日，朝阳区征收办发布了京朝房征审〔2015〕43号《关于永安里旧城区改建项目房屋征收补偿方案征求意见的通知》，并在北京市住房和城乡建设委员会（以下简称市住建委）的网站以及本项目范围内予以公告和张贴，征求意见期限自2015年10月9日至2015年11月7日。2016年5月18日，朝阳区市政市容委组织召开永安里项目房屋征收补偿方案听证会。朝阳区征收办根据征求意见情况和听证会结果对补偿方案进行修改和完善，于同年7月27日向朝阳区政府提交京朝房征审〔2016〕73号《关于再次上报永安里旧城区改建项目房屋征收补偿方案的请示》。2016年8月4日，朝阳区政府经会议讨论原则同意该征收补偿方案。2016年10月12日，朝阳区征收办作出《朝阳区永安里旧城区改建项目征收补偿工作社会稳定风险评估报告》（以下简称《社会稳定风险评估报告》）。2016年10月18日，朝阳区征收办作出京朝房征审〔2016〕115号《关于永安里旧城区改建项目预签征收补偿协议的通知》，该通知在市住建委的网站以及本项目范围内予以公告和张贴。另，银行本转业务回单显示，2016年10月14日，北京国际商务中心区开发建设有限公司向朝阳区房屋征收事务中心在中国民生银行北京国贸支行设立的专用账户分别转账人民币十二亿五千三百万元和人民币九亿零二百九十四万六千五百元，用于房屋征收和补偿。2017 年 2 月 20 日，朝阳区政府召开常务会议，讨论同意朝阳区征收办提交的《关于请区政府对永安里旧城区改建项目作出房屋征收决定的请示》，该请示附《社会稳定风险评估报告》。2017 年 2 月 24 日，朝阳区政府作出本案被诉的房屋征收决定，并在房屋征收范围内及市住建委的网站予以公告。原告王某的房屋位于被诉征收决定所载征收范围内，其因不服该征收决定，起诉至北京市第四中级人民法院，请求判决确认该征收决定违法、无效并予以撤销。

**【裁判结果】**

北京市第四中级人民法院依法对被诉征收决定的合法性进行了全面审查，主要包括：第一，根据《国有土地上房屋征收与补偿条例》第四条的规定，被告具有作出本案被诉房屋征收决定的法定职权。第二，永安里项目被列为 2013 年中心城区棚户区改造和环境整治改造任务计划，可以实施房屋行政征收。第三，该改建项目已纳入朝阳区 2014 年国民经济和社会发展计划，建设单位提交了房屋征收申请及投资任务书、规划意见、用地预审意见等实施征收的前置审批文件，具备征收要件。第四，朝阳区房屋征收事务中心组织被征收人协商选定住宅房屋评估机构，未能形成多数意见，后经过公开摇号，最终确定北京北方房地产咨询评估有限责任公司等 5 家评估机构作为该项目住宅房屋价格评估机构；非住宅房屋被征收人经协商，选定北京大地盛业房地产土地评估有限公司作为该项目非住宅房屋价格评估机构，选择程序符合相关规定。第五，朝阳区征收办在永安里项目房屋征收范围内对住宅房屋和非住宅房屋开展集中入户调查和实地查勘工作，并将调查结果在房屋征收范围内予以公布，调查程序符合相关规定。第六，朝阳区征收办组织拟征收范围内产权人按照征收补偿方案预签征收补偿协议，生效比例为 85%，在预签协议期间，共有占总数 86.94% 的被征收人签订征收补偿协议，符合作出房屋征收决定的条件。第七，朝阳区征收办作出《社会稳定风险评估报告》并经区政府常务会议同意；中国民生银行北京国贸支行回单凭证显示征收补偿费用已足额到位；被诉征收决定经朝阳区政府常务会议讨论决定；被告作出被诉征收决定后在征收范围内予以公告，载明了征收范围、实施单位、征收补偿方案、签约期限和行政复议、行政诉讼权利等事项，符合上述规定。第八，关于原告提出的补偿方案修改问题。被告经研究同意永安里项目房屋征收补偿方案后，朝阳区征收办发布了《关于永安里旧城区改建项目房屋征收补偿方案征求意见的通知》，并予公示，根据征求意见情况，决定组织召开产权人、公房承租人代表参加的听证会，根据听证会结果对补偿方案进行了修改和完善，再次上报后获朝阳区政府同意。方案征询程序符合规定。第九，关于原告提出的暂停公告发布问题。朝阳区征收办收到朝阳区政府确认意见后，在征收范围内发布《暂停公告》，因在暂停期限内未作出房屋征收决定，后予以两次延期，并在征收范围内发布延期公告。原告对被告延长暂停期限的合法性提出异议，但在法定期限内并未提交证据证明其合法权益因此受到侵害，被诉征收决定亦不足以被认定为违法。第十，关于原告提出的旧城区改建的可行性调查问题。永安里项目经北京市棚户区改造和环境整治指挥部批准，被列为2013年中心城区棚户区改造和环境整治改造任务计划，被市重大项目办编入《北京市2013年中心城区棚户区改造和环境整治项目册》，并已纳入朝阳区2014年国民经济和社会发展计划，编制计划和计划审查符合上述规定。综上，原告请求确认被诉征收决定违法、无效并予以撤销的诉讼请求没有事实根据和法律依据，北京市第四中级人民法院据此判决驳回原告王某的诉讼请求。一审判决后，双方当事人均未提起上诉。

**【典型意义】**

本案对于人民法院审理国有土地上房屋征收决定案件具有借鉴意义。房屋征收决定涉及征收范围内全体被征收人的重大财产权益，人民法院应当切实保护被征收人的合法权益，且应当对被诉房屋征收决定的合法性进行全面审查，而不应仅限于原告明确提出的事实和理由。同时，依据《国有土地上房屋征收与补偿条例》的规定，只有因公共利益的需要确需对房屋征收时，行政机关才可以依法作出房屋征收决定。因此，房屋征收又事关公共利益，涉及经济社会发展和民生改善，对于行政机关依法作出的合法的房屋征收决定，人民法院理应依法予以支持。本案中，行政机关作出被诉房屋征收决定，符合公益性要求，具备作出房屋征收决定的法定条件，并履行了法定程序。在作出被诉征收决定前，还就房屋征收补偿安置方案召开了听证会，更加充分地保障了被征收人的知情权、参与权、监督权，对维护被征收人的合法权益、预防和减少行政争议均具有积极意义。人民法院在全面合法性审查的基础上，依法支持合法的房屋征收决定，实现了维护公共利益和当事人合法权益的统一。

## 案例四：某研究所诉北京市门头沟区人民政府行政强制案

**【基本案情】**

2006 年 8 月，原告某研究所与北京市门头沟区国有资产监督管理委员会签订《房产及土地使用权转让协议》，购买了涉案房屋，此后又取得了房屋所有权证及国有土地使用证。2012 年 5 月 28 日、2012 年 8 月 15 日，被告北京市门头沟区人民政府分别作出房屋征收决定和补充决定，原告的上述房屋被纳入征收范围。2014 年 5 月，原告的上述房屋及机器设备被强制拆除。原告认为被告实施了强制拆除行为，提起行政诉讼，请求人民法院确认该强制拆除行为违法。原告在诉讼中提交了强拆的视频录像资料及照片等证据，以证明强拆行为系由被告组织实施的。被告提出其并未实施原告所称的强拆行为等答辩意见，但没有提交原告所称强拆行为系由其他行政机关或组织实施的证据。

**【裁判结果】**

北京市第四中级人民法院经审理认为：涉案房屋及室内机器设备已经被拆除，被告是否是强拆机关是本案争议焦点之一。首先，根据《国有土地上房屋征收与补偿条例》的规定，实施房屋征收应当先补偿、后搬迁，作出房屋征收决定的市、县级人民政府对被征收人给予补偿后，被征收人应当在补偿协议约定或者补偿决定确定的搬迁期限内完成搬迁。本案中，就涉案房屋的征收补偿问题，既未达成征收补偿协议，被告也未作出征收补偿决定。原告作为该房屋的实际使用人，在客观上难以获得拆除主体的证据。因此，被告否认拆除该房屋的，应当提交相应的证据予以证明，否则应当承担不利后果。其次，涉案房屋及室内设备没有得到实际补偿安置。现原告仍持有《房产及土地使用权转让协议》，而现有证据证明双方未达成任何形式的安置补偿协议，被告也未给予其他主体补偿安置。最后，被告怠于履行应当承担的举证义务。涉案房屋处于征收范围内，原告已经提交了强制拆除房屋现场的部分视频资料，结合拆除现场有警察、城管工作人员以及原告向公安机关报警等事实，可以认定原告已经尽到了初步的证明义务。上述证据均指向被告组织实施了拆除行为，如果被告予以否认，应当积极提交证据予以反驳。现被告仅陈述其没有实施原告所述的拆除行为，而怠于提交相应证据支持其主张，应当承担不利法律后果。据此，北京市第四中级人民法院认定被告实施了原告所称的强拆行为，并判决确认被告于2014年5月7日拆除原告的涉案房屋及室内机器设备的行为违法。经被告提起上诉，北京市高级人民法院作出驳回上诉，维持一审判决的终审判决。

**【典型意义】**

公民、法人或者其他组织认为行政机关及其工作人员的行政行为侵犯其合法权益的，有权依法提起行政诉讼。一般情况下，原告应当提供证据证明其提起诉讼所针对的行政行为客观存在且该行政行为系由其所列的被告所实施。但在现实生活中，有的行政机关在实施行政行为时并未作出书面决定，亦未将行政行为的内容告知行政相对人，从而给行政相对人证明行政行为的实施主体带来困难。从司法实践看，强制拆除房屋引发的案件中有时就出现强拆主体到底是谁的争议。为避免被征收人告状无门和合法权益受到侵害，本案确立了这样的裁判规则：在行政机关作出房屋征收决定后原告的房屋被强制拆除，原告提供了初步证据，但因客观原因无法提供确凿证据证明具体组织实施强制拆除机关的，原则上应推定作出征收决定的行政机关是强制拆除机关，除非该行政机关有证据证明强制拆除行为确属其他行政机关或者组织所为。本案判决对于人民法院审理类似案件具有借鉴意义。

## 案例五：郑某诉北京市海淀区人民政府行政赔偿案

**【基本案情】**

2012年12月30日，被告北京市海淀区人民政府发布腾退公告，并制定了《玲珑巷项目腾退搬迁补偿安置方案》，参照《北京市集体土地房屋拆迁管理办法》等相关文件精神，组织实施玲珑巷、五路居地区综合整治腾退拆迁补偿安置工作。郑某自 1987 年至 2013 年在涉案的八里庄东居民区 29 号院（以下简称 29 号院）内居住，其居住的房屋位于上述腾退范围内。在腾退过程中，腾退指挥部与同住在 29 号院内的马某等四名被腾退人签订协议并进行了补偿安置后，于 2013 年拆除了 29 号院内的房屋。2015 年郑某针对被告强制拆除行为提起行政诉讼，人民法院生效判决确认被告对原告居住的房屋实施的拆除行为违法。2016 年，郑某向被告申请行政赔偿，请求将被拆除的涉案房屋恢复原状，赔偿因强拆造成的财物损失 125489 元、房屋租金 62000 元以及各项诉讼费用 62200 元。2016 年 6 月 15 日，被告作出《不予赔偿决定书》。原告不服，提起行政赔偿诉讼。

**【裁判结果】**

北京市第四中级人民法院经审理认为：第一，关于原告请求恢复涉案房屋原状问题。原告提出行政赔偿的依据是人民法院生效判决，该判决虽确认被告对 29 号院内原告居住的房屋实施拆除的行为违法，但该判决确认拆除行为违法的理由是被告在实施腾退安置过程中未能尽到审慎审查职责，既没有查清 29 号院内实际居住人情况，亦未听取有关利害关系人的意见即拆除了涉案房屋，形成原告的居住权益得不到保障之事实。该判决并未明确原告对涉案房屋具有所有权，原告亦不能提交证据证明其对涉案房屋具有所有权或可区分所有权。故原告请求恢复房屋原状的请求没有事实根据及法律依据，不予支持。第二，关于原告请求赔偿强拆造成的财物损失问题。根据《中华人民共和国行政诉讼法》第三十八条第二款的规定，在行政赔偿诉讼中，原告应当对行政行为造成的损害提供证据；因被告的原因导致原告无法举证的，由被告承担举证责任。本案中，原告仅向法院提交了财产损失清单以证明涉案房屋被拆除时室内财物情况，并未提交其他证据佐证清单内财产损失的客观性，被告亦未在实施强拆时对涉案房屋内财产进行登记，致使法院无法根据有效证据认定室内财产的真实构成情况。考虑到被告违法强拆涉案房屋的实际情况，根据上述法律规定，应由被告承担室内财产真实构成情况无法查明的不利后果并承担相应赔偿责任。基于原告长期居住在涉案房屋内的事实，室内亦应放置基本的日常生活用品，故涉案房屋内的家具及基本的生活物品等当属个人合法财产，应受法律保护。结合原告的主张，根据日常生活经验法则，酌定被告对原告提交的财产损失清单的第2-16项承担赔偿责任，并酌情确定赔偿数额20000元。关于原告提出的现金损失部分，因在案证据不足以证明强制拆除时原告有大额现金存放在被拆除房屋内，故对该部分赔偿请求不予支持。第三，关于原告请求赔偿房屋租金的问题。原告提交的证据不能证明其为此支出了租赁费用，故对原告提出的2013年10月17日至2016年4月17日期间房屋租金62000元的赔偿请求，不予支持。第四，关于原告请求赔偿诉讼费用的问题。行政机关承担行政赔偿责任的范围，应当是受害人因行政机关及其工作人员行使行政职权而直接遭受的人身权、财产权的损害。原告请求赔偿的诉讼费用支出，均是因其针对涉案房屋被拆除后提起诉讼而支付的费用，属于当事人在法律救济程序中支出的费用，不属于国家赔偿法所规定的赔偿范围。原告要求被告赔偿其因诉讼而支出的各项费用62200元的请求，没有法律根据，不予支持。综上，北京市第四中级人民法院判决被告赔偿原告人民币2万元整，并驳回原告的其他赔偿请求。经原告提起上诉，北京市高级人民法院作出驳回上诉，维持一审判决的终审判决。

**【典型意义】**

本案对于人民法院如何分配行政赔偿案件中原告和被告各自的举证责任，如何确定行政赔偿的范围、方式和金额具有借鉴意义。《中华人民共和国国家赔偿法》第十五条第一款规定，人民法院审理行政赔偿案件，赔偿请求人和赔偿义务机关对自己提出的主张，应当提供证据。《最高人民法院关于行政诉讼证据若干问题的规定》第五条规定，在行政赔偿诉讼中，原告应当对被诉具体行政行为造成损害的事实提供证据。因此，原告郑某就其房屋内物品损失承担举证责任。同时，《中华人民共和国行政诉讼法》第三十八条第二款规定，在行政赔偿案件中，原告应当对行政行为造成的损害提供证据；因被告的原因导致原告无法举证的，由被告承担举证责任。在行政机关实施房屋拆除过程中，因行政机关未依法制作物品清单，给原告举证证明物品损失情况造成困难的，应当由被告对原告的损失情况承担相应的举证责任。而对于损失的具体范围和金额，人民法院应当结合当事人的主张和在案证据，遵循法官职业道德，运用逻辑推理和生活经验、生活常识等，酌情确定。

## 案例六：袁某诉北京市西城区人民政府非物质文化遗产名录案

**【基本案情】**

2013 年 4 月 15 日，北京市西城区广安门外街道社区公共服务协会（以下简称广外服务协会）出具《授权书》，同意将中国古建筑模型扎小样项目申报第四批西城区级非物质文化遗产保护名录，向西城区非物质文化遗产保护中心递交申报书、论证报告及相关资料，并授权西城区通过多种渠道、多种方式对本项目进行宣传和推广，同意将提交的该项目所涉及的相关材料用于非物质文化遗产的宣传和保护工作。同年 4 月 24 日，广外服务协会作为中国古建筑模型扎小样项目的申报单位填写了《西城区第四批非物质文化遗产项目申报表》，本案原告袁某系申报工作负责人。此后，北京市西城区文化委员会组织了专家评审、网上公示等工作。经被告北京市西城区人民政府（以下简称被告）研究，同意将中国古建筑模型扎小样等 28 个项目列入第四批区级非物质文化遗产名录，并予以公布。原告袁某认为被告将古建筑模型扎小样列入第四批区级非物质文化遗产名录的行为不具有合法性，提起行政诉讼，请求人民法院判令被告将中国古建筑模型扎小样项目从第四批西城区级非物质文化遗产名录中撤销。

**【裁判结果】**

北京市第四中级人民法院经审理认为：根据《中华人民共和国非物质文化遗产保护法》的规定，非物质文化遗产是指各族人民世代相传并视为其文化遗产组成部分的各种传统文化表现形式，以及与传统文化表现形式相关的实物和场所。《北京市人民政府办公厅关于加强本市非物质文化遗产保护工作的意见》提出，要按照国家有关评审标准对各类非物质文化遗产项目进行科学认定，并在此基础上建立起市及区（县）两级非物质文化遗产代表作名录体系，逐步建立与世界“人类口头和非物质遗产代表作”和“国家级非物质文化遗产代表作名录”相衔接的非物质文化遗产代表作名录体系。对于是否将某一项目列入非物质文化遗产代表性项目名录，公民、法人和其他组织可以行使的是建议权。本案中，申报古建筑模型扎小样为西城区第四批非物质文化遗产的单位是广外服务协会，原告袁某系古建筑模型扎小样的从业者和该申报项目的负责人。是否将古建筑模型扎小样列入西城区第四批非物质文化遗产名录，不属于原告袁某的个人权利。是否将古建筑模型扎小样从非物质文化遗产名录中撤销，同样不属于袁某的个人权利，对其个人的合法权益亦不产生实际影响。因此，原告袁某与本案被诉行政行为不具有利害关系，其不具有提起行政诉讼的原告资格。据此，北京市第四中级人民法院裁定驳回了原告袁某的起诉。经原告袁某提起上诉，北京市高级人民法院作出驳回上诉，维持一审裁定的终审裁定。

**【典型意义】**

本案系本市首例涉及非物质文化遗产名录的行政诉讼案件。我国是历史悠久的文明古国，不仅有大量的物质文化遗产，而且有丰富的非物质文化遗产。对于非物质文化遗产的保存、保护，既需要相关国家机关依法采取认定、记录、建档、传承、传播等措施，也需要全社会的大力支持与积极参与。例如，根据《非物质文化遗产保护法》第二十一条的规定，公民、法人和其他组织认为某项非物质文化遗产体现中华民族优秀传统文化，具有重大历史、文学、艺术、科学价值的，可以向相关行政机关提出列入非物质文化遗产代表性项目名录的建议。不过，公民、法人或者其他组织可以就某一项目应否被列入非物质文化遗产代表性项目名录提出建议，并不代表其具有针对非物质文化遗产名录的确定提起行政诉讼的原告资格。根据《中华人民共和国行政诉讼法》第二十五条第一款的规定，公民、法人或者其他组织对某一行政行为是否具有提起诉讼的原告资格，取决于其与该行政行为是否具有利害关系，而是否具有利害关系，通常从该公民、法人或者其他组织是否会受到该行政行为的不利影响，其主张的受到影响的利益是否属于相关法律规范所保护的利益等方面进行审查判断。

## 案例七：从某诉北京市怀柔区人民政府履行法定职责案

**【基本案情】**

1998 年 8 月 11 日，北京市怀柔区长哨营满族乡人民政府向长哨营满族乡七道河村村民周某核发了《村民宅院地使用许可证》。被告北京市怀柔区人民政府（以下简称怀柔区政府）于 2016 年 1 月 3 日收到原告丛某的申请书。2016 年 3 月 15 日，被告怀柔区政府作出《关于撤销长哨营满族乡七道河村周某〈村民宅院地使用许可证〉的通知》，并送达周某和长哨营满族乡七道河村村民委员会。原告丛某认为被告怀柔区政府在 2005 年至 2016 年间一直不作为，致使撤销这一违法行政行为拖延了 11 年之久，故提起诉讼，请求法院确认被告未及时撤销长哨营满族乡政府 1998 年 8 月 11 日违法核发的村民宅院地使用许可证，没有履行应尽职责和法定义务的行政行为违法。

**【裁判结果】**

北京市第四中级人民法院经审理认为：公民、法人或其他组织向人民法院提起行政诉讼，应当符合起诉条件。起诉不符合法定条件已经立案的，法院应当裁定驳回起诉。依据《中华人民共和国行政诉讼法》第四十九条第（四）项规定，被诉行为属于人民法院受案范围是法定的起诉条件之一。本案中，原告丛某要求被告怀柔区政府撤销长哨营满族乡人民政府核发的《村民宅院地使用许可证》属于行政机关内部监督职责，不属于行政诉讼受案范围。故原告丛某要求确认被告怀柔区政府未及时履行法定职责违法的诉请事项，不符合法定起诉条件，本院依法应予驳回。据此，该院裁定驳回了原告丛某的起诉。经原告丛某提起上诉。北京市高级人民法院作出驳回上诉，维持一审裁定的终审裁定。

**【典型意义】**

本案涉及上下级行政机关之间的内部层级监督关系。公民、法人或者其他组织如果对下级行政机关的行政行为不服，可以依法对该行政行为提起行政诉讼，或者依法申请行政复议。公民、法人或者其他组织不针对下级行政机关的行政行为提起行政诉讼或申请行政复议，而是以申请履责的方式要求上级行政机关撤销下级行政机关的行政行为，进而主张上级行政机关未撤销或未及时撤销下级行政机关的行政行为构成行政不作为，并针对上级行政机关提起行政诉讼。在涉及上下级行政机关之间内部层级监督关系的案件中，对公民、法人或者其他组织的权利义务产生实际影响的，通常是下级行政机关的行政行为，而不是上级行政机关未撤销或未及时撤销下级行政机关的行政行为的行为。此种情况下，公民、法人或者其他组织针对上级行政机关未撤销或未及时撤销下级行政机关的行政行为的行为提起诉讼的，不属于人民法院行政诉讼受案范围。就此问题，自 2018 年 2 月 8 日起施行的《最高人民法院关于适用〈中华人民共和国行政诉讼法实施〉的解释》第一条第二款第（八）项明确规定，上级行政机关基于内部层级监督关系对下级行政机关作出的听取报告、执法检查、督促履责等行为，不属于人民法院行政诉讼受案范围。

## 案例八：朱某诉北京市朝阳区人民政府行政复议案

**【基本案情】**

原告朱某作为乙方与甲方某停车管理公司签订《停车场车位租用协议书》，约定原告因车辆停放需要租用甲方车位，停车位场地使用服务费为 1785 元 / 年。合同签订当日，原告向合同甲方缴纳了上述服务费。2016 年 7 月，原告向北京市朝阳区城市管理综合执法监察局（以下简称朝阳城管监察局）投诉，称其所在小区地下停车场存在未经备案非法收费问题，要求进行查处。2016 年 9 月 12 日，朝阳城管监察局针对朱某的投诉作出《行政答复意见书》，认为因其反映的机动车停车场不向社会开放收费，故其反映的问题不在该机关职责范围内。2016 年 9 月 28 日，原告朱某向被告北京市朝阳区人民政府提出行政复议申请，请求确认朝阳城管监察局对其针对违法行为的投诉控告不立案、不处理、不查处的行为违法，并责令朝阳城管监察局履行法定职责。同年 12 月 9 日，被告作出被诉复议决定书认为，朝阳城管监察局提交的证据能够证明其在原告朱某来访后，对某小区地下停车场进行了调查、取证，但朝阳城管监察局作出的《告知书》及《行政答复意见书》未向原告朱某有效送达，未尽到告知义务。依据《中华人民共和国行政复议法》（以下简称《行政复议法》）第二十八条第一款第（二）项的规定，决定责令朝阳城管监察局在法定期限内对原告朱某反映的事项履行相应的法定职责。朱某不服，提起行政诉讼，请求确认被诉复议决定违法，并要求被告责令朝阳城管监察局对违法收费行为予以查处并予取缔。

【裁判结果】

北京市第四中级人民法院经审理认为：被告作为朝阳城管监察局的本级人民政府，具有对原告所提行政复议申请作出处理的法定职责。根据《行政复议法》第二十八条第一款第（二）项的规定，被申请人不履行法定职责的，复议机关决定其在一定期限内履行。本案中，被告在查明朝阳城管监察局未向申请人有效送达答复意见，未尽到告知义务的情况下，责令该局在法定期限内履行相应职责正确。根据《中华人民共和国行政诉讼法》第六十九条之规定，判决驳回原告朱某的诉讼请求。经原告朱某提起上诉，北京市高级人民法院作出驳回上诉，维持一审判决的终审判决。

【典型意义】

本案充分体现行政复议机关有错必纠，及时纠正违法或不当行政行为的功能，同时也明确了投诉举报人获得答复的程序性权利和行政机关就调查处理情况依法向投诉举报人进行答复的义务。本案还涉及停车管理问题。随着经济社会的快速发展，城市机动车保有量不断增加，停车问题日益凸显。面对这一问题，行政机关的治理理念正在由“管制行政”向“服务行政”“引导行政”转变，治理方式也更多地带有“灵活性”“协商性”的特点。基于共享利用、社会共治的原则，可以允许居住小区的停车设施在满足本居住小区停车需要的情况下向社会开放，并由居住小区的居民委员会、村民委员会进行自治管理，以充分保证公众社会治理的参与权和公共资源的分享权。

## 案例九：董某诉北京市大兴区人民政府行政不作为案

【基本案情】

2017 年 1 月 3 日，原告董某向被告北京市大兴区人民政府（以下简称大兴区政府）邮寄了《责令北京市大兴区黄村镇狼垡二村村委会履行法定义务申请书》，请求被告大兴区政府履行行政职责，依法责令狼垡二村村民委员会依法实行村务公开。大兴区政府收到后，于 2017 年 2 月 28 日作出《关于董某来信的回复》，主要内容为：经调查核实，关于狼垡地区规划范围内集体土地使用权入股加入北京兴业利民置业有限公司实行集体经营性建设用地统筹入市交易的决议，狼垡二村股份经济合作社严格按照民主程序召开了会议，通过了相关决议，通报了相关工作，但未在村务公开栏中对上述内容进行公开。根据《中华人民共和国村民委员会组织法》（以下简称《村委会组织法》）第三十条、第三十一条等规定，大兴区政府将责令狼垡二村村民委员会（股份经济合作社）对原告董某要求公开的村务内容中实际存有的进行公开。原告董某于2017年3月1日收到该回复。2017年3月6日，被告大兴区政府作出《关于黄村镇狼垡二村村民委员会（股份经济合作社）村务公开的通知》，责令狼垡二村村民委员会（股份经济合作社）在收到该通知书之日起60日内依法对原告董某来信中要求村务公开内容中实际存有的进行公开。2017年3月9日，狼垡二村村民委员会收到该通知。同日，原告董某认为被告大兴区政府行政不作为，起诉至北京市第四中级人民法院，请求依法判令被告大兴区政府对原告董某2017年1月3日提交的申请履行法定职责。

**【裁判结果】**

北京市第四中级人民法院经审理认为：根据《村委会组织法》第三十一条之规定，县级人民政府在接到村民反映村民委员会不及时进行村务公开后，应对村民委员会是否存在不及时公开的事项进行调查、核实，并根据其调查结果作出相应的处理。本案中，被告大兴区政府收到原告董某的申请后对其申请的事项是否属于村务公开事项、狼垡二村村委会是否对原告董某申请的村务公开事项及时公开进行了调查核实，并根据其调查的情况，认定狼垡二村村民委员会未公开原告董某申请公开的村务内容。2017年2月28日，被告大兴区政府作出《关于董某来信的回复》，答复董某将责令狼垡二村村民委员会（股份经济合作社）对其要求村务公开内容中实际存有的进行公开，并于2017年3月6日作出《关于黄村镇狼垡二村村民委员会（股份经济合作社）村务公开的通知》，责令狼垡二村村民委员会（股份经济合作社）在收到该通知书之日起60日内依法对董某要求村务公开内容中实际存有的进行公开。被告大兴区政府已经尽到了调查核实并责令公开的职责，不存在怠于履行职责的情形。依照《中华人民共和国行政诉讼法》第六十九条之规定，判决驳回原告董某的诉讼请求。一审宣判后，双方当事人均未提出上诉。

【典型意义】

本案强调了县级人民政府在村务公开中的监督职责，对保障村民对村务的知情权和监督权具有重要意义。《村委会组织法》明确规定了村民委员会实行村务公开制度并赋予县级人民政府监督村务公开的法定职责。村民委员会不及时公开村务信息，或者公开的信息不真实，会对村民的权益产生影响。相关行政机关依法负有对村务公开予以监督的职责，在接到村民的反映后，不仅应当及时履责，还应当全面履责，以实现法律设定村务公开监督权的立法目的。一方面，行政机关要切实尽到调查、核实义务，查明村委会是否存在不及时公开或公开不真实的情况；另一方面，行政机关作出责令公开决定或通知时，应当给村委会设定依法公开的合理期限，以防止村委会迟迟不予公开。

## 案例十：某水泥公司、某矿业公司诉北京市房山区人民政府企业停产关闭通知案

【基本案情】

原告北京某水泥公司及配套关联企业北京某矿业公司是被列入北京市去产能、去库存以及大气污染治理防治目录的企业。因对企业关闭等问题未能达成一致意见，原告向法院提起行政诉讼。原告诉称，被告北京市房山区人民政府于 2015 年 7 月 8 日向其发送《关于企业停产关闭的通知》，要求原告于 2015 年 8 月 20 日前停产关闭。原告认为，被告作出通知前没有对原告进行补偿和安置，致使企业运营陷入困难，故诉请法院撤销上述通知并要求被告安置企业职工。被告辩称，双方就企业停产关闭相关问题已经进行了协商，原告同意关停企业，被告依法就原告主张的安置问题予以补偿，后因原告在协商关停企业方案时要求过高而未能达成一致意见；应由原告对企业职工依法进行安置，被告并无相应职责。

【裁判结果】

北京市第四中级人民法院在审理中注意到本案事关大气污染防治、供给侧

结构性改革、京津冀协同发展等决策部署，涉及重大公共利益。同时，原告作为本市最大的民营水泥生产企业，其财产权益必然受到被诉关停通知的重大影响，其职工亦须得到妥善安置。为此，人民法院在坚持自愿、合法原则和确保信息对称的前提下，积极为双方当事人沟通协商搭建平台并提出合理的建议，促使被告召开专题会议研究解决相关问题，为实质化解行政纠纷创造了有利条件。最终，双方当事人就企业转型、员工安置、剩余原材料处理等一系列问题达成一致意见，原告主动申请撤回起诉，人民法院依法裁定予以准许。

**【典型意义】**

行政诉讼是维护公民、法人和其他组织合法权益，监督行政机关依法行使职权的重要制度，人民法院在审理行政案件中应当坚持合法性审查原则。同时，解决行政争议也是行政诉讼的基本功能。修订后的《中华人民共和国行政诉讼法》不仅明确了“解决行政争议”的立法宗旨，也建立了行政机关负责人出庭应诉、一并解决民事争议、行政复议机关作共同被告等有利于实质解决行政争议的新机制，同时还拓宽了行政诉讼调解的适用范围。当仅对行政行为合法性进行审理和判决难以实现案结事了时，人民法院应当积极运用协调等手段推动行政争议实质性解决。尤其在案件涉及重大公共利益的情况下，协调解决尤为必要。本案就是人民法院协调解决行政争议，最终实现维护公共利益和当事人合法权益有机统一的典型案例，对人民法院审理其他类似案件具有借鉴意义。

# 附录3：

# 《中国法治实施报告（2017）》之行政诉讼法实施报告[①]

黄先雄[②]

**【报告要旨】**

2017年行政诉讼法实施的总体情况持续向好。除再审案件增速迅猛外，行政案件数量总体增速与2016年相当；涉及民生领域的行政处罚、行政复议、政府信息公开案件仍占较高比重；简易程序适用率偏低，尚未发挥应有的繁简分流功能；行政机关负责人出庭应诉制度更加健全、出庭应诉率稳步上升，“出庭不出声”“出工不出力”现象有所改观；协调撤诉结案仍是行政案件十分重要的结案方式；被告败诉率总体变化不大。值得注意的是，2017年行政诉讼法实施中亮点纷呈：行政公益诉讼立法“千呼万唤始出来”，公益诉讼实践深入开展；行政诉讼法新司法解释正式发布，对统一裁判标准、保障民众合法权益、促进依法行政将产生重要影响；军事行政诉讼试点工作启动，行政诉讼的触角从制度层面延伸至“特别权力关系领域”；最高人民法院出台《关于进一步保护和规范当事人依法行使行政诉权的若干意见》，行政相对人诉权得以进一步保障和规范；司法与行政互动进一步常态化，其已成为我国法院助力法治政府建设的重要路径。不过，行政诉讼法实施

---

① 因版面所限，本报告1个表格、73个脚注从略，完整内容参见《中国法治实施报告（2017）》，人民法院出版社2018年版。

② 黄先雄，湖南常德人，法学博士，中南大学法学院教授、博士生导师，美国华盛顿大学法学院2010—2011年访问学者，执业律师，湖南省普通高等学校学生申诉处理委员会委员。主要研究领域：行政法与行政诉讼法、司法制度、法学教育等。

中一些老问题尚未得到根本解决，一些新问题逐渐“冒头”，亟需引起重视。

【核心建议】

1. 进一步加大行政案件裁判文书的公开力度，改变目前公开比例不到50%的状况，以不断提高行政审判公信力。

2. 逐步改变行政诉讼中“协调撤诉结案”多而“调解结案”几乎为零的局面，推动行政诉讼调解书的广泛运用，确保审判监督和检察监督“有的放矢”，切实维护公共利益。

3. 构建行政诉讼预审程序制度。借鉴域外行政诉讼预审程序，将审判程序分为审前程序和庭审程序两个环节，由庭前审查法官就起诉条件、起诉期限、程序性争议等事项进行审查处理，经分流后需要进行实体审查的则进入庭审环节，以此节省有限庭审资源。

截至2017年12月31日，新《行政诉讼法》表决通过已逾三年，正式实施已逾两年半。随着实践探索的深入推进和制度建设的日益完善，在做好案件受理、审理、非诉执行等“常规工作”的同时，2017年行政诉讼法的实施更是亮点纷呈：公益诉讼制度正式入法、新行政诉讼法司法解释颁行、《关于进一步保护和规范当事人依法行使行政诉权的若干意见》出台、军事行政诉讼试点启动、行政典型案例实践深化……本报告在分析行政诉讼案件基本情况的基础上，将重点对2017年行政诉讼法实施中的亮点工作和重大事件进行归纳和梳理。除此之外，对于行政诉讼法实施中出现的一些新问题也将作出总结。

本报告的写作素材包括但不限于《人民法院报》、中国人大网、各级法院网、中国裁判文书网等报刊或者网站刊载的工作报告、年度总结、统计数据、调研成果、新闻资讯等。由于数据来源有限，写作资料不足，本报告只能展现行政诉讼法实施状况之“大观”，分析结论可能失之于片面、粗陋，敬请读者谅解。

## 一、行政诉讼法实施的基本情况

### （一）行政案件受理方面

#### 1. 案件数量

2017年全国各级法院新收一审、二审以及再审行政案件361699件，同比增长 9.09%，较之 2016 年 10.6% 的增幅，有所放缓。具体情况见下表（略）。

分析上表可知，2017 年一审、二审以及再审案件数量均呈增长趋势。其中，新收一审行政案件 230432 件，同比增长 2.19%；新收二审案件 108099 件，同比增长 3.11%；新收再审案件 23168 件，同比增长 1786.64%。较之 2016 年，2017 年一审案件增幅变化不大，二审案件增幅急剧回落，再审案件增幅陡然上升，大量 2015 年、2016 年已经审结的行政案件进入再审程序，一定程度上说明当事人对一审、二审判决结果的信服度有待提高。

2017 年，全国各级法院新收与 2016 年旧存一审、二审以及再审案件共计 423759 件，结案 357790 件，结案率达 84.43%；全国各级法院新收非诉行政执行案件 254896 件，2016 年旧存非诉行政执行案件 2459 件，审结 255289 件，结案率高达 99.18%，结案数同比增长 28.51%。

另，从中国裁判文书网公布的裁判文书来看，行政诉讼案件数量地区差异明显。以“案件类型：行政案件”+“案由：行政案由”为检索条件，共搜得 2017 年裁判文书 139974 份。其中裁判文书数量超过 8000 件的省份为北京 11936 份、河南 10629 份、江苏 9833 份、广东 9178 份、湖南 8577 份、山东 8205 份，不足 1000 份的省份为西藏 22 份、青海 559 份、海南 787 份。不同地区公布的行政裁判文书数量差异巨大，一定程度上反映出不同地区行政相对人维权意识、依法行政水平等方面参差不齐。

2. 案涉领域与案件类型

2017 年，行政案件呈现出涉案领域广泛、案件类型多元以及新型行政案件数量呈增长态势等特征。

（1）行政案件涉及领域广泛，涉民生执法领域案件相对突出。从行政管理领域来看，行政案件涉及土地、房屋、公安、社保、城建、工商等多个领域，在中国裁判文书网上搜得的 2017 年 139974 份裁判文书中，排在前十位的分别是：城乡建设类 29209 份、资源类 28531 份、公安类 24908 份、劳动和社会保障类 19263 份、乡政府类 9034 份、商标类 4518 份、质量监督检验检疫类 3300 份、民政类 2954 件、工商类 2890 份以及交通运输类 1946 份。上述十类案件裁判文书共计 126553 份，占裁判文书总数的 90.41%，说明绝大部分行政案件发生在与民生密切相关的行政管理领域。

（2）行政案件类型多元，行政处罚、行政复议、信息公开等案件占比较高。在中国裁判文书网，以“案件类型：行政案件”+“案由：行政案由”为基础检索条件，再依次增加“全文检索：信息公开”“全文检索：行政处罚”等检索条件，分别检索到2016年和2017年信息公开类裁判文书14930份、13950份，行政处罚类文书27359份、27931份，行政强制类5352份、6353份，行政复议类25871份、25915份，行政赔偿类8966份、8677份，行政不作为类6905份、6048份，行政许可类6391份、6329份，行政确认类7560份、8782份。据此可知，2016年和2017年行政处罚类裁判文书各占当年裁判文书总数的20.63%、19.95%，行政复议类裁判文书各占当年裁判文书总数的19.51%、18.51%，信息公开类裁判文书各占当年裁判文书总数的11.26%、9.97%。行政处罚、行政复议、信息公开类裁判文书数量变化不大，但在裁判文书总量中的比重有所下降。行政赔偿、行政确认、行政许可、行政不作为等裁判文书数量相对较少，但在裁判文书中也占据一定比例，同样是行政相对人维权的重要领域。

（3）新型行政案件数量呈增长态势。新《行政诉讼法》扩大了行政诉讼受案范围，加之行政管理领域不断拓展，致使新类型行政案件数量有所增长。笔者以“案件类型：行政案件”+“案由：行政案由”+“全文检索：行政协议”为检索条件，搜得2015年、2016年、2017年的行政协议类裁判文书分别为141份、2304份、2809份，三年来行政协议案件增幅高达1892.2%。以“案件类型：行政案件”+“案由：行政案由”为基础检索条件，再依次增加“全文检索：受教育权”“全文检索：公平竞争权”“全文检索：环境资源”等检索条件，分别检索到2016年和2017年受教育权类裁判文书35份、34份，公平竞争权类裁判文书101份、103份，环境资源类裁判文书292份、116份，说明行政相对人在行政诉讼中的权利诉求日益多元，早已超出人身权、财产权等权利保护范围。此外，其他类型新型案件也不断涌现。如，面对金融行政案件快速增长的态势，北京市高级人民法院公布了近五年金融行政审判工作的情况，指出“北京市金融类行政诉讼案件快速增长。案件主要涉及证监会、银监会、保监会三大金融业分业监管及中国人民银行、国家外汇管理局金融监管领域，全面覆盖市场准入、交易秩序维护、违法行为查处等金融监管过程的各个环节，涉及行政许可、行政处罚、行政强制、政府信息公开、投诉举报要求履行法定职责、行政复议、行政赔偿等多种类型。涉诉具体监管领域分布广泛，以证券监管为例，涉及信息披露、内幕交易、市场操纵、短线交易、编造传播虚假信息、中介机构未勤勉尽责、利用他人证券账户从事证券交易、挪用客户交易结算资金等，几乎涵盖了证券法规定的所有主要监管领域”。北京市海淀区法院调查研究发现，随着新《行政诉讼法》及立案登记制的实施，高校涉诉行政案件成为新的增长点。

### （二）行政案件审理方面

#### 1. 简易程序适用率较低

新《行政诉讼法》规定的一审案件审理程序，包括普通程序和简易程序。在中国裁判文书网上，以“案件类型：行政案件”+“案由：行政案由”+“全文检索：简易程序”为检索条件，搜得 2015 年、2016 年、2017 年裁判文书分别为 1097 份、2520 份、2565 份，分别占当年裁判文书总量的 1.57%、1.9%、1.83%，简易程序适用率常年徘徊在 2% 以下。暂不论其他可以适用简易程序审理的行政案件，仅就信息公开类案件而言，该类案件占到每年全国一审行政案件总数的 10% 左右，相对于这一比例和新《行政诉讼法》第八十二条规定的宽松的简易程序适用条件，简易程序适用率未免过低。

#### 2. 行政机关负责人出庭应诉持续向好

行政机关负责人是法治政府建设中的“关键少数”，推进行政机关负责人出庭应诉，既是贯彻落实新《行政诉讼法》的必然要求，又是提高行政机关依法行政水平、维护行政相对人合法权益以及实质性化解行政争议的重要举措。2017 年行政机关负责人出庭应诉制度落实情况持续向好。

（1）行政机关负责人出庭应诉制度更加健全。2017 年一些省市行政机关负责人出庭应诉制度纷纷出台。如 2017 年 2 月 16 日，湖南省人民政府办公厅出台《关于加强和改进行政应诉工作的实施意见》，明确行政机关负责人出庭应诉义务和出庭程序，要求“对涉及重大公共利益、社会高度关注或者可能引发群体性事件等案件以及人民法院书面建议行政机关负责人出庭的案件”，行政机关负责人应当出庭应诉，并将行政机关负责人出庭应诉情况纳入法治政府建设考核指标。黑龙江省人民政府办公厅继2016年7月下发《关于加强和改进行政应诉工作的意见》后，2017年6月又下发《黑龙江省行政机关负责人出庭应诉规定》，专门从行政机关负责人范围、应当出庭应诉案件类型、出庭应诉程序、考评考核机制等方面，对行政机关负责人出庭应诉作了更为细密的规定。除了制定行政机关负责人出庭应诉制度，有的省市还通过行政机关与法院双向发力推动行政机关负责人出庭应诉制度落到实处。如，2017年辽宁省高级人民法院向省政府发出司法建议书，在全面分析近年来全省行政机关负责人出庭应诉情况的基础上，建议省政府积极鼓励地方政府负责人出庭应诉。司法建议书引起省政府高度重视，副省长作出批示，省政府专门复函高院，提出三项措施："省政府建立行政机关应诉情况定期通报制度，具体内容包括行政诉讼案件数量、败诉案件数量、负责人出庭应诉情况等，年终对行政应诉工作进行专题总结；调整完善行政机关应诉考核指标，将行政机关负责人出庭应诉作为加分项，鼓励行政机关负责人出庭应诉；探索建立辽宁高院和省政府数据共享机制，由辽宁高院定期向省政府反馈各市政府、省政府各部门行政应诉数据，加强跟踪督导。"

（2）行政机关负责人出庭应诉效果明显好转。新《行政诉讼法》实施之初，由于相关规定可操作性不强，实践中行政机关负责人出庭应诉制度落实情况参差不齐。随着行政机关负责人出庭应诉制度的不断完善和实践经验的不断累积，2017年行政机关负责人出庭应诉效果明显好转。一是行政机关负责人出庭应诉率保持上升态势。如，2017年4—10月黑龙江省各级法院被诉行政机关负责人出庭应诉率分别为64.68%、86.82%、94.17%、96.83%、98.72%、99.03%和98.41%，2017年出庭应诉率由上年的11.6%提高到96.9%。2013年至2017年，上海各级法院行政机关负责人出庭应诉分别为355人次、454人次、759人次、1097人次、1101人次，连续五年呈上升趋势。湖南省各级法院行政案件行政机关负责人出庭应诉率由2016年的23.62%，上升至2017年的30.23%。重庆市行政机关负责人出庭应诉1806人次，同比增长40.3%。二是行政机关负责人在庭审中的表现可圈可点。新《行政诉讼法》实施伊始，囿于不了解行政诉讼制度、担心出庭应诉效果不佳等原因，行政机关负责人出庭应诉案件主要集中于政府信息公开等相对简单的案件，“出庭不出声”“出工不出力”现象较为常见。2017 年以来，行政机关负责人出庭应诉的案件类型增多，应诉中普遍存在的问题也得到一定程度的改变。如 2017 年 11 月 13 日邵阳中院公开开庭审理的林权行政确认案件，邵阳市副市长出庭应诉。2017 年 12 月 14 日长沙市天心区法院开庭审理胡某诉湖南省国土资源厅、国土资源部政府信息不公开案，国土资源厅厅长出庭应诉进行口头答辩，对“诉讼老户”胡某重复申请政府信息公开等问题提出质疑，同时对胡某申请政府信息公开的时间性、复杂性、政策性进行了说明。

### （三）行政案件裁判方面

1. 协调撤诉结案仍是十分重要的结案方式

协调撤诉结案有利于实质性化解行政争议，在行政诉讼中一直广受案件当事人和法院的欢迎。在中国裁判文书网上，以“案件类型：行政案件”+“案由：行政案由”+“审判程序：一审”为检索条件，共搜得 2017 年、2016 年裁判文书 69374 份、74101 份。增加“法律依据：《中华人民共和国行政诉讼法》第六十二条”作为检索条件，搜得 2017 年、2016 年裁判文书各 26363 份、20806 份。由此推算，2017 年、2016 年协调撤诉结案分别占一审结案数的 38.25%、28.24%，2017 年较之 2016 年上升了十个百分点。从地方法院近五年的情况来看，上海各级法院审结一审行政案件 2.49 万件，协调和解行政争议 5653 件，占比 22.7%；湖南各级法院审结行政案件 6.4 万件，涉土地征收、房屋拆迁、劳动保障等案件协调撤诉率达 26.5%；南京市各级法院共审结行政案件 10420 件，经法院协调后和解、撤诉 2549 件，占比 24.46%。北京市第四中级人民法院 2017 年审结的行政案件中，经实质化解争议后原告撤诉的案件为 269 件，撤诉率达 17.5%，较 2016 年上升近 12 个百分点。另外，有部分地方法院协调撤诉结案率明显下降，但由于协调撤诉结案在当前背景下具有化解行政纠纷的独特优势，其仍然是行政诉讼中重要的结案方式。如宁波市各级法院联合相关部门专门设立了“行政争议调解中心”，全面推动行政争议的实质性化解，2017 年经协调后撤诉的行政案件 371 件，占比 25.48%，相对于 2016 年 30.06% 的调撤率虽然有所下降，但占比仍然很高。

2. 被告败诉率变化不大

在中国裁判文书网上，以“案件类型：行政案件”+“案由：行政案由”+“审判程序：一审”为基础检索条件，再分别增加“法律依据：《中华人民共和国行政诉讼法》第七十条 / 第七十二条 / 第七十三条 / 第七十四条 / 第七十五条 / 七十七条 / 第七十八条”等检索条件，搜得2017年判决撤销或部分撤销行政行为、变更行政行为、确认行政行为违法、责令行政机关履行法定职责、责令赔偿等裁判文书共计11209份，占2017年一审行政裁判文书总数的16.16%，这一比例虽然只能大致说明被告的败诉率，但与2016年根据官方数据统计出的13.4%的被告败诉率相差不大。2017年地方法院审理的行政案件中，被告败诉率前后也变化不大。如重庆各级法院审结的行政案件中，2017年为10.2%，与2016年的10.95%基本持平；南昌市两级法院2017年共审结一审行政案件754件，判决确认违法、撤销、变更99件，被告败诉率达13.13%；宁波市两级法院2017年共审结一审行政案件1456件，被告败诉率为16%，较之于2016年的11.36%增幅较大。不过，少数省市2017年被告的败诉率比较高，如四川省各级法院行政案件中被告的败诉率达到30.82%；湖南省永州市两级法院行政案件中被告的败诉率达到21.4%。总体而言，全国各级法院审结的一审行政案件中被告败诉率较于往年变化不大，一定程度上说明行政机关依法行政状况进入相对稳定阶段，不同地区法院发挥监督行政机关依法行政功能的程度相当。

## 二、行政诉讼法实施亮点纷呈

### （一）行政公益诉讼制度正式入法

2017年6月27日，第十二届全国人民代表大会常务委员会第二十八次会议通过了关于修改《中华人民共和国行政诉讼法》的决定，在《行政诉讼法》第二十五条增加关于行政公益诉讼的规定，“人民检察院在履行职责中发现生态环境和资源保护、食品药品安全、国有财产保护、国有土地使用权出让等领域负有监督管理职责的行政机关违法行使职权或者不作为，致使国家利益或者社会公共利益受到侵害的，应当向行政机关提出检察建议，督促其依法履行职责。行政机关不依法履行职责的，人民检察院依法向人民法院提起诉讼”。该条文从起诉主体、适用案件类型、起诉条件等方面对行政公益诉讼作了规定，标志着我国行政公益诉讼制度在立法上正式确立。

与行政公益诉讼立法落地同频共振，行政公益诉讼司法实践不断向纵深发展。首先，行政公益诉讼案件数量不断增加。在中国裁判文书网上，以“案件类型：行政案件”+“案由：行政案由”+“全文检索：公益诉讼”为检索条件，搜得 2015 年、2016 年、2017 年裁判文书分别为 9 份、40 份、489 份，呈逐年增加之势。其次，行政公益诉讼主要集中于环境资源和国有土地使用权出让等领域。在中国裁判文书网上，以“案件类型：行政案件”+“案由：行政案由”+“全文检索：公益诉讼”为检索条件，再分别增加“环境”“国有土地使用权出让”“食品药品安全”“国有财产保护”等“全文检索”条件，搜得 2017 年相关裁判文书 289 份、109 份、40 份、23 份。由此推算，生态环境和资源保护案件占行政公益诉讼案件总数的 59.1%，国有土地使用权出让案件占比 22.29%，合计占比高达 81.39%。最后，行政公益诉讼典型案例得以发布。2017 年 3 月最高人民法院发布了十起环境公益诉讼典型案例，其中包括 2 件行政公益诉讼案例。2017 年 6 月贵州省高级人民法院公布了环境资源审判十大典型案例，其中包括 4 件行政公益诉讼案例。2017 年 12 月最高人民法院公布了环境资源审判十大典型案例，其中包括 1 件行政公益诉讼案例。此外，2017 年 6 月最高人民检察院公布了检察机关提起公益诉讼试点典型案例，其中包括多起行政公益诉讼案例。

### （二）行政诉讼法新司法解释出台

《最高人民法院关于适用〈中华人民共和国行政诉讼法〉的解释》（以下简称《行诉解释》），于 2017 年 11 月 13 日由最高人民法院审判委员会第 1726 次会议讨论通过，并于 2018 年 2 月 7 日正式发布。这部司法解释是在党的十九大胜利召开之际最高人民法院通过的又一部诉讼法的全面司法解释，将对保障民众合法权益、推进法治政府建设、推动行政审判工作健康发展产生重要而深远的影响。《行诉解释》全文分为 13 个部分，共 163 条。它是对最高人民法院 2000 年和 2015 年关于行政诉讼法的两个解释的修改、补充和完善。

相对于已经废止的 2000 年和 2015 年两个司法解释，《行诉解释》主要有以下新内容：一是进一步明确行政诉讼受案范围边界，增加规定了五种不可诉的行为，即不产生外部法律效力的行为、过程性行为、协助执行行为、内部层级监督行为、信访办理行为；二是总结行政诉讼管辖改革成果，就跨行政区划法院管辖改革以及需要履行的程序作了进一步明确，强调铁路运输法院等专门人民法院审理行政案件应当由高级人民法院根据实际情况确定并经最高人民法院批准，同时明确规定了管辖异议处理程序；三是明确界定当事人资格，增列了《行政诉讼法》第二十五条第一款规定的“与行政行为有利害关系”的情形，就投诉举报者、债权人、非营利法人和业主等是否具有原告资格进行了界定，同时对各类开发区管理机构及其职能部门、村委会、居委会、事业单位以及行业协会的被告资格问题作出了规定；四是完善行政诉讼证据规则，细化非法证据排除规则，明确当事人的到庭义务和因被告原因导致损害的举证规则；五是全面落实立案登记制度，明确了以下问题：起诉人提交必要起诉材料的义务、人民法院的审查权力和释明义务、复议维持情形及行政机关未履行教示义务情形下的起诉期限；六是规范审理判决程序，明确了以下问题：滥用回避申请权和拒绝陈述的法律后果、确认无效判决规则、共同过错和行政不作为的赔偿责任；七是规范行政机关负责人出庭应诉，适度扩大行政机关负责人的范围，并明确以下问题：应当出庭应诉的情形、不出庭的说明义务、“行政机关工作人员”的含义以及不出庭应诉的不利后果；八是落实复议机关作共同被告制度，明确了以下问题：复议决定“维持原行政行为”的含义、复议机关作共同被告的法定性、举证责任和裁判规则；九是细化规范性文件附带审查，明确了以下问题：规范性文件制定机关的权利、规范性文件审查的具体方式、规范性文件不合法的处理方式以及规范性文件审查的审判监督程序。

### （三）军事行政诉讼试点工作启动

2017 年 7 月，经中央军委批准，并经最高人民法院批复同意，军事行政诉讼试点工作正式启动。探索建立军事行政诉讼制度，先行试点、逐步推广，是中央军委《军事司法体制改革实施方案》明确的任务。2016 年以来，解放军军事法院在深入调研论证、广泛征求意见的基础上，制定了实施方案和指导意见。

按照方案，广州军事法院、北京军事法院为试点基层法院，受理第一审军事行政案件。在试点基层法院管辖范围内，军人或军队单位认为军级以下军事机关及工作人员的军事行政行为侵犯其合法权益的，可以依法提起诉讼。当事人不服一审裁判的，可以分别向南部战区军事法院、中部战区军事法院提出上诉。试点期间，最高人民法院、解放军军事法院将依法加强监督指导，确保试点工作积极稳妥推进。

军事行政诉讼试点工作的启动，标志着我国军事行政诉讼制度迈出了实质性的一步，标志着行政诉讼制度的触角开始延伸至军队这一“特别权力关系领域”。试点工作将为军事行政诉讼制度的全面建立奠定扎实的基础，为加强对军事行政权的监督、维护官兵合法权益、促进法治军队建设开辟有效途径。

### （四）行政诉权进一步得以保障和规范

2015 年 5 月 1 日，随着新《行政诉讼法》正式实施和立案登记制改革落地，行政诉讼中长期存在的“立案难”问题基本得到解决，行政相对人诉权得到了保障。但是，实践中也出现了两种不良倾向：一是随着行政案件的大幅增长和办案压力的不断加大，少数法院限制当事人诉权的情况有所回潮；二是个别当事人曲解立案登记制的立法含义，滥用诉权、恶意诉讼，浪费了司法资源和行政成本。如何既保护行政相对人诉权，又促进当事人理性维权、规制诉权滥用，成为行政诉讼法实施中亟待解决的难题。

为进一步贯彻新行政诉讼法，巩固立案登记制改革的成果，规范和保障诉权行使，2017 年 8 月 31 日最高人民法院印发了《关于进一步保护和规范当事人依法行使行政诉权的若干意见》（以下简称《若干意见》），对充分保障当事人依法行使行政诉权和避免诉权滥用提出了具体要求。《若干意见》分为两个部分，第一部分为“进一步强化诉权保护意识，积极回应人民群众合理期待，有力保障当事人依法合理行使诉权”。该部分共八条，从提高诉权保护意识、巩固新法实施成果、坚持立案登记制度、加强诉讼服务建设、完善司法救济措施、防止不当干预诉讼等方面，对各级法院提出了明确要求。值得注意的是，《若干意见》要求各级法院紧跟信息技术和人工智能发展大势，充分利用“大数据”“互联网

+”“人工智能”等现代技术，推进诉讼服务大厅、诉讼服务网络、12368 热线、智能服务平台等建设，为人民群众依法行使诉权提供优质、便捷、高效的诉讼引导和服务。第二部分为“正确引导当事人依法行使诉权，严格规制恶意诉讼和无理缠诉等滥诉行为”。该部分共九条，从正确理解立案登记制的精神实质、准确把握利害关系的法定内涵、引导当事人依法行使诉权、有效规制滥用诉权行为等方面，提出了规制恶意诉讼和无理缠诉的措施。《若干意见》还明确了滥诉行为的内涵、表现方式，提出了规制滥诉行为的举措。

### （五）司法与行政互动呈常态发展

2017 年，司法与行政互动（以下简称两权互动）的局面进一步常态化，两权互动已成为我国法院监督行政机关依法行政、助力法治政府建设的重要路径。

具体而言，2017 年两权互动主要通过以下三种形式：一是庭审观摩。2017 年从最高人民法院、中央国家机关到地方各级法院、各级政府，纷纷举行或参与行政案件庭审旁听活动。2017 年 12 月 14 日，司法部、全国普法办会同最高人民法院组织落实普法责任制部际联席会议成员在北京市第四中级人民法院旁听行政案件的庭审，并在旁听后以落实“谁执法谁普法”责任制、推动领导干部尊法学法守法用法为主题，现场召开了座谈会。最高人民法院副院长江必新旁听了庭审并在座谈会上发表讲话，16 家成员单位的负责人和司、处级干部共 100 余人参加了活动。上海市政府法制办、市第三中级人民法院举办行政诉讼庭审旁听讲评会暨市级行政机关诉讼情况通报会，全市 24 家市级行政机关负责人、法制工作人员共计 100 余人参加庭审旁听及评议。中共西安市委依法治市办、西安市司法局和西安铁路运输法院联合举办，来自西安市 60 个市级单位政策法规部门负责同志，旁听了西安铁路运输法院公开审理的工商登记行政诉讼案件。重庆市荣昌区人民法院公开开庭审理了要求确认该区吴家镇人民政府未履行或拖延履行法定职责违法一案，来自荣昌区各镇、街行政机关数十名负责人到场旁听，零距离接受法治教育。另外，湖南、湖北、浙江、江苏、山东、黑龙江等多个省、自治区、直辖市的有关行政机关均组织了行政案件旁听庭审活动，旁听庭审逐步成为两权良性互动、促进依法行政的常态化机制。二是司法建议。

2017 年全国各级法院针对行政诉讼中行政行为存在的问题，继续以发送司法建议的方式，建议行政机关予以整改，以防止同类问题反复发生。如，湖南省高级人民法院向省人民政府发送两份司法建议，一份针对集体土地上房屋征收补偿存在的普遍性问题，一份针对国有土地上房屋征收补偿问题；长沙市中级人民法院针对行政复议应诉工作中存在的程序性问题，向省人民政府发送一份司法建议。对于上述 3 份司法建议，省人民政府指示相关部门充分研讨后，作出了书面复函。天津市第一中级人民法院在审理一起车辆行政登记案件中，发现天津市公安交通管理局在机动车转移登记工作方面存在隐患，通过司法建议向该局提出三点整改意见，该局将研究结果及实施的相关工作情况复函至该院。三是发送或发布行政审判分析报告或白皮书。如，黑龙江省高级人民法院连续 9 年向省政府报送行政审判"白皮书"，促进两权良性互动。重庆市高级人民法院连续多年发布"行政案件审判司法白皮书"，助推依法行政。青海省高级人民法院连续 9 年发布行政案件司法审查报告，督促行政机关规范执法行为。宁波市中级人民法院连续 9 年发布行政审判司法审查报告，为法治政府建设建言献策。

除上述互动方式之外，还有很多其他方式，比如举办座谈会、专题研讨会、联合培训、咨询会等。其中座谈会如，2017 年 10 月 31 日，最高人民法院行政审判庭与国务院法制办行政复议司共同举办"加强行政审判工作，助力法治政府建设"座谈会，全国人大法工委、国务院办公厅和公安部等十余个中央国家机关法制部门同志和部分全国人大代表参加了座谈。相对而言，庭审观摩、司法建议以及行政审判白皮书以其效果明显、辐射性强等独特优势，日益成为法院和行政机关普遍接受和广泛采用的常态化互动机制。

### （六）行政典型案例发布制度继续推进

近年来，针对行政诉讼法实施中裁判标准不统一、同案不同判以及新型案件不断涌现等重点难点问题，最高人民法院先后发布了征地拆迁、政府信息公开、行政不作为、环境保护等行政管理领域有代表性的案例。2017 年 6 月，最高人民法院再度发力，首次发布行政审判"十大典型案例"。不同于此前发布的典型案例，本次十大典型案例涵盖面广且全部选自 2016 年度最高人民法院办理的行政案件。除了发布行政审判十大典型案例，最高人民法院还以其他方式发布了行政审判案例。一是发布第17批指导性案例。在第17批5个指导性案例中包含4件行政案例。二是发布十大民事行政案件，其中包含1件行政案例。三是评选“2017年推动法治进程十大案件”。最高人民法院举办“2017年推动法治进程十大案件”评选活动，根据网友投票结果和专家评审团评审意见评选出十大典型案件，其中有1件行政案件，即简阳市政府被诉公告违法案。

在最高人民法院发布典型案例的同时，地方法院典型案例实践也不断向纵深推进。继2015年、2016年发布第一、二批行政诉讼典型案例之后，2017年江西省高级人民法院发布了第三批行政诉讼典型案例。安徽省高级人民法院发布了十件典型行政案例。此外，山东、福建、北京、河南、黑龙江等省、自治区、直辖市的多家法院也发布了行政典型案例。

总之，2017年行政典型案例发布制度已经走向纵深。从发布典型案例的法院来看，最高人民法院积极作为，各省高级人民法院及中级人民法院也不甘落后。从裁判文书形式看，既包括判决书，又包括裁定书和调解书。从案件审理结果，既有行政机关败诉的案例，又有行政相对人败诉的案例，还有规制行政相对人滥用诉权的案例。从裁判涉及内容来看，既有房屋征收、行政强制等常见行政行为，又有环境公益诉讼、无主财产上缴等新类型案件。可以说，以最高人民法院典型案例为主干、地方各级法院典型案例为枝叶的蔚为大观的“典型案例群”已具雏形。

### （七）各级法院依托行政审判服务社会发展大局意识不断增强

一直以来，我国行政审判作为政策实施型司法，服务经济社会发展大局是其主要的工作目标之一。2017年，全国各级法院自觉将履行行政审判职能与服务经济社会发展大局、服务政府中心工作紧密结合起来，依托行政审判服务社会发展大局意识不断增强。为充分发挥司法裁判的重要示范引领作用，进一步促进京津冀地区创新、协调、绿色、开放、共享发展，最高人民法院首次发布10件为京津冀协同发展提供司法服务和保障的参考性案例，涵盖刑事、民事、行政、执行等不同案件类型。广东省高级人民法院积极适应经济发展新常态，主动服务供给侧结构性改革，发布了服务供给侧结构性改革十大典型案例，案例涵盖破产清算、破产重整、执行转破产、租赁合同纠纷、产权纠纷、土地承包合同纠纷、环境权益保护、金融风险防范等与供给侧结构性改革息息相关的内容，其中包括 2 件行政案例。河北省高级人民法院出台为雄安新区建设提供司法服务和保障的意见，要求各级法院把雄安新区规划建设作为全省法院工作的重中之重，围绕新区行政体制改革、深化“放管服”改革、投融资体制改革等工作，依法公正审理行政案件，有序服务保障起步区土地整体预征、启动区征迁、重点片区安置房建设、交通生态工程等重大项目建设，依法保障政府进行土地征收及拆迁。此外，为了响应“美丽中国”建设，保护自然资源和生态环境，从最高人民法院、最高人民检察院到部分地方人民法院，纷纷发布环境保护行政公益诉讼典型案例，此处不再赘述。

## 三、行政诉讼法实施中出现的问题及建议

行政诉讼法实施中的一般性问题如行政审判的体制和独立性问题、跨区划管辖问题、复议机关作共同被告问题、两权互动的规制问题、立案登记制问题等，笔者在 2014 年至 2016 年的“行政诉讼法实施报告”中已作了较为充分的论述，其中有些问题已经解决或正在解决，有些问题仍然存在。囿于篇幅，笔者不再赘述。本报告仅对 2017 年新发现或者更加凸显的问题进行梳理。

### （一）行政诉讼调解制度被“虚置”的现象有待改观

为应对以往实践中大量存在的协调结案现象，《行政诉讼法》第六十条明确规定，行政赔偿、补偿以及行政机关行使法律、法规规定的自由裁量权的案件，人民法院可以调解。同时，在第九十二条、第九十三条、第九十五条和第九十六条中还多处规定“调解书”。但自 2015 年 5 月 1 日以来，这一条所规定的行政诉讼调解制度几乎被虚置，实践中更多的仍是“协调”，而不是“调解”。笔者以“案由：行政案由”+“案件类型：行政案件”+“文书类型：调解书”，在中国裁判文书网上仅搜得 2016 年 2 份行政诉讼调解书，其余年份均没有；但以“案由：民事案由”+“案件类型：民事案件”+“文书类型：调解书”，在中国裁

判文书网上可搜得12500份民事诉讼调解书。从两组数据的对比中，不难看出行政诉讼调解制度的窘境。据笔者了解，实践中，一审法院通过协调撤诉结案的行政案件占了相当的比例，尤其是基层法院作为一审法院时协调撤诉结案的比例更高。法院和各方当事人为什么乐于走“协调撤诉结案”的“老路”，而不愿意通过在协调后制作“调解书”以固化协调成果来结案？原因很多，其中三个因素不容忽视：一是接受调解、法院作成调解书，就意味着被告败诉的结果以书面的形式被正式确定和公开，这将严重影响被告行政机关的年终业绩考核；二是协调撤诉结案中行政机关在不少情形下是法外妥协，而这种妥协是不能被写入调解书的；三是对承办法官而言，制作调解书比裁定准予撤诉要耗时费力得多。

行政诉讼中“协调撤诉结案”多而“调解结案”几乎为零的局面，不仅使得《行政诉讼法》第九十二条和第九十三条所规定的、针对行政诉讼调解书的审判监督、检察监督“无的放矢”，而且可能不利于对公共利益的维护，不利于充分发挥裁判的指引作用，不利于促进行政相对人理性维权，也不利于推动行政机关依法行政水平的提高。要改变这一现象需从多方发力，既牵涉法院地位问题、案多人少矛盾，也涉及行政机关政绩考核制度的科学性和对其“钱袋子”监控的力度等。

### （二）行政诉讼审前程序亟待完善

立案登记制实施以来，行政审判领域案件数量激增。部分不符合受理条件的案件进入诉讼环节，并最终以裁定驳回起诉的形式审结。在中国裁判文书网上，以“案件类型：行政案件”+“案由：行政案由”+“全文检索：裁定驳回起诉”为检索条件，搜到2017年、2016年、2015年裁判文书分别为18341篇、16565篇、5255篇，2017年同比增长10.72%，比2015年增长了249.02%。据了解，裁定驳回起诉的主要理由为主体不适格、诉讼请求不明确、超过法定起诉期限等。目前，我国行政诉讼程序设置不够科学，尚未严格区分审前程序和庭审程序，而代之以庭前准备和开庭审理两大环节。庭前准备一般解决辅助性、事务性事项，而诉权争议、程序争议等问题则仍需在庭审环节解决，导致大部分最终被裁定驳回起诉的案件也畅通无阻地进入了庭审环节，制约了有限庭审资源的合理利用，加重了庭审负担，严重影响庭审效率，也引发当事人的诸多误解和埋怨。

在无法将所有不符合受理条件的案件挡在立案大门外的情况下，如何解决上述问题？可以借鉴法国行政预审模式，将审判程序划分为审前程序（庭前审查）和庭审程序两个环节，由庭前审查法官或者未入额的法官、审判辅助人员就起诉条件、起诉期限、程序性争议等事项进行审查处理，经分流后需要进入实体审查的则进入庭审环节，由审判法官审理。如此既防止先入为主影响审判公正性，又将部分不符合受理条件的案件在庭审前予以处理。当然，也可以借鉴德国行政诉讼法中的实体裁判要件制度，对此国内学者已有诸多论述，不再赘述。

## （三）行政协议和行政公益诉讼案件的司法规则需要进一步明确

随着行政协议案件和行政公益诉讼案件不断进入法院，现有立法和司法解释关于这两类案件的司法规则已现捉襟见肘的局面，在规则依据严重不足的情况下，对这两类案件，出现有案不立、审理规则混乱和裁判标准不一的情形就在所难免。

关于行政协议案件，主要是立案标准和审理规则亟待规范。如，什么是行政协议？除《行政诉讼法》列举的政府特许经营协议、土地房屋征收补偿协议外，还有哪些行政协议可以纳入法院受理行政案件的范围？法官在什么情形下应该适用民事实体法律规范来处理行政协议争议？抑或行政协议案件中有无适用民事实体法律规范的余地？行政主体能否成为行政协议诉讼的原告？行政主体如果通过申请非诉行政执行解决行政协议争议，法院应遵循什么样的审理规则？等等，对于这些问题，学界和实务界争议颇多，尚待达成共识。

关于行政公益诉讼案件，主要是前置程序、审理和裁判规则需要明确。如，检察机关提起公益诉讼的前置程序是什么？什么情形下应当提起行政公益诉讼？在民事侵害行为、行政违法行为并存时，检察机关如何处理提起行政公益诉讼与提起民事公益诉讼的关系？行政公益诉讼中检察机关的角色定位是原告、公诉人抑或公益代表人？在行政公益诉讼的起诉环节和审判环节，检察机关应承担什么样的举证责任？其如何行使调查取证权？公益诉讼的费用包括诉讼费、律师费等谁来承担？等等。

最高人民法院江必新副院长在 2018 年 2 月 7 日新行政诉讼法司法解释的发布会上表示，对行政协议和行政公益诉讼案件审理中存在的问题，将尽快通过专门的司法解释予以明确。我们期待这两份专门司法解释早日出台，以化解行政诉讼法实施中的困境。

### （四）中级以上法院案多人少矛盾急待解决

在中国裁判文书网上，可以搜得 2017 年中级以上各级法院行政裁判文书 76851 篇，占当年行政裁判文书总数的 54.9%，再次印证了 2015 年下半年以来中级以上各级法院案多人少的事实。同时，如前所述，2017 年全国法院新收再审案件 23168 件，同比增长 1786.64%，而这些再审案件集中在最高人民法院和各省高级人民法院。在行政案件数量急剧增长的同时，行政案件审理难度也日益增加。一方面，行政相对人的权利意识不断觉醒，有的原告抓住管辖权异议、回避、行政机关负责人出庭应诉等程序性问题不放，致使庭审难以正常进行，部分案件甚至要多次开庭。另一方面，行政协议、规范性文件附带审查、环境公益诉讼等新类型案件层出不穷，征地拆迁中的连环诉讼及历史遗留问题诉讼此起彼伏，审判过程耗时耗力。中级以上各级法院行政审判面临的案多人少矛盾日益突出，审判人员办案压力陡增已成为不容置疑的事实。

强大的办案压力致使法官不可能精细化审理每一起行政案件，只能“好钢用在刀刃上”，部分一审行政案件庭审变成简单、粗糙的“走过场”，严重影响审判质效。同时，当下一些中级以上人民法院为解决案多人少矛盾，常常将行政案件调至其他庭室、部门办理，这种做法不仅难以保证审判质量，而且不符合《行政诉讼法》第四条第二款的规定，即行政案件只能由各级法院行政审判庭审理。现阶段，除了根据需要增加行政审判法官、完善审前程序的对策外，可以考虑从以下方面缓解案多人少矛盾：一是正确理解和适用立案登记制。立案庭在准确把握新《行政诉讼法》规定的立案条件的基础上，对不符合立案条件的案件依法裁定不予立案，减轻行政审判庭的工作负担和当事人诉累。二是提高简易程序适用率。坚持繁简分流，对于符合简易程序适用条件的案件，适用简易程序予以审理，实现简案快审、速判，将更多人力投入疑难复杂案件上。同时，要注重发挥未入额法官和审判辅助人员在简易程序适用中的作用，合理配置审判资源。三是推行多元化纠纷解决机制。针对一些行政案件矛盾成因复杂、政策法律规定不明确、纠纷无法一次性解决等特点，推动建立多元化纠纷解决机制，实现调解、仲裁、行政裁决、行政复议、行政诉讼等有机衔接、相互协调，形成化解行政争议的社会合力。

### （五）行政审判公信力有待继续提高

近些年来，随着新《行政诉讼法》的实施和相关改革举措的不断出台，虽然我国行政审判的公信力在不断提高，但与民众的预期还有不小的差距。行政诉讼中一直以来居高不下的上诉率和 2017 年陡然猛增的再审申请率，说明了我国行政审判公信力有待继续提高。

导致行政审判公信力不高的原因很多。首先，行政相对人方面。部分行政相对人先入为主地认为，人民法院与行政机关同为国家机关，在行政审判中可能“穿一条裤子”，法官不可能不偏不倚地居中裁判。加上行政审判中，部分行政机关与法院不正当的互动，更强化了民众对法院与政府“一家亲”的印象，加重了民众对司法公正的怀疑。而且，还有部分行政相对人对行政诉讼法的相关规定缺乏正确理解，如无限放大回避制度适用情形，认为确认行政行为违法与撤销行政行为没有区别，等等，这些误解往往使行政相对人陷入非理性维权的泥潭。其次，行政机关方面。在我国现有行政体制下，行政机关掌握着“压迫性权力”，如果行政行为并非严重违法，法院要判决行政机关败诉并非易事。有的行政机关妄自尊大，答辩、应诉、举证时不能严格遵法而行；有的行政机关重视不够，诉讼代理人应诉水平不高，这些情形下若行政机关最终胜诉，民众难免对判决的公正性存疑。还有部分行政机关认为法官不了解行政工作，不能理性看待败诉结果，判决生效后拒绝履行、不及时采取补救措施或者以同一事实和理由作出与原行政行为基本相同的行政行为。最后，法院及法官方面。一是在不同法院之间，以及同一法院内部，还存在裁判标准不统一、法律适用不规范等问题，给行政执法带来困惑，让当事人对判决结果存疑；二是部分法官对实践中行政行为如何运作缺乏基本了解，法律素养和庭审控制能力有待提高，影响了司法审判的权威性和公信力；三是部分行政裁判文书说理不充分或者论证错误，使裁判文书像“猜不透的谜语”，影响裁判结果的可接受性。

针对行政审判公信力不高的问题，除了不断改善行政审判的外部环境外，从法院自身而言，可以从以下几方面进一步加以改善：一是加大行政案件裁判文书公开力度。近三年来，虽然裁判文书的公开力度在不断加大，但法院公开的行政裁判文书数量仍然远远少于法院受理的一审和再审案件数量，以 2015 年、2016 年、2017 年为例，全国各级法院新收和旧存的一审和再审案件总数分别为 221777 件、272312 件、300012 件，但在中国裁判文书网上搜到的同期行政案件裁判文书分别只有：70087 份、132595 份、139974 份，所占比例分别为 31.6%、48.7%、46.7%。如果说 2017 年还有部分行政案件处于审限内尚未作出生效裁判文书，那么 2015 年、2016 年的裁判文书数据基本能够反映我国当下行政案件裁判文书的公开情况。为促进行政审判公信力的提高，今后有必要加大公开力度。二是着力推行行政法官专业会议制度。2017 年以来，最高人民法院先后两次召开行政法官专业会议，该会议是在行政审判领域与司法责任制改革相配套的一种重要机制，在当前行政审判职能分由巡回法庭和本部多个部门行使的情况下，该机制对于统一裁判尺度、防止“同案不同判”，提升行政审判工作质效，具有重要的保障作用。今后，应不断完善、拓展这一专业会议制度，在明确各层级职责范围的前提下，可推广至各级法院进行适用，以适应各区域发展水平和社会矛盾的差异。三是加强裁判文书说理。对于案情复杂、争议较大的案件，法院在裁判文书中，应详细论证裁判过程，对于当事人提出的观点逐一予以回应，对于上级法院已经存在类似判例但仍作出不同判决的案件应当充分论证其理由。四是加大对当事人不当行为的惩戒力度。对于行政机关拒不履行生效裁判文书的情况，要严格按照《行政诉讼法》第九十六条的规定予以处理；对于哄闹法庭、阻挠庭审、不听从法庭指挥以及拒不执行法院生效裁判的当事人，应当严格依法予以处理，坚决防止和杜绝出现“破窗效应”。

除了上述问题和建议之外，今后一段时间，在行政诉讼法的实施中还要注意处理好以下四个方面的关系：一是对行政诉讼法要处理好严格执行和不断完善的关系。既要严格执行新法的规定，确保新法在行政审判工作各个环节得到全面正确贯彻落实，又要善于破解难题、补齐短板，确保行政诉讼制度健康科学发展。二是要处理好保障公民个人权益和维护公共利益的关系。既要正确把握行政诉讼法规定利害关系的原告资格条件，确保具有法律上利益的公民得到诉讼救济，也要注意区分私益公益，对于公民提出的公益事项探索通过法定的公益诉讼途径予以救济。三是要处理好行政诉讼与多元化解的关系。既要充分发挥行政诉讼制度的功能和作用，也要注重促进行政争议多元化解机制的建立与完善。四是要处理好巩固改革成果和继续改革创新的关系。如，既要坚持行政复议共同被告制度，同时积极探索通过视频应诉、委托出庭、书面答辩等形式，解决复议机关应诉压力过大等问题。

# 结　语

行政诉讼法实施取得的成绩，让我们听到了社会各界勠力同心推进行政法治的坚强足音，看到了行政诉讼倒逼依法行政取得的丰硕成果！行政诉讼法实施折射出的问题，让我们意识到行政审判事业离人民群众日益增长的权利救济期待还有不小的距离，让我们感受到化解行政争议、保护行政相对人合法权益、监督行政机关依法行政还有更高的山要越、更深的水要涉！最高人民法院江必新副院长在 2017 年 10 月 31 日关于行政审判工作的座谈会上曾指出："在全面推进依法治国的进程中，行政诉讼的受案范围只会越来越宽，人民群众获得司法救济只会越来越便利，人民法院对被诉行政行为的审查标准只会越来越严，行政审判对人民合法权益的保障只会越来越有力。人民法院要通过依法审理各类行政案件，不断促进民主法治的进步、促进社会公平正义，使人民获得感、幸福感、安全感更加丰富、更有保障、更可持续。"这铿锵有力的声音和庄严的承诺让我们信心倍增！我们相信：尽管行政诉讼法实施的道路并非一片坦途，但只要追求行政法治的初心不改，我们就能在行政诉讼法实施中欣赏到旖旎的风景，采撷到丰硕的果实！

# 主要参考文献

1. 贲国栋：《行政执法的伦理研究》，法律出版社 2010 年版。

2. 曹鎏：《行政官员问责的法治化研究》，中国法制出版社 2011 年版。

3. 曾刚：《行政赔偿归责原则研究》，法律出版社 2012 年版。

4. 查庆九：《现代行政法理念——以可持续发展为背景》，法律出版社 2012 年版。

5. 陈新民：《中国行政法原理》，中国政法大学出版社 2002 年版。

6. 崔裕蒙：《行政决策立法研究》，经济科学出版社 2014 年版。

7. 杜飞进：《法治政府建构论》，浙江人民出版社 2011 年版。

8. 樊华辉：《行政复议制度新论》，法律出版社 2012 年版。

9. 甘文：《行政与法律的一般原理》，中国法制出版社 2002 年版。

10. 郜风涛主编：《行政复议法教程》，中国法制出版社 2011 年版。

11. 龚祥瑞：《比较宪法与行政法》，法律出版社 2003 年版。

12. 顾建亚主编：《行政法：案例与分析》，浙江大学出版社 2016 年版。

13. 关保英：《行政法教科书之总论行政法》，中国政法大学出版社 2009 年版。

14. 韩春晖：《行政法治与国家形象》，中国法制出版社 2011 年版。

15. 韩大元、莫于川主编：《应急法制论——突发事件应对机制的法律问题研究》，法律出版社 2005 年版。

16. 行政法与行政诉讼法学编写组：《行政法与行政诉讼法学》，高等教育出版社 2017 年版。

17. 贺荣主编：《公正司法与行政法实施问题研究》，人民法院出版社 2014 年版。

18. 胡建淼主编：《公权力研究》，浙江大学出版社 2005 年版。

19. 胡建淼：《行政法学》，法律出版社 2015 年版。

20. 胡建淼主编：《行政法与行政诉讼法》，清华大学出版社 2008 年版。

21. 胡建淼主编：《行政行为基本范畴研究》，浙江大学出版社 2005 年版。

22. 胡建淼：《行政强制法论》，法律出版社 2014 年版。

23. 胡建淼主编：《世界行政法院制度研究》，武汉大学出版社 2007 年版。

24. 胡建森主编：《行政违法问题探究》，法律出版社 2000 年版。

25. 胡锦光、莫于川：《行政法与行政诉讼法概论》（第三版），中国人民大学出版社 2017 年版。

26. 张正钊、胡锦光：《行政法与行政诉讼法》，中国人民大学出版社 2009 年版。

27. 江必新：《WTO 与行政法治：行政法的世界眼光》，中国人民公安大学出版社 2002 年版。

28. 江必新等：《国家赔偿法理论与实务》，中国社会科学出版社 2010 年版。

29. 江必新：《国家赔偿法原理》，中国人民公安大学出版社 1994 年版。

30. 江必新：《国家治理现代化与行政法治》，中国法制出版社 2016 年版。

31. 江必新：《行政法制的基本类型》，北京大学出版社 2005 年版。

32. 江必新主编：《行政审判和国家赔偿改革的路径与成效》，人民法院出版社 2013 年版。

33. 江必新、梁凤云：《行政诉讼法理论与实务》，北京大学出版社 2011 年版。

34. 江必新主编：《最高人民法院最新行政诉讼司法解释汇编》，中国法制出版社 2012 年版。

35. 姜明安、余凌云：《行政法》，科学出版社 2010 年版。

36. 姜明安：《法治思维与新行政法》，北京大学出版社 2013 年版。

37. 姜明安：《行政法》，北京大学出版社 2017 年版。

38. 姜明安主编：《行政法与行政诉讼法》，北京大学出版社、高等教育出版社 2015 年版。

39. 焦洪昌主编：《宪法学》，北京大学出版社 2013 年版。

40. 金锦萍：《中国非营利组织法前沿问题》，社会科学文献出版社 2014 年版。

41. 金自宁：《风险中的行政法》，法律出版社 2014 年版。

42. 金自宁：《公法、私法二元区分的反思》，北京大学出版社 2007 年版。

43. 李纬华：《行政案件法律适用方法》，法律出版社 2011 年版。

44. 林爱珺：《舆论监督与法律保障》，暨南大学出版社 2008 年版。

45. 林华：《公众参与法律问题的行政法研究》，中国政法大学出版社 2016 年版。

46. 林莉红主编：《行政法治的理想与现实》，北京大学出版社 2014 年版。

47. 刘东亮：《行政诉讼程序的改革与完善》，中国法制出版社 2010 年版。

48. 罗豪才、毕洪海编：《行政法的新视野》，商务印书馆 2011 年版。

49. 罗豪才主编：《行政法学》，中国政法大学出版社 1999 年版。

50. 罗豪才主编：《现代行政法的平衡理论》，北京大学出版社 2008 年版。

51. 马怀德主编：《行政诉讼原理》（第二版），法律出版社 2009 年版。

52. 马怀德主编：《完善国家赔偿立法基本问题研究》，北京大学出版社 2008 年版。

53. 马怀德主编：《中国行政法的崛起——朱维究教授六秩华诞贺寿文集》，北京大学出版社 2005 年版。

54. 马毅主编：《行政法原理与实务》，宁夏人民教育出版社 2014 年版。

55. 马英娟、李泠烨、韩思阳编著：《行政法典型案例评析》，北京大学出版社 2016 年版。

56. 莫于川主编：《案例行政法教程》，中国人民大学出版社 2016 年版。

57. 戚建刚、易君：《灾难性风险行政法规制的基本原理》，法律出版社 2015 年版。

58. 尚海龙、周觅主编：《行政法案例教程》，中国民主法制出版社 2015 年版。

59. 沈岿：《平衡论：一种行政法认知模式》，北京大学出版社 1999 年版。

60. 石佑启等：《国家赔偿法新论》，武汉大学出版社 2010 年版。

61. 石佑启：《论公共行政与行政法学范式转换》，北京大学出版社 2003 年版。

62. 宋涛：《社会规律属性与行政问责实践检验》，社会科学文献出版社 2010 年版。

63. 孙春增主编：《行政法案例研究》（第二版），法律出版社 2011 年版。

64. 田思源：《行政法与行政诉讼法学》，清华大学出版社 2011 年版。

65. 汪庆华：《政治中的司法》，清华大学出版社 2011 年版。

66. 王晨、康良辉、何铁军、余建录：《实证视角下的行政行为》，哈尔滨工业大学出版社 2009 年版。

67. 王贵松：《行政裁量的构造与审查》，中国人民大学出版社 2016 年版。

68. 王莉：《行政复议功能研究》，社会科学文献出版社 2013 年版。

69. 王名扬：《美国行政法》，北京大学出版社 2013 年版。

70. 王旭：《行政法解释学研究：基本原理、实践技术与中国问题》，中国法制出版社 2010 年版。

71. 翁岳生：《行政法（上、下）》，中国法制出版社 2009 年版。

72. 吴浩主编：《国外行政立法的公众参与制度》，中国法制出版社 2008 年版。

73. 徐晨：《行政法理论与判解研究——以司法审查为中心》，中国政法大学出版社 2017 年版。

74. 闫尔宝：《行政行为的性质界定与实务》，法律出版社 2010 年版。

75. 杨海坤、章志远：《中国行政法基本理论研究》，北京大学出版社 2004 年版。

76. 杨建顺：《行政规制与权利保障》，中国人民大学出版社 2007 年版。

77. 杨解君：《中国法律体系化的探索：行政法与相关部门法的交叉衔接研究》，人民出版社 2014 年版。

78. 杨解君：《中国行政法的变革之道》，清华大学出版社 2011 年版。

79. 杨利敏：《行政法与现代国家之构成》，北京大学出版社 2016 年版。

80. 杨临宏、黄金泉主编：《中国行政诉讼的制度缺失及完善问题研究》，云南大学出版社 2010 年版。

81. 杨小君：《我国行政复议制度研究》，法律出版社 2002 年版。

82. 叶必丰、周佑勇：《行政规范研究》，法律出版社 2002 年版。

83. 叶必丰：《行政法的人文精神》，北京大学出版社 2005 年版。

84. 叶必丰：《行政法与行政诉讼法》，高等教育出版社 2015 年版。

85. 叶必丰:《行政法与行政诉讼法》, 商务印书馆 2014 年版。

86. 叶必丰:《行政法与行政诉讼法》, 武汉大学出版社 2008 年版。

87. 应松年主编:《当代中国行政法(上、下卷)》, 中国方正出版社 2005 年版。

88.《行政法与行政诉讼法学》编写组编:《行政法与行政诉讼法学》, 高等教育出版社 2017 年版。

89. 应松年、马怀德主编:《当代中国行政法的源流》, 中国法制出版社 2006 年版。

90. 应松年、薛刚凌:《行政组织法研究》, 法律出版社 2002 年版。

91. 应松年、杨解君主编:《行政许可法的理论与制度解读》, 北京大学出版社 2004 年版。

92. 应松年、袁曙宏主编:《走向法治政府: 依法行政理论研究与实证调查》, 法律出版社 2001 年版。

93. 应松年主编:《当代中国行政法》, 中国方正出版社 2005 年版。

94. 应松年主编:《行政法与行政诉讼法学》, 法律出版社 2009 年版。

95. 余凌云:《行政法讲义》(第二版), 清华大学出版社 2014 年版。

96. 袁曙宏主编:《公众参与行政立法》, 中国法制出版社 2012 年版。

97. 张坤世:《行政诉讼机理探究与制度建构》, 中国政法大学出版社 2012 年版。

98. 张胜利:《完善行政复议法基本问题研究》, 中国政法大学出版社 2011 年版。

99. 张树义:《变革与重构: 改革背景下的中国行政法理念》, 中国政法大学出版社 2002 年版。

100. 张越:《行政复议法实施条例适用指南》, 群众出版社 2007 年版。

101. 张越:《行政复议法学》, 中国法制出版社 2007 年版。

102. 章剑生、黄锴主编:《行政法判例选析(一)》, 法律出版社 2017 年版。

103. 章剑生:《现代行政法基本理论》, 法律出版社 2014 年版。

104. 章剑生:《现代行政法专题》, 清华大学出版社 2014 年版。

105. 章剑生:《现代行政法总论》, 法律出版社 2014 年版。

106. 章志远：《个案变迁中的行政法》，法律出版社 2011 年版。

107. 赵颖：《公共应急法治研究》，法律出版社 2011 年版。

108. 郑春燕：《现代行政中的裁量及其规制》，法律出版社 2015 年版。

109. 周汉华：《行政复议司法化》，北京大学出版社 2005 年版。

110. 周汉华：《政府监管与行政法》，北京大学出版社 2007 年版。

111. 周佑勇：《行政法基本原则研究》，武汉大学出版社 2005 年版。

112. 周佑勇主编：《行政法专论》，中国人民大学出版社 2010 年版。

113. 朱新力、唐明良等：《行政法基础理论改革的基本图谱："合法性"与"最佳性"二维结构的展开路径》，法律出版社 2013 年版。

114. 朱新力主编：《法治社会与行政裁量的基本准则研究》，法律出版社 2007 年版。

115. [美] 史蒂芬·布雷耶：《打破恶性循环：政府如何有效规制风险》，法律出版社 2009 年版。

116. [美] 朱迪·弗里曼：《合作治理与新行政法》，商务印书馆 2010 年版。

117. [日] 盐野宏：《行政救济法》，北京大学出版社 2008 年版。

118. [日] 宇贺克也：《国家补偿法》，中国政法大学出版社 2014 年版。

# 后 记

以党的十一届三中全会提出“加强社会主义法治”历史性决策为起点，在40年发展历程中，中国法治留下了辉煌的历史轨迹。从“法制”到“法治”，从“依法治国”到“全面依法治国”，从建设“法治国家”到“法治国家、法治政府、法治社会一体建设”，从“以经济为中心”到“以人民为中心”，从“法律之治”到“良法善治”，从“法制建设”到“法治改革”，从“常规建设”到“加快推进”，法学教育从“恢复重建”到“繁荣发展”。

40年的法治建设不仅取得了历史性成就，而且积累了宝贵经验。坚持和拓展中国特色社会主义道路，坚持依法治国与以德治国相结合，坚持依法治国与依规治党有机统一，坚持法治与自治良性互动。坚持以依宪执政和依宪治国统领依法治国和法治中国建设，坚持法治与改革双轮驱动，坚持统筹推进国内法治与国际法治，坚持全面推进与重点突破相协调，坚持顶层设计，科学布局与试点探索、先行先试相结合，坚持遵循法治规律与秉承中国法治相一致。1997年召开中共十五大，提出“依法治国，建设社会主义法治国家”，确立了依法治国的基本方略，确立了依法执政的基本方式，形成了中国特色社会主义法律体系。2012年中共十八大开启了全面依法治国新时代。党的十八大以来，以习近平同志为核心的党中央在全面推进依法治国，加快建设中国特色社会主义法治体系和社会主义法治国家的伟大实践中，创造性地发展了中国特色社会主义法治理论，创立了具有鲜明时代特征、理论风格和实践特色的习近平新时代中国特色社会主义法治思想，为坚持和开拓中国特色社会主义法治道路奠定了思想基础，为推进法治中国建设提供了理论指引。明确提出新十六字方针，建设法治中国，全面依法治国，建设中国特色社会主义法治体系，开启了全面依法治国新征程。

从实质意义上讲，行政诉讼，是独立于行政机关的国家司法机关根据行政相对人或者其他利害关系人的申请，运用司法程序，通过审查行政行为的合法性等方式，从而解决行政争议的制度。行政诉讼法是规范各种行政诉讼行为，调整各种行政诉讼关系的法律规范的总称，是法律体系中一个重要的法律部门。我国《行政诉讼法》规定："为保证人民法院公正、及时审理行政案件，解决行政争议，保护公民和其他组织的合法权益，监督行政机关依法行使行政职权，根据宪法制定本法。"这一规定是对我国行政诉讼法的价值的集中概括。

本书稿是作者在东北师范大学政治学博士后工作站期间的主要研究成果。书稿的写作思路受到了合作导师尹奎杰教授的重要启发，与王宇焘法官合作撰写书稿的过程中，作者对法律实践有了深刻的认知，书稿中大量案例均来源于王宇焘法官的精心搜集和编写。同时，写作中得到华东师范大学法律系王景斌教授、东北师范大学政法学院宋海春教授的热情指导。感谢家人对作者写作的支持，为保证作者充足的写作时间，家人承担了大量的家务工作。感谢周伟科博士、吕颖婷博士对书稿框架提出的修改意见。感谢雍振、周志超同学对书稿材料的搜集整理与文字校对。感谢中国法制出版社的侯鹏老师对书稿出版付出的艰辛劳动。

我们深知，由于学术水平有限，书稿中的部分观点有待进一步推敲和论证。作者将以此书稿为学术研究的起点，在未来的学术研究中不断深入、不断完善。

王箭

2018年10月26日于东北师范大学政法学院

**图书在版编目（CIP）数据**

法治的技术：行政诉讼镜鉴 / 王箭，王宇焘著 . —北京：中国法制出版社，2019.7

ISBN 978-7-5216-0346-0

Ⅰ . ①法…　Ⅱ . ①王…②王…　Ⅲ . ①行政诉讼法－研究－中国　Ⅳ . ① D925.304

中国版本图书馆 CIP 数据核字（2019）第 140502 号

责任编辑：侯　鹏　　　　封面设计：杨鑫宇

**法治的技术：行政诉讼镜鉴**

FAZHI DE JISHU：XINGZHENG SUSONG JINGJIAN

著者 / 王箭　王宇焘

经销 / 新华书店

印刷 / 北京京华虎彩印刷有限公司

开本 / 710 毫米 ×1000 毫米　16 开　　　　印张 / 17.5　字数 / 267 千

版次 / 2019 年 7 月第 1 版　　　　2019 年 7 月第 1 次印刷

中国法制出版社出版

书号 ISBN 978-7-5216-0346-0　　　　定价：52.00 元

北京西单横二条 2 号　邮政编码 100031　　　　传真：010-66031119

**网址：http://www.zgfzs.com**　　　　**编辑部电话：010-66060794**

**市场营销部电话：010-66033393**　　　　**邮购部电话：010-66033288**

（如有印装质量问题，请与本社印务部联系调换。电话：010-66032926）